"211工程"三期建设项目"世界历史整体发展中的社会转型与文化变迁研究"成果
武汉大学基础学科振兴行动计划资助出版

日本外交史研究

熊沛彪　著

商務印書館
2011年·北京

图书在版编目(CIP)数据

日本外交史研究/熊沛彪著. —北京：商务印书馆，2011
（珞珈史学文库）
ISBN 978－7－100－07433－9

Ⅰ.①日… Ⅱ.①熊… Ⅲ.①外交史—研究—日本 Ⅳ.①D831.39

中国版本图书馆CIP数据核字(2010)第200566号

日本外交史研究

熊沛彪 著

商务印书馆出版
（北京王府井大街36号 邮政编码 100710）
商务印书馆发行
三河市尚艺印装有限公司印刷
ISBN 978－7－100－07433－9

2011年3月第1版 开本 787×960 1/16
2011年3月北京第1次印刷 印张 16
定价：34.00元

总 序

“珞珈史学文库”是武汉大学历史学院教师学术研究成果的结集。第一批推出的是二十多位教授的文集。以后将根据情况，陆续推出新的集子。

武汉大学历史学科具有悠久而辉煌的历史。早在1913年，武汉大学的前身国立武昌高等师范学校就设置历史地理部。1930年武汉大学组建史学系，1953年改名历史学系，2003年组建历史学院。一批又一批著名学者，如李汉俊、李剑农、雷海宗、罗家伦、钱穆、吴其昌、徐中舒、陈祖源、周谱冲、郭斌佳、杨人楩、梁园东、方壮猷、谭戒甫、唐长孺、吴于廑、吴廷璆、姚薇元、彭雨新、石泉等，曾在这里辛勤耕耘，教书育人，著书立说，在推动武汉大学历史学科和中国现代史学的发展、繁荣的同时，在武汉大学和中国史学史上也留下了嘉名。其中，唐长孺、吴于廑两位大师贡献最为卓殊。

改革开放30年间，武汉大学历史学科建设成效显著。1981年，中国古代史和世界史获得全国首批博士学位授予权。1987年，历史地理学获得博士学位授予权。1988年，中国古代史被列为国家重点学科。1995年，历史系被批准为国家文科基础学科人才培养和科学研究基地。1997年，获得历史学一级学科博士学位授予权。1999年，建立历史学博士后流动站。2001年，中国古代史再次被列为国家重点学科。2007年，中国古代史第三次被评为国家重点学科，世界史新增为国家重点学科。2008年，历史学一级学科入选湖北省重点学科。2001年，以中国古代史为核心的国家“211工程”二期建设项目“中国文明进程与世界历史整体发展”启动。2008年，分别以中国古代史与世界史为中心的“211工程”三期建设项目“新资料整理与中国古代文明进程研究”与“世界历史整体发展中的社会转型与文化变迁研究”启动。目前，历史学院设有历史学、世界历史、考古学三个本科专业；史学理论及史学史、考古学及博物馆学、历史地理学、历史文献学、专门史、中国古代史、中国近现代史、世界史、中国文化史、中国经济史、国际关系与中外关系史和地区国别史等12个二级学科。在研究机构方面，设有中国3至9世纪研究所、世界史研究所、历史地理研究所、中国文化研究所、中国经济与社会史研究所、15至18世纪世界史研究所、第二次世界大战与战后世界研究所，以及简帛研究中心、科技考古研究中心。在前一辈学者奠定的基础上，经过后继者的持续努力，逐步形成了严谨的学风和优良的教风，确立了理论探讨与实证研究相结合，断代史与专门史、地区史与国别史相结合，传世文献与出土资料并重的学术特色，成为武汉大学在海内外学界具有重要影响的学科之一。

历史学院的老师，在辛勤教书育人的同时，也为科学研究倾注了大量心血，在各自从事的方向或领域，推陈出新，开拓前行，撰写了一大批有价值的专著和论文。学院决定编撰教师个人的学术文集，是希望各位老师把自己散见于海内外各种出版物上的代表性论文加以整合。这样，通过一种文集，可以约略体现教师本人的研究历程和领域；而于整体方面，也可在一定程度上展示武汉大学历史学的学科格局和学术风格。

每本文集的选篇和修订，由作者各自负责。学院教授委员会对入选文集进行遴选，并提出一些指导性的建议。

“珞珈史学文库”的出版，得到了国家“211 工程”三期建设项目的支持，得到了武汉大学“基础学科振兴行动计划”的支持，得到了商务印书馆各位领导和相关编辑先生的支持。在此致以诚挚的谢意。

2010 年 2 月

目录 Contents

日文篇

前 言

近现代日本外交史是一部“脱亚入欧”、“富国强兵”，不断对外侵略扩张并将其逐步扩大、升级的历史。由于近现代日本的对外侵略扩张政策有着明显的逐步扩大与升级的特点，其外交亦随之出现了阶段性变化。研究这个时期日本外交及其阶段性变化，有助于深入考察这一时期日本的内外政策、日本军事与外交之间的关系以及日本军政当局内部的矛盾，也有助于深入探究这一时期的中日关系、东亚地区的国际关系。

中日两国学界就日本近现代外交史作了大量研究，出版和发表了大量有关日本外交史专题的论著和论文，日本学界有细谷千博著的《战间期日本外交史研究》、鹿岛和平研究所编撰的系列多卷本《日本外交史》、臼井胜美著的《日本外交史》、大田笃四郎著的《日本外交史概说》、池井优著的《日本外交史》等众多著述；中国学界有俞辛焞著的《“九一八”事变时期中日外交史研究》、《辛亥革命时期的中日外交史研究》、米庆余著的《日本近代外交史》等，同时，两国学界围绕这一课题，还发表了大量论文。这些研究著述就日本自明治维新以来的日本外交政策与其国策之间的关系及与各相关国家复杂的互动关系展开了一系列讨论，为系统、深入研究该课题提供了基础和依据。不过，由于多种原因，中日两国学界在研究近现代日本外交史的过程中，观点分歧十分明显。日本学界甚至有寻找侵略扩张外交的正当根据，掩盖侵略和霸权外交的实质，美化日本外交的倾向；中国学界则因为投入的研究力量不足，著述远远少于日本学界，同时，有一些观点和结论也失于偏颇。笔者运用新挖掘出来的原始外交档案史料就这一课题展开了系列研究，并就一些两国学界一直存在明显观点分歧的重大的系统性问题提出了新的见解；由于近现代日本外交的一个重大方面是围绕侵华展开的，研究中必然要涉及中国国民政府的对日外交，因提出了对日本外交重大的系统性问题的新见解，必然重新审视中国国民政府的对日外交，提出一些新的看法。为与学界同仁继续探讨，在此一并编入拙文集。

一、日本霸权外交的起始问题

霸权政策的确定即是霸权外交推行之时。研究近现代日本的霸权外交首先遇到的一个重大问题是：日本称霸东亚的政策始于何时?关于日本霸权政策的研究，两国学界观点迥然相异。中国学界一般认为，日本自明治维新时期就确定了称霸东亚大陆的国策，并不断推行这一国策，最终导致了中日战争。这种观点着重强调日本对外侵略扩张战略称霸目的的始终一贯性。自20世纪90年代初以来，有新观点认为日本称霸东亚大陆的国策确立于第一次世界大战时期，其依据是日本在一战期间向袁世凯政府提出了“二十一条要求”。这种观点在认识日本对外侵略扩张政策逐步升级的基础上，重点论证了日本提出“二十一条”时期独霸中国的企图。日本学界则一般认为，近现代日本对外扩张具有很大的随机性特点，并没有一个稳定的对外战略，对中国学界指出的近代日本早就制定和推行了称霸东亚的政策和战略更是一致予以反驳，认为在明治和大正时期日本无法摆脱英美等国的制约，不可能制定和推行称霸东亚大陆的政策，因此，大多数日本学者否认当时推出过霸权战略，只有少数学者指出日本称霸东亚的政策是在太平洋战争时期才确定的。

笔者在研究中认为，自明治时期以来，由于综合国力和国际关系的制约，日本的对外侵略扩张政策经历了一个逐步扩大的过程，其对外侵略扩张战略随之经历了多次起伏扩展的阶段性变化。日本称霸中国的战略是其整个东亚战略中的重要一环，应该看到这不单是中日两国关系史的问题，也是整个东亚国际关系史的问题。就近现代东亚国际关系史来看，日本对中国和对各有关大国的政策和战略都是其对东亚政策和战略的核心内容，通过对原有史料和新挖掘出来的原始档案史料的综合分析，笔者认为，“九一八”事变后，日本初步确立了称霸东亚的东亚新秩序政策，同时初步拟定了称霸东亚的战略步骤，“七七”事变后，日本将这一政策逐步展开，至日美开战时期日本将称霸东亚战略全面展开。因此研究这个课题必须系统地考察东亚国际体制的演变、日本的对外侵略扩张政策与其自身的综合国力是否协调、日本对外侵略扩张政策的阶段性变化、日本各个时期的外交与有关各国的对策、日本的东亚战略与英美的东亚战略的冲突及其阶段性变化、日本东亚战略与俄国（后为苏联）的东亚战略的冲突及其阶段性变化、日本对外侵略扩张与中国的冲突、甲午战争和日俄战争以及一战与“九一八”事变对东亚战略格局的影响方面的差异、日本称霸东亚战略的步骤和部署、“七七”事变后日本东亚战略的范围和步骤的调整、中国持久战对日本东亚战略的决定性打击、中日战争时期日德战略发生分歧的原因、中日战争时期日本与英美法苏的战略对抗、日本对美开战与其东亚战略全面性的军事展开，等等。这些，笔者在拙文集中作了一些探讨。不过，应该指出，探讨近现代国际体制的演变是最重要的线索。

日本对外侵略扩张战略是在自身发展资本主义和东亚原有国际体制即以中国为中心的华夷体制迅速瓦解过程中确立和逐步扩大的。鸦片战争时期，东亚中心地区开始被迫纳入殖民地化的过程，华夷体制因此发生严重动摇，并走向崩溃；同时，由于东亚中心地区受到西方殖民主义侵略的猛烈冲击，该地区的国际秩序也开始了长时期混乱的历程。在东亚一隅的日本则通过资产阶级改革，很快走上资本主义发展道路；同时，日本追随欧美，开始向邻国推行侵略扩张政策，继吞并琉球后，侵入朝鲜，发动甲午战争，击败清军，向清王朝勒索大量殖民权益和战争赔款，华夷体制因此彻底崩溃，东亚地区再次出现空前的动荡，列强一方面向东亚地区尤其是东亚大陆大肆扩张殖民权益，一方面相互间又围绕扩张殖民权益展开激烈的争夺，于是东亚地区形成了一种前所未有的紊乱局面。

美英为规范东亚（包括太平洋）地区的国际殖民秩序，于1921年11月至1922年2月发起召开华盛顿会议，该会议产生的一系列公约以及会议精神，使东亚、太平洋地区形成了一种新的国际体制——华盛顿体制。这一国际体制规定了东亚、太平洋地区国际殖民秩序的排名顺序：美英为一流帝国，日本为二流帝国，法意则为辅助性的角色。

华盛顿体制是列强间围绕东亚、太平洋地区殖民权益长时期争夺的结果，是各殖民主义国家承认力量对比存在现实差异后的安排，也是有关各国在英美的主导下在该地区由激烈争夺和对抗暂时转向相互协调的标志。可以说，英美通过华盛顿会议，使有关各国承认了其在东亚、太平洋地区的霸权。但是，由于英国在一战中的极大消耗削弱了其在远东的地位，美国也未准备随时可大规模出动对付挑战的军备，因此，华盛顿体制一开始就是软弱无力的。日本在一个时期中虽然接受了这一体制，但并不满该体制对日本施以的种种限制，日本军国主义者无时不在等待国内外有利时机的到来，以便向华盛顿体制发起最严厉的挑战。

中国处于被压迫的半殖民地地位，面对最危险的侵略者日本，中国方面采取了依赖英美牵制日本侵略的外交政策。一战后，北洋政府依靠英美在华盛顿会议期间迫使日本从山东撤兵，并拥护《九国公约》，以牵制日本打破列强在华均势，攫取更多殖民权益的企图。华盛顿会议后成立的南京国民政府也采取了拥护华盛顿体制，承认列强在华既得权益，反对日本打破列强在华均势现状的外交战略，以便依靠英美牵制日本企图的大规模侵华。东北易帜，南京国民政府形式上完成统一任务后，这种依赖英美牵制日本的外交政策愈益明确化。应该指出，北洋政府和南京国民政府的这种容忍列强在华既得权益的外交是半殖民地性质的外交，殖民者因此无须行使武力就得以巩固了在华既得权益。但是，也应该看到，中国处于半殖民地地位，积弱已久，在短时间内还无法摆脱与列强间的不平等条约，强行宣布收回国权，只会引起列强的联合干涉，结果显然是事与愿违，加深殖民地危机。因此，在一个有限的时期内承认列强在华既得权益实为不得已之选择。孙中山领导的南京临时政府也不得不作出这种选择；自一战时期开始，日本已暴露称霸中国的野心，成为中国最危险的敌人，华盛顿体制客观上牵制着日本侵华，对中国争取时间完成统一，发展生产，加强国防有利。

日本向华盛顿体制发起严厉挑战的第一个重大行动是发动“九一八”事变。关于“九一八”事变时期的中日外交，我的导师俞辛焞教授作了深入的系统研究，出版了中、日、韩三种文字的专著。俞辛焞教授指出，这一时期的中日外交史极其复杂，是围绕中国问题的双重国际关系使然，并支持笔者从东亚国际体制着手，进一步研究日本的对外战略。笔者在研究中认为，日本的对外战略有窥视国际反应、得寸进尺、不断升级的特点。事变之初，由于华盛顿体制的存在，日本政府还不敢贸然采取侵吞中国东北的政策，因此对关东军的行动有所牵制。但是，随着日本军方不断扩大事变，中国方面采取不抵抗政策，美英等国也没有根据华盛顿体制采取有力措施，日本遂调整其对外战略，抛弃以往的“协调外交”，转而推行我行我素的“自主外交”，并不顾陷入国际孤立，宣布退出国联，提出要实现“日本指导下的日满华三国合作”，这表明日本决定打破华盛顿体制，长期侵占整个东北，并进一步向中国全面扩张，强迫中国服从日本的“指导”，以独霸中国，建立以自我为中心的东亚国际新秩序。

这一庞大的对外战略目标的确立，划定了此后日本外交的霸权路线轨迹。中国首当其冲，备受野蛮侵略；美、英、苏等列强在远东地区的利益也遭到前所未有的威胁。因此，日本的霸权政策必然要遭到中国的坚决抵制和美、英、苏等强国的牵制，这就决定了日本与各国的矛盾将不断激化。中国为了抵抗最危险的敌人日本，不能不向美、英、苏等强国求援；美、英、苏等强国为了维护其在远东的地位和利益，也必将逐步采取抑日援华的措施，并且，只要日本不放弃霸权政策，各国最终将组成一个对日战略包围网，尽管这个对日战略包围网最初可能是比较松散的，但随着双方矛盾的激化，这个包围网将不断收紧，日本难以逃脱四面楚歌的境地。换言之，日本与美英争霸东亚的战略极其庞大，而其国力与之并不相称，这就决定了日本霸权战略的基础一开始就是脆弱的。

为了加强战略地位，以使自己在未来世界大战中立于不败之地，日本强调要首先拉拢、胁迫中国逐步全面服从日本，并接受其

"指导"。这一对华政策要求以最小的代价占有中国的资源，并迫使中国的人力、物力、财力为其霸权政策服务，只有这样，日本才有可能在未来的世界大战中居于有利的战略地位。以陆军主力大规模军事入侵并长期消耗并不符合日本北进、南进的战略利益，因此，对华不战而胜或者小战即胜是日本霸权战略所必需的。这是"九一八"事变后日本不厌其烦地不断转换手法推行对华外交以及"七七"事变初期采取"不扩大方针"的主要原因。

另一方面，"九一八"事变后，中国国民政府深感危机空前严重，于是决定对外推行与英美合作以及设法联合苏联，以构筑对日包围圈的政策。这一政策尽管包含一些不切实际的空想，但仍具有深远的战略意义。对日本在不同阶段软硬兼施提出的种种战略性要求，国民政府事实上均加以拒绝，同时，国民政府在与英美的合作计划以及改善对苏关系方面逐步获得进展，这就使得日本的霸权战略无法顺利迈开第一步，并在外交方面受到来自四面八方的牵制，陷入一筹莫展的境地。

二、日本称霸战略的外交与军事展开

日本决定推行与英美争霸东亚（首先是争霸中国）的战略后，推出了新的《外交方针》，其主旨首先是要逐步变中国为日本"指导下"的殖民地，强调反对各国独自在中国的政治、军事活动，各国在中国的经济、金融等活动亦须以日本为中心，否则日本将以东亚"唯一有效"的势力加以阻止。这在日本于1934年4月发表的"天羽声明"中作了明确的说明。在这种外交方针的指导下，日本加紧推进其侵华政策。

为实现预定对华目标，日本外务省和军部分头推行“协和外交”和“武力外交”即“二重外交”，先后推出“经济提携”、广田三原则、华北自治、“中日悬案”交涉以及“佐藤外交”等。这一时期日本的对华外交由外务省和军部共同负责，双方以其不同的方式有时交替推进，有时又齐头并进。

关于这一时期日本外务省和军方推行的“二重外交”，中日两国学界认识差异极大。日本学界一般认为，军方越权，强行推行对华“武力外交”，进一步恶化了中日关系；而外务省根据政府的方针，推行“协和外交”、“经济外交”和“佐藤外交”，极力谋求改善“九一八”事变后极度恶化的对华关系，使中日关系有可能向和平的方向发展，但由于军方“武力外交”的冲击而陷入困境，最终失败。同时，日本学界还强调外务省和军部的矛盾和冲突，认为外务省是主张和平的，这显然掩盖了日本政府及其外交机构的侵华政策。中国学界则一般认为，日本统治阶级在侵华问题上是一致的，日本外务省放出的缓和气氛及和平烟幕目的是为军方的军事侵略行为作掩护，两者相辅相成，意见事实上完全一致，因此，“二重外交”实际上是日本统治阶级有预谋有计划的统一行动。

笔者在研究过程中看到，“九一八”事变后，日本外务省和军部之间确实在侵华问题上存在很大的意见分歧，外务省主张以外交手段为主，军事手段为辅解决对华全盘问题，即解决所谓的“中日悬案”；军部则主张主要以武力为手段，先取蚕食的方式尽快实现华北自治，以利于日本控制，在此基础上，再伺机解决对华全盘问题。双方的争论点主要在于：是先解决局部还是先解决全盘？先局部，武力手段的重要性突出起来；先全盘，一次性实现对华全盘目标，则不能不考虑中国的拼死抵抗和美英等强国的强烈反应，于是外交手段的重要性就不言而喻。因此，前述日本学界认识的缺陷在于：

没有看到日本外务省的对华外交战略目标；中国学界迄今为止的认识则有忽略国际关系对日本形成相当制约的倾向，没有看到日本外务省和军部在侵华步骤、方式和手段方面事实上存在差异，以及这种差异源于两者在如何实施对华战略方面的争论。

这一时期日本的“二重外交”是分别由外务省和军部主持的两条外交线路，两者在推行的过程中不断摩擦并不断调整，但是，由于对外战略目标的庞大，而日本自身的实力无法承担如此巨大的重负，军国主义的野心又决定了日本不会放弃霸权目标，因此，其内部就如何实现这一战略目标意见纷纭，矛盾和混乱不断，内阁也因此而不断更替。总的说来，“九一八”事变后，日本重新拟订的东亚战略目标极其庞大，必然遇到中国的坚决抵抗和美、英、苏等国的牵制，其实力并不能保证成功地排除来自各强国将不断加强的抑制政策。因此在实施中，其统治层内部出现意见分歧并不足为怪。

日本的“二重外交”虽有一些斩获，但离日本的既定战略目标还相去甚远，面对中日外交僵局，日本处心积虑于“七七”事变前夕推出了“佐藤外交”。中日两国学界对这一外交有着完全不同的观点和见解，拙文集详尽考察了日方的外交档案，指出迄今两国学界的认识都属明显不妥，并提出了全新的观点，以求将这个课题推向深入。

另一方面，南京国民政府的自卫战略是依靠英美的援助先完成国内统一市场的建设，复苏经济，建立系统的国防工事，同时等待国际上的有利时机，以对日一战，收复国土。为此，需要避免过早与日本开战，以免在准备不足之时陷入战略上和军事上的困境。于是，南京国民政府采取了尽量拖延对日摊牌时间的策略。在对日交涉中虽不接受其要求，但也不与之决裂；宋哲元等地方实力派也不甘心做日本的傀儡；英美则采取加紧援华的措施，以支持中国币制改革和提供贷款以及援建飞机场，培训飞行技术人员等方式竭力维护在华地位，牵制日本独霸中国的政策。日本外务省方面推行的对华外交经过“对华经济提携”、“广田三原则交涉”、“中日悬案交涉”以及“佐藤外交”等几个阶段，最后只能归于失败。

接着，日本挑起卢沟桥事件，企图以战争手段迫使南京国民政府接受“广田三原则”及“中日悬案交涉”时期日方提出的逐步控制中国的各项侵略要求，以实现其在东亚地区建立以自我为中心的国际新秩序政策。当日本的无理要求遭到中方拒绝后，日本决定发动全面侵华战争，并侵占中国首都南京、徐州、武汉、广州等地区，同时将其对华战争目标提升至极限：全面征服中国。为此，日本一面全力从事对华战争，一面以各种手段迫使中国与其“和谈”，迫使英法与其交涉停止援华事项，与德意志订立三国同盟，拉苏联与之订立中立条约，在日美交涉中多方胁迫美国，企图迫使美国对日作出重大让步。

关于日本何时发动了全面侵华战争这个问题，中日学界长期各持己见。中国学界认为“七七”事变是日本已经发动侵华战争的标志；日本学界普遍认为，1937 年 8 月 15 日前后，中日两国政府采取了重大对抗措施，表明中日战争进入全面战争状态。拙文集对此亦作了理论分析，提出了全新的观点，翘望学界批判。

此时，日本虽然决定以武力全面征服中国，但自“七七”事变至太平洋战争爆发后的较长时期中，仍然不断展开对华“和谈”攻势，其目的何在？对这个问题，中日两国学界展开了大量研究，中国学界一般认为，这是日本全面征服中国的一环，是诱降蒋政权的措施；日本学界则一般认为，日本方面一开始就不希望出现两国间的大规模战争，战争开始前，日本正全力以赴扩充北进攻苏军备，战争开始后，日本方面战争目的并不明确，因此总是希望尽快停战，与中国签订和平协议。拙作认为，中国学界的观点基本正确，但缺乏对日本东亚总战略的分析，因此，研究显得有些薄弱；日本学界则因不认为日本在这一时期确立了称霸东亚的战略，于是认为卢沟桥事件突发，日本仓促决定开战，战争目的不甚明确，因此希望在有利条件下停战，这显然掩盖了日本的战略企图。拙作认为，日本在发动大规模战略攻势以及战略相持时期不断发动“和平”运动的根本原因就在于，其企图运用并不相称的国力实现庞大的东亚战略目标，因此，不愿意在中国大规模消耗，更不愿意长时期陷入对华作战的泥塘，以免严重影响即将展开的北进和南进战略部署。若如愿诱使中国国民政府屈服，与日本订立服从性的“合作协议”，日本则不但不需要继续在中国消耗国力，而且可使中国的国力为其北进和南进所用，这对实现日本的东亚总战略具有决定性的意义。

关于中国抗战地位及其作用的问题，中外学界各持己见。中国学界一般认为，中国坚持持久战拖住了日本的主力，为世界反法西斯战争的胜利作出了巨大贡献；国外学界则一般忽视中国抗战的重大意义，一般认为，美国参战是获胜的主要因素。拙作认为，国外学界完全忽视了对日本总战略计划及其基础的研究，其观点之不当显而易见；中国学界则偏重于强调军事意义，没有将日本的对华战争放在其对外总战略的框架下展开研究，因此给人以薄弱之感。如前所述，日本推行庞大的对外战略的前提是拉拢和迫使中国服从日本，若实现了这一目标，那么，下一步就可从容地选择北进或南进，获得东亚地区的霸权。反之，其经过总动员后的国力和陆军主力深陷中国战场，并长期消耗，无疑将使日本的对外总战略失去弹性并无可避免地陷入战略困境。日本战争当局高层的多次会议记录以及首相和军方大将们的私下言论也明确地表示：长期陷在中国战场将拖垮日本，北进和南进以及“大东亚新秩序”计划无法胜利实现。其认识可以概括为：第一，在中国消耗过大，无余力推行北进或南进战略，冒险为之，将冒毁灭性失败的危险。第二，由于发动国家总动员令，长期陷在中国战场，使得工农业生产转入战时状态，透支分布极不合理，工农业生产遭到巨大打击，无须太长时间，将出现经济崩溃的局面。第三，由于日军主力无法从中国战场脱身，日本眼睁睁地看着南进和北进的绝好机会流失，于是哀叹，不结束对华战争，日本将难以有所作为。第四，由于战争费用庞大，用于先进军事技术研究及开发的费用捉襟见肘。到太平洋战争爆发前夕，日本军部哀叹，由于资金总难如意拨给，南进装备不但数量不够，更重要的是技术对比也迅速下滑。原先并不落后的装备由于无法及时改进和更新，这时候已明显露出全面落后的窘态。本来最积极主张南进的日本海军到这个时候反而多次提出不宜发动南进。这就是说，中国坚持持久战不但拖住了日本陆军主力，也拖垮了日本的经济，还破坏了日本陆海军的质量。因此，日本战争当局在决定是否冒险对美开战时认为，这种情况若再持续一段时间，日本将不战自溃，于是只得孤注一掷。诚如日方自己承认的那样，这不过是溺水求助稻草之举。换言之，中国坚持持久抗战彻底粉碎了日本“大东亚新秩序”的战略基础，对世界反法西斯力量最后胜利击败日本军国主义作出了具有决定意义的贡献，而美苏参战只是加速了日本的失败。

关于欧洲大战爆发后的日法谈判，中国学界一直缺乏研究；日本学界的研究也很少，主要观点亦是为当时日本的行动细节寻找国际法方面的合理根据，这显然将研究引向歧途。鉴此，拙文集搜集了大量日本外交档案，将此课题展开了详尽的梳理，提出了独到的观点及分析此课题的体系。

在此，还有一个日本北进和南进战略的问题。以往中国学界有一种观点，根据历史过程以及日本的一些动作认为，日本的北进只是纸上谈兵，并非其真实企图。在苏德战争爆发后也只是虚晃了一枪，因为其真实目标是在中国和西南太平洋。拙作认为，历史研究不可单凭历史过程作出结论，也不可依据历史过程往前推论。日本的霸权战略首先是称霸东亚大陆，而苏军重兵部署在远东地区给日本以极大牵制，日军每次向西推进都感到来自后方的威胁。在世界大战爆发之前，各国正在谋求对自己有利的力量组合，苏联加入何方阵营还是一个未知数。日本不能不看到，日苏以及日德相互敌视由来已久，苏联以后加入反日德阵营的可能性极大。因此，在一个较长时期，日本认定苏联是其最危险的敌对力量。因此，在与德国签订《日德防共协定》的同时，积极筹划对苏战备。至1937年上半年，日军的对苏作战计划规定以120万兵力展开对远东苏军的全面打击。中日战争爆发后，日本将原来准备对苏的陆军力量几乎悉数投入对华作战，于是只得暂时中止了原有的对苏军事计划。德国在中日战争初期介入停战谈判的意图就在于担心日本将对苏作战的军力投入对华长期战，使得日本以后无法与之合作发动对苏军事攻势。随着中日战争陷入持久战状态，日本不得不放弃了北进攻苏的战略。时至苏德战争爆发，日本内阁及军部仍然有一批高层人员强烈主张趁势北进攻苏，反对者也认为此时确实是攻苏的最佳时机，但由于其陆军主力被中国军民牢牢拖住，无法脱身，哀叹北进事实上行不通。这一时期，美国以及英属西南太平洋地区对日本已开始实施全面制裁，若得不到石油等战争资源，日本将不战自溃；而日本到这时剩下的最后力量就是海军，其最后的攻势就只能是选择南进。所有这一切，都决定了日本最后完全放弃北进，以及决定将最后力量孤注一掷，投向南进。

中国军民的不屈不挠，坚持长期抗战，美、苏、英等国则逐步以各种方式援华抑日，并在日本发动太平洋战争后，与中国一道组成了反日反法西斯军事同盟。不过，由于英美等国在一段时期过于消极被动，在西南太平洋地区的对日军备严重不足，军队官兵士气低落，这就致使日本在太平洋战争的序战中以突然袭击的手段取得大胜，但由于日本在对华长期战中消耗过大，兵力严重不足，军需供给也所剩无几，国库空虚，国民经济遭到极大打击。因此，一时的军事胜利并无法避免其彻底失败的命运。中、美、英、苏并肩作战，以各自不同的军事手段拖住和打击日军，日本不但在军事上遭受一次又一次的重大打击，而且所剩无几的军需很快消耗殆尽，其国民经济也很快走上崩溃。1945 年 8 月 15 日，穷途末路的日本不得不接受波茨坦公告，宣布无条件投降，日本的这一轮霸权政策从而彻底破产。

综观近现代日本对外扩张战略的阶段性变化，不难看到其对外扩张目标是随着国力增强而不断提升的。追随欧美列强争夺中华帝国遗产，是其发展资本主义的同时走上军国主义道路的政策方向，也是其国力不足时期选定有限目标、伙同欧美列强共同瓜分中国的对外局部扩张行动；华盛顿体制确立后，日本与欧美协调，平行向中国推行的侵略扩张，是各强国之间在一个地区的势力大致取得均衡时期的产物，但协调不能取代争夺，一旦势力均衡被打破，激烈争夺就无法避免；霸权政策则是对外扩张着着得手，各国难以协调采取有效措施加以阻止，致使其侵略野心极度膨胀的结果。“九一八”事变打破了列强在远东地区的势力均衡，日本见其打破既有国际秩序的举动并没有受到实质性干预，于是我行我素，决定推行霸权政策，遂成为远东地区的战争策源地，结果导致了中日战争和太平洋战争。研究近现代日本对外侵略扩张政策及战略的阶段性变化有利于深入开展中日战争史和太平洋战争史研究，也有利于丰富东亚地区国际关系史的研究。前事勿忘，后事之师。开展这一课题的研究还对考察战后日本对外政策的阶段性变化具有基础性的意义，对冷战瓦解后亚太地区各国摸索构筑国际新秩序过程中外交政策的选择也是不无借鉴的。

最后，笔者将“战后日本外交的阶段性变化”和“中日关系中的若干重要问题”这两篇论述战后日本外交及中日关系的小作收入拙文集，意在指出战后日本外交的巨大变化以及与战前的某种延续，诚望读者批判。

中文篇

近现代日本外交的阶段性变化

自明治维新以来，日本外交表现出极大的阶段性变化，这种变化是自明治维新以来日本的国家性质决定的，也是其自身的综合国力所决定的，更受国际关系制约而产生的。近现代日本各个时期的外交政策是其对外追求国家利益的产物，对外扩张是其主要内容。研究这一漫长历史时期的日本外交，必须注意其在各个历史时期的特点，并分析其不断变化的原因。本文认为，近现代日本外交是随着其国力的不断上升而变化的，主要出现了追随外交、协调外交、霸权外交三种形态。下面就此作一探讨。

一、追随外交

日本完整的近现代外交是自明治维新开始的。其实施初期，由于国力贫弱，及正在初步形成的半殖民地地位，日本在外交上首先选择了追随欧美列强的政策。

明治维新后，日本走上资本主义的发展道路，并在较短时间内获得飞跃发展。但是，日本急于求成式的“脱亚入欧”并无长时期的资本积累为坚实基础，更无资产阶级议会政治的传统作依托，仓促间发展起来的资本主义带有浓厚的封建色彩，在国际竞争中不能不依赖军事力量扩展市场，这就使军国主义得以很快形成和发展，这反过来又加速了对外侵略扩张的进程。

不过，日本因走上维新道路不久，自身亦与欧美列强订有半殖民地性质的不平等条约，国内矛盾重重，尤其是其综合国力远远无法与英、美、法、俄等国抗衡。目睹欧美列强争先恐后地攫取在东亚地区的殖民权益，日本决定“脱亚入欧”，以便一面发展国内的资本主义，一面尾追欧美列强，谋求在东亚地区推行局部性扩张，并逐步修改与欧美的不平等条约。同时，日本推行的追随外交还明显具有攀附强援的特征，即极力取悦于欧美列强，争取其支持或默许日本对邻近弱小国家的侵略扩张。这一政策一直延续到中日甲午战争时期，它决定了这一时期日本追随外交的形成和展开。

在这一轮追随外交时期，日本在美英等列强的支持或默许下，出兵中国台湾，入侵朝鲜，吞并琉球，发动中日甲午战争，在国际上取得了殖民帝国的地位。追随外交是日本在国际地位低下、国力贫弱的条件下实施维新，力图“脱亚入欧”，成为列强一员而选择的对外政策。一旦国力增强，国际地位提升，日本即不会满足于这种外交方式。中日甲午战争后，日本作为列强中的一员，为保护和扩张在东亚大陆的殖民权益，采取了与欧美列强大致平行的扩张步骤，并在与欧美列强发生矛盾和冲突时，尽可能地采取了协调的办法，其外交随之转入与欧美列强协调的时期。

不可忽视的是，在这个历史阶段，日本的追随外交中亦含有争取自主的成分。明治维新初期，日本为在国际上不再扩大与欧美各国的差距，并力争尽快缩小这种差距，特地派出岩仓使节团出访欧美各国。其目的是在考察和学习欧美政治、经济、法律等制度；同时，争取修改与欧美各国之间的不平等条约。此后，日本一边努力发展国内资本主义，一边不断与欧美各国交涉修改不平等条约问题。日本争取修改条约的目的，一是要实现国家的完全独立，二是欲在国际上取得与欧美各国平等的地位，以获得列强中一员的资格，便于配合对外扩张政策，参加列强对远东地区的瓜分。在与各国交涉的同时，日本朝野不断强调“脱亚入欧”，其欧化政策和对外扩张政策亦在着着推进，继吞并琉球，出兵台湾后，日本又以炮舰侵入朝鲜。对外扩张着着得手，使日本增强了缩短与欧美各国的差距，尽快加入列强行列的信心。外务卿井上馨即强调要在东洋土地上创造出一个欧洲的新帝国，取得与欧美各国的同等地位。这表明，日本的追随外交只是国力困乏时期暂时的外交方式，其目的是通过追随实现成为列强一员的目标。

二、协调外交

协调外交作为一外交用语正式由日本政府提出来是在20世纪20年代的币原外交时期。其实，在国际上与欧美协调的政策早在中日甲午战争后既出台。

中日甲午战争后，日本割占台湾和澎湖列岛，并且，其势力大举侵入朝鲜，勒索来的战争赔偿又使其国内资本主义势力迅速增强，其国际地位发生了巨大变化，并迅速成为国际列强中的一员。这在八国联军入侵中国时日军充当其主力既是其标志。

不过，日本与各资本主义列强协调的政策并不是绝对的协调，其中也包含着争夺。在中日甲午战争时期，日本既窥视中国东北的利权。而八国联军入侵中国之后，俄军赖在东北不走，日俄矛盾因此激化。日本与英美等国协调后，争取到了与英国的同盟及美国的暗中支持，于是决定对俄一战。

日本在英国等的支持下取得日俄战争的胜利，其在东亚国际关系中的地位进一步上升。其战略地位因霸占朝鲜、割取库页岛南部及控制中国东北南部部分要地而发生了很大变化，侵略野心随之急剧膨胀。

但是，日俄战争后，因美国反对日本独占中国东北南部，英国也不支持日本对该地区的独占政策，日本只得转而缓和与俄国的紧张关系，并与之签订密约，互相划定在中国东北的势力范围。这一时期，日本一面欲尽可能向中国扩张，另一方面又不能不认识到，虽然在国际上取得了强国的地位，但在无强援的条件下，还难以逐一排除向中国扩张过程中的竞争对手，因此仍在外交上采取了以协调为手段，争取俄、英、美、法的部分承认或默认，稳步推进局部扩张的方针。于是，日本先后四次与俄国签订密约，划分在中国东北的势力范围，并与英国订立了第二、第三次同盟条约。

日本的侵略欲望因先后战胜清朝和俄国而急剧膨胀，但在列强共同瓜分中国而形成均势的情况下，日本只能与英、美、俄等国协调，以与各强国大致均衡的步调向中国扩张。

1914年8月，第一次世界大战爆发，日本借口履行日英同盟的义务，对德宣战，夺得山东半岛和德属南洋群岛后，即向袁世凯提出“二十一条要求”，企图一举控制中国。对此，中国方面予以抵制，英美等国则提出抗议，日本感到完全不顾英美等国的抗议，在外交上摆脱与英美等国的协调，控制中国的时期还不成熟，于是只得删去了“二十一条”中欲独霸中国的第五号，并强迫袁世凯政权接受了其他各号条款，扩大了在华权益。

战后，美英不断采取行动牵制日本的对华政策。面对前所未有的孤立处境，日本被迫步步后退，在华盛顿会议上接受了《九国公约》和《海军吨位比例条约》等。在华盛顿体制的制约下，日本只得进一步转换对华政策，强调要与美英等实行“国际协调”。1924年6月，币原喜重郎出任外相，逐步将这一“国际协调”推向顶点。

在这一历史时期日本推行的协调外交虽是以协调为主，但其中亦含有超越协调的因素。这种超越协调的因素是随着其综合国力的加强及国际地位的提高而出现的。日俄战争后，日本政府既提出要在中国建立优于各国的“优势地位”。一战期间，日本向袁世凯政权强提“二十一条”虽属投机取巧的一次行动，但其欲在有利时期独霸中国的企图暴露无遗。“九一八”事变之前，日本虽推行协调外交，但田中内阁时期日本欲打破《九国公约》，独霸中国东北的企图既作为国策确定了下来。

三、霸权外交

“九一八”事变后，日本见英美对撕毁《九国公约》，破坏华盛顿体制的行为并无力加以有效干涉，于是决定我行我素，退出国联，抛弃以往推行的“协调外交”，转而推行“自主外交”，决定要在东亚建立以自我为中心的国际秩序，其欲称霸东亚的霸权外交由此完整地出台。这一外交的主旨首先是强调反对各国独自在中国的政治、军事活动，各国在中国的经济、金融等活动亦须以日本为中心，否则日本将以东亚“唯一有效”的势力加以阻止。这在日本于1934年4月发表的《天羽声明》中作了明确的说明。在这种外交方针的指导下，日本加紧推进其侵华政策。

首先，日本企图以外交交涉达到变中国为其保护国的目标，于是由外务省和军部分头推行“协和外交”和“武力外交”，先后推出

“对华经济提携”、“广田三原则、华北自治”、“中日悬案交涉”以及“佐藤外交”等。南京国民政府对此十分警戒，虽不与之决裂，但也不接受其要求；英美则采取加紧援华的措施，牵制日本独霸中国的政策，日本的企图落空。

接着，日本借卢沟桥事件发动全面侵华战争，企图以战争实现其“东亚新秩序”。为此，日本一面全力从事对华战争，一面以各种手段迫使中国与其“和谈”，迫使英法与其交涉停止援华事项，与德意订立三国同盟，拉苏联与之订立中立条约，在日美交涉中多方胁迫美国等。但是，中国军民的不屈不挠，坚持长期抗战，美、苏、英等国则逐步以各种方式援华抑日，并在日本发动太平洋战争后，先后以军事手段与中国军民一道击败了军国日本，迫使日本无条件投降，日本的这一轮霸权外交从而彻底破产。

综观近现代日本外交的阶段性变化，不难看到其外交目标是随着国力增强而不断提升的；“追随外交”不过是短时间的权宜之策，“协调外交”亦只是各强国之间在一个地区势力大致均衡时期的产物，霸权外交则是对外扩张着着得手，各国难以协调采取有效措施加以阻止，致使其侵略野心极度膨胀的结果。研究近现代日本外交的阶段性变化对研究战后日本外交的阶段性变化是极为必要的，对冷战瓦解后亚太地区各国外交的选择也是不无借鉴的。

（原载于《中日关系史研究》2000年第1期，略有删改）

“九一八”事变与日本侵略扩张战略的升级

1931年9月18日，日本关东军发动“九一八”事变，迅速侵占了中国东北。对这一事变，学界一般从日本的大陆政策着手，分析世界性的经济危机对日本的冲击，论述日本为摆脱经济危机并实现既定扩张目标而发动事变的必然性。本文拟从日本的总体战理论着手，探讨日本发动事变的战略意图。

一、总体战理论与“九一八”事变

以第一次世界大战为起点，国家总体战已成为帝国主义国家为重新瓜分世界而发动的战争的主要形态。① 1917年日本军部设置的“临时军事调查委员会”大力研究总体战。有军需生产、补给专家之称的吉田丰彦中将综合大量研究资料后，于1926年著《关于军需工业动员的常识说明》一书，指出：“产业是国防之重大要素。”②

① 国家总体战：是指投入以产业为基础的全部综合性国力所实施的大规模的长时期的对外战争。

② 日本防卫厅战史室编：《战史丛书·陆军军需动员（一）·计划编》，东京：朝云新闻社1976年版，第31页。

产业力量的壮大离不开大量的资源。日本自然资源贫乏，其所需资源特别是战争资源主要依赖进口。因此，吉田在该书中强调：要使产业适应整体战需要，“必须最大限度地开辟原料自给自足之途”。[①]在此之前，参谋本部小矶国昭少佐研究欧洲大战时于1917年8月以“帝国国防资源”为题提出一份长篇报告，断言：“长期战争的最后胜利，归于铁与火不能决裁时能经营自足经济者之掌中。”[②]经营“自给自足”经济的资源从何方来？小矶认为，中国各地尤其是“满蒙”是其所需资源的供应地，提出：解决国防资源问题可能性最大的是“搬来中国的资源”，[③]强调中国的资源对日本未来遂行总体战至关重要。小矶的报告一提出，立即受到参谋本部的高度重视，指定为“有价值的参考资料”在军内散发，获得共识。其影响还扩及政界。1918年召开的第40届帝国议会对小矶的报告予以肯定，并编入该议会批准的《军需工业动员法》中。

总体战理论的出笼，预示着日本对外战略将向争夺东亚霸权的方向扩展。以往，日本发动对外战争时，仅强调突然袭击、速战速决，这是其资源贫乏、国力不足决定的。与其逐步推进的对外局部性扩张目标也是吻合的。一战期间，日本乘列强暂无暇东顾，强提“二十一条”，企图独霸中国，引起中国的抵制和美、英、法等国的反对。日本见各国反应强烈，只得先放弃“二十一条”中欲支配中国的第五款，战后又在美英等国的压力下于华盛顿会议期间被迫接受关于中国及太平洋地区的各种条约。强提“二十一条”是日本并无实施争霸的总体战实力和准备，即在无战略支柱保证的情况下，侵略野心膨胀，以投机取巧心理谋求东亚霸权的一次尝试，结果遭

① 日本防卫厅战史室编：《战史丛书·陆军军需动员（一）·计划编》，第31页。
② 同上，第40页。
③ 同上，第41—42页。

到失败，得到的是一次深刻教训。日本不能不因此认识到没有足以与英美等抗衡的综合实力，就无法进一步向中国实施大规模扩张。日本军方在大战期间及战后大力研究总体战，与这次失败不无关系。应该看到，日本向来轻视中国，认为中国军队不堪一击，其总体战理论主要是针对制约其大规模对外扩张的英、美、苏等国，这一理论的核心是在时机到来之时须有足够的综合实力分别与英、美、苏争夺，极大地扩张在中国的权益及远东海域的制海权。但这种综合实力需要稳定地拥有大量资源，因此该理论要求首先控制中国的资源，侵略矛头也就必然首先指向中国。

不过，日本深知，在英美的牵制下，难以立即全面大规模向中国扩张，但是总体战体制的建设又要求占有战略资源地带，于是，在对华扩张的过程中，选择中国的战略资源地带为攫取目标就成了日本当局处心积虑的问题。在此，日本首先考虑的是要控制中国东北的资源。

中国东北面积约110万平方公里，相当于日本国土的3倍。该地区战略资源如铁、煤、铜、铅、锌等矿产非常丰富。“九一八”事变之前，东北地区的石油占全国产量的93%，黄金开采量55%，铁矿蕴藏量37%，森林面积1/3，达1800余万公顷，煤年产量约1000万吨。该地区的工业、交通基础也较好。“九一八”事变前，该地区的发电量占全国的23%，铁路线41%，冶铁量55%。另外还有大量矿产资源因资金、技术等条件的限制，或尚未开发，或开发规模很小。而日本则资源贫乏，大量原(燃)料均依赖输入。如铅、铁、锡、石油等重要矿产原料对外依赖度分别达92%、76%、71%、92.6%。[①]这种状况是日本建立总体战体制的计划所无法接受

① [美] 别德尼亚克：《日本对华侵略与美国的态度》，生活·读书·新知三联书店1959年版，第43页。

的。因此，一战后，日本为稳定地长期占有、开发中国东北的资源，奠定总体战体制的基础，将确保在“满蒙”的优势地位，甚至将夺取“满蒙”作为其对外扩张的主要战略目标。可以说，日本“国防”理论中要求建立总体战态势的新内容是推动日本军方发动“九一八”事变的主要因素之一。

另一方面，南京国民政府在初步完成北伐统一的同时，着手在华盛顿体制下逐步修改不平等条约。华盛顿体制的主要内容是维持中国领土、主权的现状，列强在中国的角逐须遵守“门户开放”原则，并对日本海军军备施以一定限制，这一体制由美英主导，列强分享在华殖民利益，并限制日本向西南太平洋扩张。这一体制对中国仍是侵略性的，但客观上对中国抵抗日本侵略有利。这一时期，美英远东政策的基调是维持现有秩序，对南京国民政府的改约外交作了一定让步。如与中国改定了新关税条约，同意交涉全面废除治外法权的问题。

南京国民政府向美英靠近，谋求在既存国际秩序下逐步废除不平等条约的对外政策与日本谋求控制甚至夺取“满蒙”的对外战略发生对立，日本军部反对向中国作出任何让步，更不满于华盛顿体制对日本进一步扩张的种种制约，因此，极力谋划在东亚“重新编组国际秩序”①，断言在满洲“要么总退却，要么以武力解决，二者必择其一”②。

自1929年始的资本主义世界经济危机严重冲击美英等国，华盛顿体制随之有所削弱，日本军部及其支持者强烈主张乘机占领满蒙，确立总体战的基础。1931年1月，“满铁”调查课长佐多弘治郎

---

① [美] 入江昭：《太平洋战争的起源》，东京：东京大学出版会1995年版，第6页。

② 日本防卫厅战史室编：《战史丛书 · 大本营陆军部》1，东京：朝云新闻社1974年版，第310页。

在关东军司令部的一次演讲中称：“领土广大且资源丰富者将愈益强大。……作为大日本建设超大国之关键，很显然，必须取得相应之领土或至少具有同等价值的东西”，占领满蒙，“且易于策划第二次发展”。[①]3 月，关东军高级参谋板垣征四郎大佐撰“关于从军事上观察满蒙”一文分析满蒙的战略价值时说得很清楚：“在对俄作战上，满蒙是主要战场；在对美作战上，满蒙是补给的源泉，因而，满蒙与对美、俄、中三国作战均具有最为重大的关系。”[②] 板垣的这篇讲话被指定为步兵学校教官授课内容之一，可见军部对此极为重视。5 月，关东军司令官菱刈隆提出：“完成帝国高远使命之第一步实在于满蒙问题之根本解决。”[③] 那么，“超大国”、“第二次发展”、“高远使命”是指什么？战略理论家众院议员池崎忠孝直接了当地说：“日本为了自国的生存，必须支配太平洋一半。”[④] 关东军作战主任参谋石原莞尔因此在他提出的《解决满蒙问题之战争计划大纲》中指出：占领满蒙，“不只是对于战争命运有着重大影响，且关系到帝国的百年大计”。[⑤]5 月，他撰《满蒙问题私见》，进一步解释说：“欧洲大战后形成了五个超大国，世界终将归于一个体系，其统治中心将由西洋的代表美国与东洋的选手日本之间的争霸战来决定。”[⑥] 因此，他主张：“必须将我国获得东洋选手的资格作为国策之根本内容。”[⑦] 具体步骤是先占领满洲，使之“成为东洋安定的模范地区，

---

① 《现代史资料 7 · 满洲事变》，美铃书房 1985 年版，第 134—145 页。

② ［日］板垣征四郎：《关于从军事上观察满蒙》，1931 年 3 月，《现代史资料 7 · 满洲事变》，第 144 页。

③ 同上，第 145 页。

④ ［日］池崎忠孝：《太平洋战略论》，先进社 1932 年版，第 26 页。

⑤ ［日］角田顺：《石原莞尔资料 · 国防论策》，东京：原书房 1971 年版，第 71 页。

⑥ 同上，第 76 页。

⑦ 同上。

并使中国本土也模仿之。只有这样，才是日本的大国策”。[①] 以上这些意见和主张虽不完全一致，但在夺取满蒙，准备未来争霸战的思路却是完全相同的。这些意见和主张，既是明治末年和大正前期日本朝野争霸东亚思想、主张的继承和发展，更是一战后日本总体战理论研究的归结。在此，日本军国主义者认定，能否夺取满蒙，关系到在不断对外扩张的过程中能否稳操胜券，无怪乎众院议员松冈洋右在第 59 届议会上抛出“满蒙生命线论”后，立即风行日本朝野。

这些意见和主张虽然没有立即为日本政府作为国策付诸实施，但在军部已就此取得共识。1931 年 6 月，关东军正式向参谋本部表示：决意对南北满洲实行军事管理，即以武力占领，以解决“悬案”。[②] 对此，陆军紧急召开陆军省和参谋本部的核心会议；同月，该会议拟定了《解决满蒙问题方策大纲》，提出：“要预见到反日运动的发展，最终只有采取军事行动。”[③] 当时，日本政府仍在推行“协调外交”，华盛顿体制仍在牵制着日本的扩张，因此，该会议又提出：“解决满洲问题，争取内外的理解为绝对必要”，对内，“由陆军大臣在内阁会议上将当地情况知悉各大臣”，以争取支持；对外，陆军省部与外务省合作，“使有关列国了解在满洲发生的反日行动之实际情况，以在我万一采取军事行动时，征得其谅解，使之不致有不当的反对、压迫之举”。此“为争取内外理解的施策，以约一年，即以来年春为期，要获得圆满实施”。[④] 这就确定了于 1932 年春以武力夺取满洲的方针。七八月间“万宝山事件”、“中村大尉事件”发

---

① 日本防卫厅战史室编：《战史丛书 · 大本营陆军部》1，第 310—311 页。

② 同上，第 306 页。

③《现代史资料 7 · 满洲事变》，第 164 页。

④ 同上。

生后，日本军国主义者将战争煽动到了白热化的程度，加速了发动战争的步伐。

1931 年 9 月 18 日夜，关东军自炸满铁一段，随后即向东北军发动进攻。日军计划周密，准备充分，而东北军则奉行“不抵抗主义”，短短四月余时间，日本即侵占了相当于日本国土 3 倍的东三省绝大部分地区。

侵占东北是关东军和军部共同策划的，关东军只是提前发动。对此，军部当然予以支持。日本政府却在事变发生前后的一段时间反对军方的做法，原因何在?

应该看到，日本政府及天皇、元老在一段时间中反对使用武力，主要也是出于战略考虑。日本政府深知，武力侵夺中国东北，意味着否定《九国公约》，打破华盛顿体制。这必然引起与美英等国的尖锐的战略对抗。其时，日本政府仍在推行“协调外交”，尚未决定对东亚战略作重大变更。因此事变之前币原外相一面提出不要“自认为是该地的主人即法律上的统治者”，[①] 一面主张以武力为后盾，用外交手段解决“满洲悬案”，[②] 即逐步迫使中方接受日本对东北的各种侵略要求。这种方式即可实现控制东北资源、交通及工商业的目的，又可使美英无干预的借口。当军方上下不断叫嚣要以武力解决“满蒙问题”时，1931 年 9 月 11 日，天皇召见陆相南次郎，面饬注意整顿关东军的军纪。[③] 次日，元老西园寺严厉提醒南次郎：“虽说是满蒙之地，但仍是中国的领土，事关外交，应由外务大臣处理，军队抢先说三道四，这成何体统。阁下不论从辅弼的责任上还

① 币原和平财团编：《币原喜重郎》，1955 年版，第 374 页。

② 1930 年 12 月 9 日，《关于满洲悬案铁道问题之币原上方针》，日本外务省编：《日本外交年表并主要文书 1840—1945》下，东京：原书房 1972 年版，第 168—171 页。

③ ［日］原田熊雄述：《西园寺公与政局》第 2 卷，东京：岩波书店 1951 年版，第 61 页。

是作为军队首长，都应持充分慎重的态度管束之。”[①]币原接到关东军即将动武的报告后，迅即于15日提醒南次郎：“如此作为，是要彻底推翻以国际协调为基础的若庤内阁的外交政策，对此，断不能默视。”[②]事变发生后的次日上午，日本内阁紧急会议赶忙决定了“努力不使事态扩大”的处理方针。[③]

时隔两日，朝鲜驻屯军不经批准派兵越境侵入东北，关东军得到增援即进攻吉林，扩大了战事。22日，若槻召开内阁会议，一方面追认了朝鲜军的出兵经费，一方面由币原提出：即使按军部意见，由关东军维持现状，以全面解决“满蒙问题”，结果仍会“如济南事件一样，在维持现状的情况下开始交涉，最终仍须恢复原状”。[④]对此，南次郎断言：“此次与济南事件全然不同，断不会如外相所言。”[⑤]前者表明，在既定战略的情况下，最终还须服从华盛顿体制，暗示要依靠外交手段，出兵动武是徒劳。后者则表明，军方企图乘经济危机的冲击使美英等国在远东的地位有所削弱之时冲破华盛顿体制。事变初期，由于日本军政当局内部存在这种意见分歧，外务省与军部既有合作的一面又有分歧的一面，以币原为首的外务省，对内，在内阁会议上指出事件为关东军挑起，反对大规模增兵，力求获得解决事变的主导权；对外则声称日本不欲扩大事态，日军的行动只是为了“自卫”，旨在争取华盛顿体制关系各国的谅解。而军部的行动则是围绕侵吞整个东北展开的。

1931年10月8日，日机轰炸锦州，夺占东三省的意图昭然若

① [日] 原田能雄述：《西国寺公与政局》第2卷，第54页。

② 币原和平财团编：《币原喜重郎》，第466页。

③ 日本外务省编：《日本外交文书·满洲事变》第1卷第1册，东京：日本外务省出版1977年版，第142—143页。

④ 日本防卫厅战史室编：《战史丛书·大本营陆军部》1，第317页。

⑤ 同上。

揭，国联和美国的态度发生了显著变化。14 日，国联召开行政院会议，提出要求日本撤兵的七项提案，并于 24 日以决议形式通过。11 月初，美国研究了制裁日本的可能性。[①]这表明英美等与日本在中国及西太平洋问题上的矛盾走向尖锐化。国联和美国谴责日本违反现存国际条约，破坏既有国际秩序，走出了孤立日本的第一步。[②]

随着关东军军事行动的不断扩大，日本朝野要求将满洲从中国分离出来的呼声迅速高涨，若库内阁对外难以为日本破坏华盛顿体制自辩，对内则被指责为“当前事件前途之障碍”。[③]内交外困，决定了其垮台的命运。12 月 13 日，犬养毅组阁。犬养为一老练政客，深知打破既有国际秩序将引起与美英等国的激烈对抗，暗中主张迫使中国屈从日本对满蒙的“特殊”殖民要求后撤走日军，[④]这导致其于次年“五一五”事件中被法西斯军人枪杀。另一方面，犬养又顺应军部及朝野大势的要求，表示要“与军部协作，积极解决满蒙问题”。[⑤]12 月 17 日，犬养内阁批准增派第 10 师团混成第 8 旅团至中国东北，关东军得到增援，迅速逼近锦州。日军占领锦州后，日本天皇裕仁于 1932 年 1 月 8 日颁发诏书，嘉奖关东军。[⑥]至此，除犬养暧昧不定之外，反对关东军行动的主张销声匿迹。1932 年 1 月 6 日，日本陆、海、外三省共同制订《中国问题处理方针纲要》，规定：要将满蒙建成一个“独立政权”统治的国家。“满蒙的对外防卫，主要由日本帝国担任，要把满蒙作为对俄、对华作战的第一

---

① ［美］入江昭：《太平洋战争的起源》，东京：东京大学出版会 1995 年版，第 20 页。

② 参见［美］入江昭：《太平洋战争的起源》，第 20 页。

③ ［日］角田顺校订：《宇垣一成日记》2，东京：美铃书房 1970 年版，第 813 页，1931 年 10 月 21 日条。

④ 《犬养健证言》，近卫文麿公关系资料，缩微胶卷，第 8 页。

⑤ 日本防卫厅战史室编：《战史丛书 · 大本营陆军部》1，第 324 页。

⑥ ［日］本庄繁：《本庄日记》，东京：原书房 1967 年版，第 61 页。

线。"[①]这就将前述关东军等的主张作为国策确定下来。同时，关东军紧锣密鼓地炮制傀儡政权。1932年3月1日，伪满洲国正式出笼。

正当日本策划在东北炮制傀儡政权之时，上海事变发生，日本这时采取了不同于东北方面的对策，一方面逐步增兵，"谋求迫使中国军队撤至一定地域之外"[②]，另一方面则打算"有利、迅速地结束战争"[③]，撤走增援军队。日本采取不同对策的主要原因有：第一，挑起事变时就有转移列强视线的企图。[④]事变主要策划者之一的田中隆吉交代，板垣征四郎来电说："外国的目光很讨厌，在上海搞出一些事来！就是说打来电报，叫将外国的目光引开，使满洲容易独立。"[⑤]这种企图，在一定程度上规定了战事的政略性质。第二，上海是国际都市，欧美各大国在上海拥有巨大利益，日本担心过分刺激列国将使其在国际上的处境更为不妙。[⑥]藏相高桥是清说得很具体：如果因此"在各国中孤立了，是否连迄今苦心经营的满蒙结果也会丢得一干二净？真是不胜令人担心"。[⑦]事实上，美英法等国这时也采取了较强硬的态度，一面谴责日本违背《国联盟约》、《九国公约》及《非战公约》，一面调遣军舰约30艘云集上海并加强在上海的陆上兵力，这就牵制了日本在上海的军事行动。日本不能不看到，不断扩大战事，有可能引起与美英等国的直接对抗，后果不堪设想。内大臣牧野伸显指出："如果我国在上海失败了，则直到现在

---

① 《现代史资料7·满洲事变》，第343页。
② 日本国际政治学会编：《走向太平洋战争的道路·别卷·资料篇》，东京：朝云新闻社1963年版，第192页。
③ 同上。
④ 俞辛焞：《九一八事变时期中日外交史研究》，东京：东方书店1986年版，第177页。
⑤ 东京广播电台第12频道报道部编：《证言·我的昭和史》，第1卷，1969年版，第173—174页。
⑥ ［日］原田熊雄述：《西园寺公与政局》第2卷，第205—206页。
⑦ 同上，第216页。

的满蒙问题也将统统化为乌有。”[①]第三，根本的原因是，日本政府军部这时将“实行国策的重点置于满蒙方面”[②]。日本侵占东北后，感到必须要有一段时间集中经营，以将其建成以后实施总体战的牢固的战略基地。因此，日本政府及军部决定“对满蒙问题和上海事变完全区别对待”[③]，以避免刺激列国将两者同样对待处理。日军在得到逐步增援取得军事上的进展后，根据军部的多次指示，抢在国联召开会议讨论上海问题的同一天（3 月 3 日）宣布停战。

二、东亚新秩序政策的起点

如前所述关东军在发动“九一八”事变之前就提出了侵占中国东北，奠定争霸东亚的战略基础这一构想。得到陆军中央的支持。事变发生后，日本政府经过一阵观望，改换人马，转而追随军方。这预示着日本对外扩张的战略将发生重大变化。

首先，日本的外交政策发生了重大变化。关东军于 1931 年 11 月下旬攻陷齐齐哈尔后南下进逼锦州时，美国国务卿史汀生提出严重抗议，国联行政院会议于 12 月 10 日再次通过决议，要求日本尽快撤军。这就使日本面临两个选择：一是接受国联和美国的要求，撤走军队；一是否定“国际协调”，冲破华盛顿体制。标榜“国际协调”的若庤内阁此时因内外交困，无力作出选择而倒台。犬养内阁成立后，在朝野各种势力的推动下，决意追随军部冲破华盛顿体制。1932 年 1 月 2 日，关东军占领锦州。7 日，史汀生发表声明，声称美国对

① ［日］原田熊雄述：《西园寺公与政局》第 2 卷，第 201 页。
② 日本国际政治学会编：《走向太平洋战争的道路 · 别卷 · 资料篇》，第 192 页。
③ 同上，第 192—193 页。

日本在满洲的行动采取“不承认主义”。日本针锋相对，在16日给美驻日大使的通牒中称：日本“相信没有不能自组政权并使之维持（满洲）秩序的理由”。[①]炮制“满洲国”后，日本政府强调：“帝国政府要愈益发挥自主外交的真谛，打开国运，遂行国家的使命。”“万一国联等对帝国施以重大的现实压迫，我方亦要以实力排除之。”[②]这表明以往那种与美英等国协调的外交政策已完全颠倒过来，日本的对美英外交转入对抗时期。

“五一五”事件后政党内阁结束。内田康哉出任斋藤内阁外相。内田一贯鼓吹“大亚洲主义”，[③]他的上任，更加速了日本外交政策的变化。1932年8月，他在第63届帝国议会上宣布，“日本政府将尽快正式承认满洲国”，众院议员森恪随即在提问时补充说：“承认满洲国，可以说是我帝国在外交上发布了宣战布告。”[④]日本在陷入国际孤立之际，悍然决定我行我素，不但表明其决意打破华盛顿体制，而且还表明其欲在东亚逐步建立一个新秩序。因此，内田在上述演说中宣称：“盼日满华三国相携互助尽快实现。”[⑤]这就暗示要建立在日本控制下的东亚新秩序。为此，内田狂热地宣布，政府“有即使国家化为焦土也要贯彻这一主张、寸步不让之决心”。[⑥]正是在这种“焦土外交”的方针下，日本于1933年1月进犯热河，2月拒绝国联全体会议通过的“李顿报告书”，3月27日，正式宣布退

---

① 日本外务省编：《日本外交年表及主要文书1840—1945》下，东京：原书房1972年版，第195页。

② 同上，第206页。

③ [日]林茂、辻清明：《日本内阁史录》3，东京：第一法规出版株式会社1981年版，第312页。

④ 日本鹿岛和平研究所编：《内田康哉》，东京：鹿岛研究所出版会1969年版，第351—357页。

⑤ 同上，第357页。

⑥ 同上，第359页。

出国联。日本外交政策的这种重大变化，表明日本决计打破以美英为主导的东亚旧有秩序，即华盛顿体制，以武力等各种手段与美英争夺中国。这就预示着日本对外政策的主要运行方向——在东亚确立由其主导的新的国际秩序。

（原载于《民国档案》2008年4期）

对近现代日本霸权政策形成的再探讨

关于日本称霸东亚政策的起始问题，中国学界因普遍认为日本称霸东亚的政策在明治维新时期或一战时期既已确立，其理由前者是日本在明治维新时期既制定和推行向东亚大陆大规模扩张的“大陆政策”；后者是一战期间日本向袁世凯政权强提“二十一条”，企图独霸中国。日本学界则一般认为至少至太平洋战争爆发，日本帝国并未确定和推行称霸东亚的政策。其理由是至其时日本未敢与美英等决裂，也就没有采取在东亚大陆排除美英等势力的政策，即使在中日战争爆发后，日本也未敢过分侵害美英等的在华权益。日本学界还有不少人认为，日本近现代始终没有确立和推行过霸权政策，其理由是，日本的对外政策一直十分零乱，临机决定贯穿整个近现代史进程。本文认为以上认识均有不妥之处。因为全球性或区域性霸权政策是否确立和推行取决于某国对全球或某一地区的国际体制采取何种政策，这种政策决定了其对外扩张的范围和性质，即决定了其是否为区域性或全球性的霸权政策。因此，本文拟从东亚国际体制的演变着手，探讨日本霸权政策的形成。

一、东亚国际秩序的混乱与日本

东亚国际秩序在古代受华夷体制的规范，一直相对稳定。所谓华夷体制，核心内容是由周围各国及尚未形成国家的地区向中华帝国朝贡修好并接受中华帝国的册封，中华帝国则向朝贡及受封者提供安全保证。应该指出，华夷体制是封建扩张主义的产物。不过，这一体制的指导原理是儒学，宗教背景为佛教。其中，儒学的“仁政”和佛教的“慈悲”及道教的“无为”等具有相对的合理性，这是华夷体制下中华帝国虽以大临小，以强对弱，但鲜有掠夺和野蛮控制他国的一个重要因素，也是进贡及受册封者大都能够长期接受这种体制的一个重要原因。

然而，鸦片战争的炮声打乱了东亚既有的国际秩序，中华帝国被迫接受欧美列强的侵略要求，开始了沦为半殖民地的历程。清王朝这时虽然仍保有对朝鲜半岛和安南及琉球的宗主权，但这个没落王朝经资本主义入侵的冲击，摇摇欲坠，力不从心。而邻国日本则受鸦片战争的刺激，走上维新的道路，并在较短时间内获得飞跃发展。但是，日本急于求成式的“脱亚入欧”并无长时期的资本积累为坚实基础，更无资产阶级议会政治的传统作依托，仓促间发展起来的资本主义带有浓厚的封建色彩，在国际竞争中不能不依赖军事力量扩展市场，这就使军国主义得以很快形成和发展，对外侵略扩张成为近代日本谋求发展的国策。

面对摇摇欲坠的华夷体制，日本首先考虑的是如何攫取中华帝国的遗产。不过，日本因走上维新道路不久，自身亦与欧美列强订有半殖民地性质的不平等条约，国内矛盾重重，尤其是其综合国力远远无法与英、美、法、俄等国抗衡。目睹欧美列强争先恐后地攫取在华权益，日本决定尾追其后，攫取中华帝国的部分遗产。

在攫取中华帝国遗产的过程中，日本在一个较长时期中选定的是有限的局部侵夺目标，其选定的敌手随之也就是有限的。这是一个较长历史时期中日本对外扩张的一个重要特点。日本于 1879 年借废藩置县吞并琉球后，着手侵略朝鲜。中法战争期间，日本乘机在朝鲜炮制了一个傀儡政权，以利用其实现对朝鲜的控制。但随即遭到清军的反击而失败。在此，日本感到不击败清王朝，就难以夺取朝鲜，因此，加紧以清王朝为战争对象扩军备战。随之而来的即是中日甲午战争。

清王朝因在中日甲午战争中战败而失去了保护国朝鲜并被迫割地、赔款、出让主权，华夷体制因此彻底崩溃而成为历史遗迹，东亚国际秩序从此愈益混乱，列强乘机掀起了瓜分中国的狂潮。对此，日本从自身的有限实力出发，在参与瓜分中国的同时，继续选定有限目标推行其扩张政策。

这一时期，日本夺取朝鲜并进一步向中国东北扩张的目标因俄国的介入并没有完全实现，中日甲午战争后，清王朝的势力完全退出朝鲜，日本在朝鲜亦立足未稳，俄国乘机向朝鲜扩张，攫得大量利权。同时，还组织和利用“三国干涉还辽”，在中国东北攫取了大量利权，日本的扩张受到抑制。日本从而认识到不击败俄国，就难以夺取朝鲜，亦难以进一步向中国东北扩张，因此，日本决定了联英击俄的战略。英国之所以支持日本对俄，除牵制俄国的远东政策之外，还看到日本的主要目标是夺取朝鲜，对英国在华利益不构成威胁。

日本在英国的支持下取得日俄战争的胜利，其在东亚国际关系中的地位骤然上升，战略地位因侵占朝鲜、割取库页岛南部及控制中国东北南部部分要地而发生了很大变化，侵略野心随之急剧膨胀。1906 年 10 月，军界元老山县有朋拟定《帝国国防方针案》并呈奏天皇，内称：日本在日俄战争中的“旷古大捷，顿使宇内形势一变，东详和平之担保实已归于陛下掌握之中”。[①]同时，山县在该文件中提出，今后可能阻碍日本进一步向中国扩张的将是俄、美、法，要确立“攻势国防”，制订对俄法及对美作战的计划，[②]并在国际上利用日英同盟，使日本在远东（包括西太平洋）地区对俄法或对美开战时处于有利地位。[③]

在此，日本的扩张欲望虽急剧膨胀，为与列国争夺中国，第一次提出要以“攻势国防”在东亚大陆及西南太平洋地区对付俄、法、美等强国，但另一方面又不能不看到，单以自身力量难以对抗诸强，因此运用日俄战争取胜的经验，强调要坚持与英国的同盟。日本的这一计划虽因以后国际形势的变化及英国等反对日本的大规模对华扩张而失去战略上的国际支柱，但它反映了一种与英国共霸东亚的构想。

日俄战争后，因美国反对日本独占中国东北南部，英国也不支持日本对该地区的独占政策，日本只得转而缓和与俄国的紧张关系，并多次与之签订密约，互相划定在中国东北的势力范围。这一时期，日本不能不认识到，在无强援的条件下，还难以逐一排除向中国扩张过程中的竞争对手，因此采取了选定局部扩张目标，争取俄、英、美、法的部分承认或默认，稳步推进的方针。

日本的侵略欲望因先后战胜清朝和俄国而急剧膨胀，但在列强共同瓜分中国而形成均势的情况下，日本不敢贸然立即采取排斥列国而称霸东亚大陆的政策。但是，日本并不甘心在列强共同瓜分中国的均势中仅充当列强中一员的角色。日本看到，欧洲两大对立的

---

① ［日］大山梓编：《山县有朋意见书》，东京：原书房 1966 年版，第 296 页。
② 同上，第 140—141 页。
③ 同上，第 298—299 页。

军事集团正在形成，战争难以避免，中国的局势亦显露出大动荡的征兆，东亚地区的国际殖民秩序也极不稳定，这些都有利于日本抓住机会大力对华扩张。1908 年 9 月 25 日，日本内阁会议分析中国将发生革命动荡后决定："帝国与清国在政治上、经济上、均有极为密切的关系，因此要认识到无论在何种情况下，帝国都须在该国占据优势地位。"①

日本确立要在中国攫取超越英、美、俄等国的优势地位的战略目标，意味着其对外扩张政策随着"攻势国防"的确立而进入逐步升级的阶段，同时也意味着日本终将在东亚国际关系中不但要与中国为敌，而且还将不可避免地要与美、俄、英等国为敌，换言之，日本与英国的同盟及与各国的协约（定）关系都是短暂的，随着日本不断向东亚大陆扩张，其与美英等国的矛盾必然日益突出起来。然而，日本的综合国力远不能与美、英等国抗衡；在资源、技术、贸易等方面，日本资本主义对欧美具有很大的依赖性。一旦与美、英等国的矛盾激化至不可调和之时，日本极易遭受致命的打击。因此可以说，日本在东亚大陆超越英、美等以上"优势地位"的扩张战略的基础一开始就是脆弱的。这种脆弱性是日本在以后对外扩张过程中军事与外交混乱的主要原因。

正因为日俄战争后日本对外战略目标与其综合实力极不相称，日本才强调在国际上要依靠日英同盟。由于美国的牵制及英国不愿看到日本进一步大规模向中国扩张，日本只得强调要等待有利时机，以一举实现其战略目标。这就构成了日本此后对外侵略扩张上的投机性特点。

---

① 《对外政策方针》，1908 年 9 月 25 日日本内阁会议决定，日本外务省编：《日本外交年表及主要文书 1840—1945》上，东京：原书房 1969 年版，第 306 页。

日本在对外侵略扩张上的投机性特点在一战期间表现得淋漓尽致。1914 年 8 月，第一次世界大战爆发，日本立即认定“此际参加协约三国一方，夺取德国远东根据地，对我实行对华政策有利”；可“乘列强汲汲于本国战争，无暇东顾之机，确立东亚之永久和平”[①]（指日本实现在东亚地区的“优势地位”——引者)。这表明，日本趁火打劫要实现的最低目标是夺取德国在远东的根据地，排除向中国扩张进程中的一个重要竞争对手，并乘势扩大在华权益，“进一步巩固日本在东亚的地位”[②]；最高目标则是要乘欧美列强无暇东顾之机，实现既定的战略目标——在中国的“优势地位”。因此，日本借口履行日英同盟的义务，宣布对德宣战，夺得山东半岛和德属南洋群岛后，即向袁世凯提出“二十一条要求”，企图一举夺取大量优于英美的在华权益。由于中国方面的抵制及英美等国提出抗议，日本感到时期还不成熟，于是只得删去了“二十一条”中的第五号，并强迫袁世凯政权接受了其他各号条款，从而实现了趁火打劫参战的最低目标，并部分实现了最高目标所规定的在华“优势地位”。

二、华盛顿体制与日本

日本投机取巧般地对华大规模扩张，并无有力的战略依托，即在列强共同瓜分在华权益的格局下无法采取以有效的政治、军事及外交手段排斥列国的措施，强行向中国推行独占性的扩张政策不仅要遭到中国的抵抗，而且还必然引起美英等国的反对。无力对抗，

① 日本防卫厅战史室编：《战史丛书 · 大本营陆军部》1，东京：朝云新闻社 1976 年版，第 203 页。

② 同上，第 205 页。

就只能后退。战后，美英不断采取行动牵制日本的对华政策。面对前所未有的孤立处境，日本被迫步步后退。

一战中，日本将在中国确立“优势地位”的政策全面付诸实施，没有完全得逞。战后，日本看到日俄协商崩溃、中国民族主义高涨、美英等不断牵制日本的对华政策，日英同盟形存实亡，顿时感到无限制的扩张战略毫无国际支柱为依托，于是暗中着手布置战略退却。1921 年 5 月 13 日，原敬内阁策划将对华扩张的重点由全面扩张转向中国东北，强调要确保和扩张在中国东北的地位和利权。①

对日本被迫最后完成这一重点转移起决定性作用的是华盛顿会议。1921 年 11 月，美国联合英国发起召开华盛顿会议。美英计划通过这次会议，围绕远东太平洋问题遏制日本。该会议订立的一系列条约全面否认了日本的在华“优势地位”和“特殊利益”，并对以后日本的扩张施以种种限制。

首先，《九国公约》重新确定了对华“门户开放、机会均等”的原则，并提出签约国“尊重中国的主权与独立，以及领土与行政的完整”。美国凭此可运用自身的资本优势任意打入各国在华的势力范围，英国亦凭此巩固了在华庞大的殖民利益，日本则因此不能不撤走在山东的驻军，并从确立“优势地位”的政策上后退。

第二，美英日主力舰比例条约将三国该种军舰的吨位比例定为 5∶5∶3，日本的主力舰因此比美英少 21 万吨。这个条约限制了日本海军远程战略力量的规模，事实上承认了美英在太平洋的优势地位。这对日本继续大规模对外扩张不能不说是一种战略限制。

第三，美英日法《四国条约》宣布“相互尊重岛屿属地和领地的权利”，这对日本的南洋殖民计划是一种战略性牵制，更重要的是

---

① 日本外务省编：《日本外交年表及主要文书》上，第 524 页。

这个条约取代了1911年的日英同盟条约，[①] 日本由此在名义上亦失去了大规模对外扩张的战略依托。

日本在华盛顿会议上作出种种退让是因为其无力与美英等全面对抗，也是因为综合国力不足而无法立即确立和推行在东亚地区排除美英等势力、独霸中国的霸权政策。这也就使我们看到，向袁世凯强提“二十一条”等不过是在特定的条件下一次投机性行动，其目标也只是试图攫取优于美英的在华地位，并不敢采取排除美英等的政策。

应该指出，华盛顿会议的一系列条约对弱小国家仍是侵略性的，不过，它在客观上限制了日本的对华扩张。该会议精神和各种条约构成的华盛顿体制事实上是一种集团安全保障体制，这个体制规定由美英为主导，日本为一重要成员，法意等国为配角，相互保障和协调各国在远东、太平洋地区的利益。华夷体制崩溃后列强间经过长时期的激烈争夺，暂时相互妥协，远东、太平洋地区从而在一个短时期内形成了一种相对稳定的殖民秩序。

在华盛顿体制的制约下，日本只得进一步转换对华政策，强调要与美英等实行“国际协调”。1924年6月，币原喜重郎出任外相，逐步将这一“国际协调”推向顶点。

日本推行“国际协调”政策并非停止了对华扩张的政策，只不过是将扩张的重点转向了中国东北。在“币原外交”时期，日本无时不强调在东北的“有形和无形的权益”，并竭立利用奉张为其在东北的扩张政策效力。在第二次直奉战争及郭松龄事件时，奉张处境不妙，日本认为奉张若失败，日本的在中原的权益将受到巨大损失，尤其是认为其在东北的权益将会受到威胁，因此屡次撕下“不

---

① 日本外务省编：《外务省的一百年》上卷，东京：原书房1969年版，第840页。

干涉”的伪装，以提供军火、策划谋略及出兵等方式援助奉张。

但是，日本并不甘心在华盛顿体制的限制下与美英作平行的对华扩张，仍在思考伺机攫取优于美英等的在华地位。在田中内阁时期，日本已着手拟定并推行将中国东北分离出去的政策。

在陆军大将田中义一出任首相的同一时期，蒋介石在南京组成国民政府，并决定渡江北上讨伐奉张。日本估计张作霖有可能兵败，日本在东北的地位将随之大受影响，于是决定出兵山东，以牵制南军的北上。接着，日本军政当局于1927年6月27日至7月7日召开“东方会议”，田中在会上训示：“鉴于日本在远东的特殊地位，对中国本土和满蒙，须使之各异其趣，此根本方针为当前政策纲领之依据。”[①] 接着，田中宣布的《对华政策纲领》确定了将东北分离出去的方针。[②]

日本决定肢解中国东北的政策目标，表明其对外战略发生了很大的变化。日本由此蠢蠢欲动，力图冲破华盛顿体制，其与美英的矛盾又将逐步突出起来。对此，日本为政者已有明确认识。关东军司令官武藤信义即就此问田中：“如此重大的方针，一旦付诸实施，必须估计到将会引发世界战争。至少，美国不会沉默，英国及其他列强亦会追随美国喧嚣不已。引起世界战争时怎么办？阁下有此决心和准备吗？”田中回答说：“我有此决心。”[③]

“东方会议”一结束，日军即开始行动。7月8日，日军侵入济南，牵制南军的北上。在日本的暗中支持下，孙传芳、张宗昌部反扑徐州，南军大败，退回长江以南。1928年4月7日，国民政府再

---

① 日本外务省编：《日本外交文书》昭和期1，第1部第1卷，东京：日本外务省出版1989年版，第34页。

② 同上，第174—176页。

③ ［日］山浦贯一郎：《森恪》，东京：原书房1982年版，第599—600页。

次宣布北伐。南军沿津浦线快速推进，4 月 22 日即攻占泰安，逼近济南。田中内阁见南军显示了击败奉张，直逼东北的气势，立即于 4 月 19 日决定第二次出兵山东，干涉南军的行动。5 月上旬，日军向济南的南军发动进攻，并肆意烧杀抢掠，制造了“济南惨案”。接着，日本看到，武力干涉并未能阻止住南军北上的势头，于是加紧策划分离东北的行动。

5 月 16 日，田中内阁决定于同月 18 日向张作霖、蒋介石两政权发出“五一八照会”，该照会称：“当战乱波及满洲时，帝国政府为维持治安，将采取适当而有效的措施。”[①] 这就发出了武力控制东北的信号。同时，日本政府以威胁手段逼迫张作霖立即将奉军撤回东北，以便于加以控制，实现东方会议后提出的控制东北一种方式：使东三省“实质上置于我指导之下，改善东三省之政治，举英国在埃及之同样治绩”。[②] 关东军则认为与奉张难以“合作”，主张发动武力直接占领东北，因此策划乘张作霖退回奉天途中将其炸死，随后乘乱出动兵力占领东北。

但在这时，美英作出了反应。5 月 19 日，美国国务卿凯洛格援用《九国公约》，公开表示反对日本肢解东北。接着美英分别要求日本采取对华实际行动之前，要得到谅解。田中见此，感到暂不宜与美英对抗，天皇也因此未敢颁发出兵敕令。但田中并没有因此改变既定政策。

7 月 13 日，田中授意外务省制定《对中国一般及对满蒙方针》，该文件再次确认：对关内，“与列国协同”，推进经济扩张。

---

① 南京政府外交部编：《国民政府近三年来外交经过纪要》，外交部印行，1929 年版，第 29 页。

② 日本外务省编：《日本外交文书》昭和期 1，第 1 部第 2 卷，东京：日本外务省出版，1990 年版，第 23—24 页。

对东北，“满洲之实权者与中国本部离脱时，要予以同情，并促成这一倾向。现在之满洲政权今虽与国民政府不即不离，将来要采取使之与国民政府离脱的方针”。[①] 该文件同时又称：“虽然以助长将满洲从中国本部分离出来的倾向为得策，但其方法露骨时，将遭遇欧美诸国的非难及中国国民的反对，因此而蒙受之损失难以估量。故，关于此点，要予以细心注意。……日本对满洲应采取的手段和方法，要考虑波及中国本部和诸外国的影响如何来决定轻重缓急。”[②] 这表明，田中内阁即不愿意改变政策目标，又不能不认识到在国际关系的制约下须等待有利时机。1928 年年底，张学良通电宣布“易帜”，田中内阁出于以上考虑，未敢强行干涉。但是，关东军并没有停止武力夺取东北的策划，东亚国际体制再次出现了大动荡的预兆。

三、区域性霸权政策的确立

1929 年 10 月始，美国发生严重的经济危机，这一危机迅速波及资本主义世界，美英等国的工业生产急剧下降，国内矛盾随之突出起来。美英政府的注意力不能不暂时集中于应付经济危机，其在远东地区的遏制力相对削弱。日本虽也受到经济危机的冲击，但日本军部亦由此看到了国际形势对日本夺取中国东北有利，因此极力叫嚣“满蒙生命线”论，要求尽快夺取东北。

日本军部急欲夺取东北的原因除众所周知的侵略欲望和经济危机的刺激及较有利的国际形势之外，根本原因仍是其企图冲破华盛

① 日本外务省编：《日本外交文书》昭和期 1，第 1 部第 2 卷，第 14 页。
② 同上，第 24 页。

顿体制，逐步建立以日本为主导的东亚新秩序。战略理论家、众院议员池崎忠孝在1931年著《太平洋战略论》一书，明确地说：日本“必须支配太平洋之一半”。[①]军部则进一步认为，完成这一“高远使命之第一步实为满蒙问题之根本解决”。[②]关东军高级参谋板垣征四郎、作战主任石原莞尔更是对东北的综合性战略价值作了具体分析，得出只有夺取东北，才能进一步向关内扩张，并逐一与苏美等决一雌雄的结论。[③]在这种认识的驱使下，板垣与石原等加紧策划武力夺取东北的计划。

关东军挑起事端，迅速占领东北后，日本军政当局见美英并无力采取实际步骤阻止日军的行动，于是更换内阁，并决定由此冲破华盛顿体制。这表明一种政策的转换，其标志是：抛弃“协调外交”，转而推行“自主外交”。所谓“自主外交”，主要内容是在实施对华大规模扩张时不顾美英等的谴责和干预，甚至不惜与美英等兵戎相见。众院议员森恪在1932年8月第63届帝国议会上就内田外相大谈“自主外交”时将“尽快承认满洲国”一段话补充说：“承认满洲国，可以说是我帝国在外交上发布了宣战布告。”[④]同一时期，日本政府针对美英等对日本侵占中国东北提出的抗议，决定：“帝国政府要愈益发挥自主外交的真谛，打开国运，完成国家的使命。”“万一国联等对帝国施以重大的现实压迫，我方亦要以实力排除

① ［日］池崎忠孝：《太平洋战略论》，东京：先进社1932年版，第26页。

②《现代史资料7·满洲事变》，东京：美铃书房1985年版，第145页。

③ 见［日］板垣征四郎：《关于从军事上观察满蒙》，1931年3月，《现代史资料7·满洲事变》，第144页；［日］角田顺，《石原莞尔资料·国防论策》，东京：原书房1971年版，第71、76页。

④ 日本鹿岛和平研究所编：《内田康哉》，东京：鹿岛研究所出版会1969年版，第351—357页。

之。”[①]日本政府不顾国际孤立，于1933年3月公然宣布退出国联正是基于这一决心。

日本转而推行“自主外交”，不但表明其要打破华盛顿体制，而且还表明其欲逐步在东亚地区建立一个由日本主导的新的国际秩序。内田外相即在上述会议上宣称：“盼日满华三国相携互助尽快实现。”[②]这就暗示要使中国政府至少以不同的方式模仿伪满，依附日本。这实际上是宣布了一个否认华盛顿体制，最终建立一个由日本主宰的东亚国际秩序的战略目标。因此，内田狂热的向上述议会宣布：政府“有即使国家化为焦土也要贯彻这一主张、寸步不让之决心”[③]。此后，日本确是如此行事，结果亦是如此。

1933年6月，日本陆军省、参谋本部召开第一次省部首脑会议，研究战略问题。会议在估计退出“国联”后的国际形势时认为：“德、意、苏等独裁国家的勃兴，海军军备限制条约即至失效期，由此来看，1935、1936年将发生世界危机。”[④]所谓“世界危机”是指帝国主义国家将发生重新瓜分世界的战争或相互间的激烈对抗。这对日本来说，即是一种挑战，又是一种发展“国运”的良机。因此，日本陆军中央极力主张整顿国内态势，扩充军备，逐步建立总体战体制，将日本建成“高度国防国家”。

以上日本陆军省部首脑会议经数次会议后，拟定了《帝国国策》，并于10月初提交给政府五相会议讨论。该文件提出：在“国际危机”到来时，如苏美关系恶化，要与之对抗，并不辞一战。[⑤]规

---

① 日本外务省编：《日本外交年表及主要文书1840—1945》下，东京：原书房1972年版，第206页。

② 日本鹿岛和平研究所编：《内田康哉》，第357页。

③ 同上，第359页。

④ 日本防卫厅战史室编：《战史丛书 · 大本营陆军部》1，第345页。

⑤《现代史资料8 · 日中战争1》，东京：美铃书房1976年版，第11页。

定对华政策的基调是："助长、加强对日政策的实质性转向（即亲日—作者）……在危机之际，要尽量广泛地设定亲日地域。"[①]日本陆军中央认为，日本的扩张在进一步指向中国的同时，要以强有力的手段使中国转向亲日，至少要在华北和蒙疆设立广泛的亲日地域；此际，苏联向中国推行"赤化"政策，并迅速加强远东红军，对日本的东亚政策构成极大威胁，是日本最危险的敌人；美英主要是追求和确保中国市场，只要不进一步触犯其在华利益，"不会成为非以实力解决不可的紧迫问题"。[②]

以上日本陆军省部会议实际上得出了以下三个研究结论：

第一，"九一八"事变已引起东亚国际秩序的紊乱，德、意、苏等在一战后受凡尔赛—华盛顿国际体制抑制的国家随着实力的不断增强，将积极谋求打破既存国际秩序，而美、英、法等在"九一八"事变时期则表现出难以阻止既存国际秩序被逐步打破的势头。既有海军裁军条约至1936年期满失效，届时将出现军备竞赛，国际秩序将愈益混乱，新的争霸战争不可避免。

第二，在国际秩序大混乱的时期到来时，苏、美、英等若严重阻碍日本的扩张，必须与其对抗，并不惜以战争手段对付之。然而，与苏、美、英等国对抗需拥有足够的实力，因此，必须加速建立适应未来大战的总体战体制，并且在向中国扩张的同时使中国转向亲日，依附日本，只有这样，才能够在与苏或美英对抗及开战时拥有保证取胜的战略基地、资源补给，并无后顾之忧。若不能迅速迫使中国服从日本而又出现对苏或美英矛盾尖锐化，甚至发生战争时，则先在中国的部分地区设立其要求的亲日地域，以利于战略迂

① 《现代史资料8·日中战争1》，第12页。

② 日本防卫厅战史室编：《战史丛书·大本营陆军部》1，第346—347页。

回及获取资源。

第三，对苏、美、英的战略在一般情况下，先后顺序定为先对付苏联，以后再伺机对付英美。

在此，陆军中央决定的战略方针是，首先在进一步向中国扩张，实现所谓“日满华提携互助”即将中国纳入日本的控制之下的同时，以各种手段消除苏联的“威胁”，以后再伺机对付英美。这一战略的核心内容是在东亚逐步建立以日本为主导的国际新秩序，前提则是乘东亚国际秩序紊乱之时向中国全面扩张，使中国（或首先是中国的部分地区）依附于日本。就使中国依附日本的方法，海军军令部于1932年9月25日既抛出《对华时局处理方针》，强调要先争取地方政权亲日，并抑制列国援华，使中国不得不转向亲日，以实现“日满华三国提携”。[①]这个文件提出了控制中国的步骤，是《帝国国策》制订时的依据之一。

日本的国策及对外政策方针首先由军方提出，反映了军方自“五一五”事件后的强势地位，内阁在此充当的是一个协作的角色。1933年10月间，内阁五相会议依据军方的意见，确认对华扩张是实现新一轮战略的前提，于是制定新的“外交方针”，规定了新一轮战略目标及其实现方式：“统治满洲国经济，使之与我国经济相调节，并实现在帝国指导下日满华三国的提携互助。”[②]在此，一个很关键的词是“在帝国指导下”。只要回顾一下以往日本朝野争霸东亚的思想和主张，考察一下华盛顿体制所规定的东亚国际秩序走向崩溃的现状，就知道这个词的含义：日本居于主导地位，中国及伪满服从日本的“指导”处于附属的地位，同时亦暗示英美等在华的原

① 《现代史资料8·日中战争1》，第9—10页。

② 日本外务省编：《日本外交年表及主要文书1840—1945》下，第275—276页。

有主导地位将完全丧失。在此，日本军政当局首先确认了否认华盛顿体制，并企图建立“日本指导下”的东亚新秩序。其步骤是先使中国服从日本的“指导”，这一方面是上述战略目标中的一个主要内容，另一方面则可利用中国的资源、人力、财力等构筑对美、英、苏有利的战略地位，以最终迫使各国不得不承认日本的东亚新秩序，即日本在东亚地区的霸权。如果说一战中日本强提“二十一条”企图在中国攫取优于英美等的地位还具有趁火打劫、投机取巧的特点，那么可以说，“九一八”事变是日本军方为尽快确立准备未来争霸战的总体战体制而实施的计划性行动。夺取中国东北后，军方和政府接连制定以上几个重要文件，正式确定要在东亚建立以日本居指导地位的国际新秩序，这表明日本决意将多年的梦想逐步变为现实。可以说，以日本政府制定的《外交方针》为标志，日本针对东亚的地区性霸权政策已然确立。

综上所述，日本自明治维新以来推行的扩张政策首先是根据其国力与欧美诸国的对比而制定的，在一个较长的历史时期明显表现出追随欧美列强，对邻国推行局部扩张的特点。但是，当国力随着对外侵略扩张的斩获及国内资本主义的发展而有了极大加强时，日本既难以满足于长时期追随英美，只在东亚国际体制中扮演列强一员的角色，其对外扩张政策也就随之变化。由于其变化是逐步扩大对外扩张的目标，这就首先给中国以极大威胁，同时也加剧了与欧美列强间的矛盾。华盛顿体制虽然重新规定了各列强在东亚、太平洋上的地位，确立了新的东亚国际殖民秩序，但其内在矛盾重重，无法保证长时期的稳定。日本发动“九一八”事变，猛烈地冲击了远东、太平洋地区既有的国际秩序，英美等国无力采取强有力的措施，华盛顿体制由此出现严重破绽，这使日本看到逐步夺取这一地区国际秩序主导权的机会已经到来，于是周密策划，确定了首先在东亚地区建立国际新秩序即夺取东亚国际秩序主导权的战略计划。此后，在"天羽声明"、"华北事变"、"中日悬案交涉"时期，日本对中、英、美、苏、德等国的政策均是围绕这一战略计划展开的，中国与英美的合作计划及对日政策因此也是围绕抵制和牵制日本的这一战略计划而展开的。随着日本对外扩张战略的不断升级，华盛顿体制逐步走向崩溃，最终确定了中日战争时期东亚、太平洋地区国际政治格局的走向。

（原载于《近现代亚太地区国际关系研究》，
南开大学世界史国家基地年刊，
2001 年 2 月，略有调整）

“九一八”事变后日本的对华外交及战略意图

——兼论南京国民政府的对策

“九一八”事变后，日本政府和军部制定了“实现日本指导下的日满华三国提携互助”即在东亚确立以日本为霸主的国际秩序的战略目标，[①] 日本外交的任务因此已不仅是维护和扩大在华权益及控制局部地区，其主旨已转为拉拢和压迫中国服从日本的“指导”方面。围绕这一主旨，日本外务省和军部展开了新一轮的对华外交。本文拟运用迄今中日两国学界尚未使用的原始档案史料，以与以往不同的角度，就“九一八”事变后日本的对华战略问题，结合国民政府的对外政策，探讨这一时期日本的对华外交及其战略意图。

一、日本外务省与军部的策略性分歧

1933 年 5 月《塘沽协定》订立后，日本在策划、制定确立东亚国际新秩序的战略目标时，外务省与军部就实现该战略目标的方式发生了策略性分歧。

---

① 见拙文：《日本东亚政战略的变迁》，《早稻田大学法研论集》总第 75 集，东京：早稻田大学印行，1995 年 8 月。

军部鉴于以往经验，着重于从局部着手，强调先制华北，以便逐一推进。海军方面即主张：“（一）对华北（指冀察）政权，要相当积极地援助之，以使其迅速安定华北方面的事态，履行停战协定，根绝抗日排货及其他反日运动，消除党部势力，并使华北风潮转向亲日。（二）对山东山西方面的实权者也要以此方针加以指导，使其与华北合作，逐步在事实上脱离中央政权的政令，并恢复与华北和日满两国的依存关系。（三）要使以上形势向华中华南扩展。”[①] 陆军方面亦提出：“要适应中国的分立倾向，培养亲日分子，并促使其组织化。”[②] 就此，关东军明确地解释说：“华北分离的实质，就在于使国民党政权沦为长江一带的地方政权或陷入趋于崩溃的命运，以利于促进日满对全中国的提携。”[③] 这表明，日本军部企图在侵占东北后，再制华北，累积蚕食战略成果，以利于逐步迫使中国屈从日本，实现对华总战略。

日本外务省则主张华北自治应缓慢进行，强调对华政策主要须从全盘着手，全面推进，认为只有首先使南京国民政府服从日本，才能确立由日本“指导”的东亚国际新秩序。因此着重于以国民政府为对象交涉对华“全盘问题”，并提出以“经济提携”为突破口，逐步推进，以利于最终实现“日本指导下”的“日满华全面提携”，即实现变中国为其附属国的目标。1934 年 2 月 26 日，亚洲局提出《关于日中经济提携方案》，该文件强调：“目前推动政治工作相当困难，与此相反，经济问题，就其性质而言，比较容易协商，而且利害一致之事项必将有提携之机会。以此类问题为中心实行日中合

---

① 1933 年 9 月 25 日“海军对华时局处理方针”，《现代史资料 8 · 日中战争 1》，东京：美铃书房 1976 年版，第 9 页。

② 1933 年 9 月 22 日“帝国国策”，《现代史资料 8 · 日中战争 1》，第 12 页。

③ 日本外务省编：《日本外交年表及主要文书 1840—1945》下，东京：原书房 1972 年版，第 321 页。

作，不会招致外国干预，也不会因政府的态度而引起反政府政客的攻击。如此逐步增加日中合作事业，使日中经济关系彼我错综结合，难以相互分离，日中关系当然会随之出现新事态，所谓日中提携将必然地、也是自然地形成。"[①]该文件中所谓"经济提携"的具体内容是：（一）援助华北、华中地区的棉花栽培业，"为军队及三菱会社等提供便宜"。（二）日清汽船与招商局之间实行提携或签订合同，以使日中间贸易畅达。（三）援助中国的纺织业，使其"成为日本纺织业的附庸"，从而"抑制中国纺织业技术之进步，加强日本纺织业在华地位"。（四）在金融业领域中，使"邦人银行（在上海等地）居于父银行之地位"，以影响指导中国银行。并通过合作，加强对华"共同事业的投资"。[②]该文件经广田外相阅后，即定为这一时期日本外务省对华"经济提携"的基本方针。这个文件使我们看到，日本对华"经济提携"的实质是要先从经济上逐步使中国变为其附庸，以此为基础，以后再进一步实现对华"全面提携"，即实现对中国的控制，确立日本"指导下"的东亚国际秩序。

日本军部与外务省的上述策略表明两者在对华扩张的方式及偏重点方面存在某些分歧，前者强调主要以武力为手段，先从局部着手，逐步控制华北，以后再进一步迫使中国屈从日本；后者则主张主要采用外交手段，从对华全盘着手，拉拢和压迫中国国民政府由亲英美转向亲日，并接受日本的"指导"，一举将中国变为日本的附属国。当时，关东军正忙于经营"满洲国"及与北平政务整理委员会交涉《塘沽协定》的落实，尚无暇动手。外务省也未认可军部将扩张重点置于华北的要求，推出了对华"经济提携"的外交方针，

---

① 《关于日中经济提携方案》，日本外务省档案，《松本忠雄文书》，A · 1109，东京：日本外交史料馆藏。

② 同上。

日本政府亦尚未表示支持军部的上述主张，军部只得暂取静观态度，以等待有利时机。

日本外务省经过一阵策划，于1934年二三月间接连由派驻南京的总领事须磨弥吉郎与南京国民政府接触，要求在经济方面两国实施"提携"，南京国民政府正忙于与欧美的经济合作计划，对日本深含战略意义的"经济提携"要求十分警惕，事实上没有给予任何实质性的回复。日本外务省见英美等正以援华为手段，极力扩大在华权益，以此维护和加强在远东的主导地位；中国方面则回避与日本交涉，感到必须向各国表明决意"指导"实现东亚新秩序的态度。3月中旬，外相广田弘毅接连训电指示驻美英大使、驻华公使和驻华各地领事："日本的权威和实力是维持东亚和平的唯一基础，因此，有关中国的国际问题，当然要以日本为主。"要使各国认识到，"将日本排除在外的（对华）国际合作，将是徒劳"。"唯一的方法是以日本的权威和实力为背景，方可在华实行有效的国际合作。"[①]4月17日，外务省情报部长天羽英二将以上训电内容公开发表，英美等国对此反应强烈，国民政府亦发表两次声明，谴责日本企图独霸中国的野心，宣布"不承认日本在远东之任何特殊地位"。[②]对日本"经济提携"的要求则采取了迂回侧击的策略，避开其含有战略意义的要求，日本的对华外交因此陷于停滞状态。

在这种情况下，日本军部认为"经济提携"的方式难以奏效，强烈主张推行武力外交。1934年7月15日，关东军参谋喜多诚一大佐向天羽英二提出一份意见书，内称：当今世界，集团经济抬头，独裁流行，"日本不应独自超然于此种大势范围之圈外"，"无论其喜

---

① 广田外相发给驻美，英、中等国大使、公使、领事的训电，日本外务省档案，缩微胶卷，WT79，IMT593，第21页。

② 《蒋总统秘录》第9册，台湾"中央日报"译印，1985年版，第171页。

好与否，都要使支那与日本共同归于一个集团经济范围之内”；“两国提携一旦实现，全部问题将最终获得解决”，“但中国及中国人拒绝接受日本的主张”，对此“不能听之任之”。“日本是东亚的指导者，这是不可否认之事实……所谓指导，从字义上看，是指示和引导之意”，但以往“无论如何指导中国，均无济于事。文墨口舌之空举终究不能奏效”，“东洋人之东洋的主张，高唱几万回也终归是空念佛”。因此，他主张，“除有效之武力之外，别无他途”。[①]与此同时，日驻华各地武官分别于11月12日和16日在青岛、上海召开秘密会议，提出不能再作静观，“要实施打倒国民政府，扩大亲日区域的国策”，具体办法是尽快推进华北独立运动。[②]日本外务省很快获悉这一会议的内容，随即向参谋本部提出异议，称：“军部无视外交机构，自行下手之类需深加考虑。”[③]

鉴于在侵华手段和方式方面存在意见分歧，日本陆、海、外三省会合紧急协商，于12月7日制定了《关于对华政策之文件》。该文件首先提出：“帝国方针是要使中国追随以帝国为中心的日满华三国提携互助，以此确保东亚和平”，“然而，鉴于中国的现状，迅速实现此目的至为困难”，因此，“首先要在中国建立强固的经济上的地位，这不但是我国对华政策的根本内容，另一方面，又是我方势力得以控制中国，并使中国不得不谋求向我方靠近的有力手段”；“我方希望南京政权的政令不能达及于华北地区，但要在此际造成这种形势，我方如无行使巨大实力之决意，则实属困难。目前，要逐步在华北造成南京政府之政令与华北地方的现实事态相乖离之形

① 喜多诚一大佐致天羽英二情报部长书，日本外务省档案，缩微胶卷，S680，第440—450页。

② 日驻华公使馆若杉一等书记官致广田外相电，第430号，12月13日到。日本外务省档案，《松本忠雄文书》，A1109，东京：日本外交史料馆藏。

③ 同上。

势，以此为目标，逐渐实现”。何为“相乖离之形势”？该文件说得很清楚，即“使华北政权成为有力之政权，并（对我方）表示诚意，我方亦以好意临之，以致力于解决悬案及维持、伸张我方权益。至少要在事实上查禁党部的活动，且使华北政权下的官职换上便于实施我方政策之人物……造成无论何人成为华北政权之首脑，皆不能无视日满华在华北的特殊关系之状况”。[①]这个文件表明，日本外务省与军方经过内部协调，双方就侵华方式和近期目标作了妥协和分工。军方赞同以“经济提携”为近期对华外交总目标；外务省则承认军方在华北推行武力外交，只是要求逐步推进，以免影响对国民政府的交涉。至此，对华方针具体化，外务省和军部分头行动，以各自的方式推行对华外交。

二、日本的“二重外交”与国民政府的对策

面对日本不断提出深含战略意义的“经济提携”要求，南京国民政府十分警戒，自1934年以来一直回避与日本就此作正式交涉。制定改革币制的方针后，国民政府决定极力争取英美的援助，同时为对应日本“经济提携”的要求，也在争取日本提供贷款。1935年1月31日，孔祥熙与须磨总领事在南京会谈。孔指出：“中国目前的问题是货币问题。为克服此种困难，须得到外国资本的援助，现正与英美协商。此时，日本若在列国中率先提供巨款，将促进两国关系之好转。”[②]孔在日本反复提议“日中经济提携”时，避重就轻，

① 《现代史资料8·日中战争1》，第22—24页。
② 《最近中国关系诸问题摘要》下卷，R·SP66，第194页。

提出借款，以整顿货币，统一全国金融。这一方面在外交上回应了日本“经济提携”的要求，同时又避开了日本的实质性要求，以防止日本资本对经济领域直接渗透，攫取支配地位；另一方面又可在即将推行的“币制改革”中减少来自日本的阻力。1935 年 2 月 26 日，财政部总务司长许建屏往访须磨总领事时，提出由日本提供 2 亿—3 亿元长期低息贷款。3 月 6 日，孔祥熙向须磨透露，美英两国正在考虑向中国贷款，以帮助中国整顿币制，发展生产。4 月 17 日，孔进一步要求须磨回答“日本政府是否有贷款之意”。[①] 面对国民政府的借款攻势，日本政府感到，与之业已确定的“经济提携”的方针南辕北辙，而且中国若是实现币制统一，则将有碍于日本的既定战略。于是须磨对孔说：“先决问题是从大局角度使日中两国关系的亲善具体化，至于借款之类，属商业范畴，必须尽量就其基础加以研究。”[②] 这实际上是拒绝了孔的要求。

国民政府见日本回避商议为币制改革提供贷款，于是转变策略，转而从工业贷款方面回应日本的“经济提携”要求。6 月 25 日，孔祥熙对须磨说：“鄙人已提出三次借款要求，未见何等回复，为有一个两国经济合作的端绪，希望日方向中国纺织业提供 3000 万—5000 万元贷款。”[③] 孔不厌其烦地向日本提出借款要求，用意在于若得到借款，则可自主地缓解财政困难，发展生产。若遭拒绝，则进一步广泛寻求美英援助，使日本难以依据“天羽声明”，借口受到排斥而蛮加干涉。这有利于在外交上争取主动。7 月 19 日，孔访须磨，要求给予回复。须磨非正面地回答说：“最近，我国国内对中国提高关税多表反对。有鉴于此，在考虑日中纺织合作方案时，中

---

① 《最近中国关系诸问题摘要》下卷，R · SP66，第 194—195 页。

② 同上，第 196 页。

③ 同上，第 197 页。

国方面应首先采取缔结互惠税率协定之类的办法，从大局出发，调整两国贸易关系。”①国民政府这一时期忙于“安内”，对外政策的一个主要方面是暂不使中日关系进一步恶化。因此，宋委腕地提出愿意派遣经济视察团访日，10月9日至20日，以盐业银行总经理吴鼎昌为团长的一行34人赴日视察，“除形式上成立了日华贸易协会之外，无何等具体结果”。②日本外务省的“经济提携”外交事实上处于停滞状态。

另一方面，驻华日军得知陆、海、外三省已制订了以上对华北的新方针后，即蓄意制造借口，蛮横推行武力外交。1935年1月至6月，日军先后制造河北事件及张北、察东事件，随即向冀察当局提出一系列无理要求。日本陆军中央立即予以支持，指示驻华日军与冀察当局就地交涉，驻华各地武官予以协助。③为胁迫中国方面屈从日军的要求，关东军调兵遣将，摆出动武的架势，日本在华北的驻屯军则出动装甲车、飞机小炮和机关枪队示威。中国方面被迫与日军签订了《何梅协定》和《秦土协定》。这两个协定规定：国民党党部、“排日机构”撤出冀察；中央军撤出冀察，第二十九军撤出昌平、延庆、大村堡至长城一线以东及从独石口至张家口一线以北地区；允许日军在察哈尔设置飞机场和无线电通讯设施；察哈尔省聘请日本人为军事或政治顾问；不阻止日本在内蒙对德王工作等等。④这些规定严重地损害了中国在冀察地区的主权，使冀察部分地区在政治上、军事上均失去控制，这有利于日军进而加以控制。

日本以“经济提携”为近期目的的“协和外交”和首先以冀察

---

① 《最近中国关系诸问题摘要》下卷，1935年12月日本外务省东亚局制定，日本外务省档案，缩微胶卷，R · SP66，第196—197页。

② 同上，第204页。

③ 《现代史资料8 · 日中战争1》，第65—67页。

④ 日本外务省编：《日本外交年表及主要文书1840—1945》下，第294—295页。

为对象的武力外交交替推行，两者均是围绕其东亚战略展开的。中国的领土、主权面临严重威胁。对此，国民政府采取了什么战略对策？“天羽声明”发表的同月，蒋介石对庐山军官训练团发表讲话时认为，中日问题“是整个东亚的问题，也就是所谓太平洋的问题。日本人所争的是整个太平洋的霸权，这就不是日本和中国两个国家的问题，而是日本和世界的问题”。日本“极力威胁，侵略我们中国，但他军事上的真正目标，不是在我们中国。为什么呢？因为以他现在的武力，要想侵占全中国，早已不成问题，但是他虽把全中国占领了，如果太平洋问题没有解决，全中国是占领不了的，所以他早已认定，非要把与太平洋有关系的几个强有力的国家统统征服之后，才能达到独吞中国，独霸东亚的目的。所以他现在陆军的目标是苏联，海军的目标是英美”。[①]根据日本的东亚战略来看，蒋的这种判断大致是正确的。其中流露出来的对大国的依赖思想是弱国通常都具有的。蒋对日本继续以武力侵华也有所估计，他指出：日本为准备将来发动对苏战争，“一定要先占领我们内蒙和华北各地，然后他在战争中，才可居于稳固而有利的地位”，因此，“日本随时会来进占我们河北、绥远、察哈尔及至山东、山西这些地方”。[②]基于以上认识，蒋决定对内着手建设国防，对外联合苏联，加强与英美的经济合作。

早在1934年7月，蒋介石派清华大学教授蒋廷黻访苏，“测探中苏两国合作的可能性”。[③]日军大力推行“武力外交”，不断蚕食中国的领土主权时，国民政府更是谋求联苏抗日。1935年7月初中方

---

① 秦孝仪主编：《中华民国重要史料初编·对日抗战时期》绪编（三），台北：中国国民党中央委员会党史委员会编印，1981年版，第107—109页。

② 同上，第128—129页。

③《蒋廷黻回忆录》，台北传记文学出版社1979年版，第153页。

明确向苏方提出过可否缔结互助协定，即秘密军事协定的问题。[①]由于苏联的对华政策是，在支持中国的问题上希望与英美合作，并与之平行，[②]因此，在交涉中只同意签订贸易协定、互不侵犯条约及提供武器装备。尽管如此，这种有限度的支持，对中国加强对日战略态势仍是有利的。在对欧美国家方面，国民政府主要是致力于寻求经济援助。如签订商业、铁路等各种贷款协定，争取英美对“币制改革”的支持，从德国购买武器等。这些活动的主要目的是：（一）加强统一体制，增强国力，促进国防建设。（二）向英美等国提供一定权益，以利用美英来牵制日本独霸中国的侵略政策。这些活动是蒋及国民政府为准备抗日的对外战略措施。其中不乏一些不切实际的空想，但其战略意义不宜低估。

在对日战略方面，蒋及国民政府采取了拖延时日、等待国际形势变化、寻找有利时机的方针。蒋指出：“中国在他正面，美国在他后面，苏俄在他侧面，我们哪一个都知道，军事并不是专打正面，仅仅打正面不够，非将后面侧面一齐准备妥当，备置完全，徒打正面是不能作战的。”蒋还说，中国的军事、经济、教育、政治这些与日本作战的条件还远未成熟，也不能立即与日本开战。[③]蒋认为，中国的最好机会是日本与苏或美英矛盾激化至开战之时。[④]基于这种认识，南京国民政府的对日政策就只能是“一面交涉，一面抵抗”，以拖延时日，等待国内外有利时机的到来。

因此，日本的“协和外交”得到蒋及国民政府的一些响应。1935年1月，蒋介石约见日驻华公使馆武官铃木美通时说：“无论如何，

① 王真：《抗战初期中苏在苏联参战问题上的分歧》，《历史研究》1994年第2期。
② 《蒋廷黻回忆录》，第196页。
③ 秦孝仪主编：《中华民国重要史料初编 · 对日抗战时期》绪编（三），第109—112页。
④ 同上，第108页。

中日两国有提携之必要，愿中日两国以互相之精神努力进行。"[①] 2月27日，蒋、汪联名向全国发布严禁排日令。张北、察东事件及河北事件时，蒋及国民政府不反对与日军妥协。而且在同年5月又同意将中日双方公使馆升为大使馆，互派大使。然而，日本并没有因国民政府的这种响应而满意。日军方认为，蒋介石所希望完成的任务有两项："统一中国和对日报复"，而现在中国的状态是"一方面有共军；另一方面军阀中使南京政府不快者为数不少，因此暂不愿恶化日中关系，以在此期间实现国内的统一。南京政府停止排日、排日货以及排日教育不过是表面上的"，实际上则"在借款问题、航线开设问题上明显接近英美"，在解决悬案的问题上，南京政府也"表里不一"。[②] 日军方认为"蒋介石的新政策是欺骗政策"，[③] 必须促其反省。日外务省则在策划"广田三原则"，计划向中国进一步提出侵略要求。

日本"武力外交"与"协和外交"齐头并进，在策略上获得一次又一次的进展，但在战略步骤方面，两者又出现了某种矛盾。"武力"外交的主旨是先制冀察，后收华北五省分治之果，以利于进一步侵华及尽快完成对苏战备。"协和外交"的主旨则是企图诱使中国改变亲美英政策，转向亲日，从而一举解决两国间的"全盘问题"，实现"日本指导下的日满华三国提携"。后者要求前者为后盾，作辅助，但前者的不断推进，引起中国的高度警戒，不利于后者的实施。因此外务省感到必须牵制军方的行动，以免危害其对华外交。

---

① 《外交周报》第3卷第6期，第9页。

② 日本国际政治学会编：《走向太平洋战争的道路3·日中战争》上，东京：朝日新闻社1962年版，第72—73页。

③ 日本防卫厅战史室编：《战史丛书·大本营陆军部》1，东京：朝云新闻社1976年版，第362页。

《何梅协定》成立第三天，日驻华大使馆一等书记官电报外务省：这次军方的行动“是以树立华北五省自治政权为目标，此为第一阶段之工作”。“我国政府正在以蒋介石及汪兆铭派首脑作为对象致力于日中提携”，军方的行动“与我对华政策正相反”。若听之任之，“终将难以予期实施满意之政策”。[①] 在此前一天，国民政府发布《敦睦邻邦令》，日本外务省乘机通过驻华大使有吉明于6月28日发表声明，言称“事态好转”，“为期待日中两国国交之圆满，不能仅着眼于地方，要在全中国肃清排日风潮”。[②] 这一方面表明，日本外务省欲通过外交手段来逐步实现政策目标，同时也表明其不赞同军方在华北这一局部地区的过分行动，不承认军方的武力外交能实现对华外交的全盘目标，并谋求夺回外交主导权。是时，日本陆军中央也有人出于战略考虑，“希望就华北事件与外务省协调”。[③] 如参谋本部指示关东军，“依据《梅津·何应钦协定》，已确定了日本与中国在华北相互间的势力范围及缓冲地带……关东军不要再向南推进”。[④] 然而，驻华日军在军中央的强硬派支持下，仍在寻找机会，以进一步推动华北分治。7月12日，大藏大臣藤井真信往访元老西元寺公望时表示，“以往，对华关系大体由外务省负责，军部为后盾，此为原则。……近来，军部非常强硬，外务大臣简直处于被牵着走的状态”，外务省的对华外交正在展开之时，“军方又来插手，由驻华军队制造什么事端，简直不像话”。[⑤] 这就一语中的，说明日

---

① 木户日记研究会编：《木户幸一关系文书》，东京：东京大学出版会1966年版，第251—252页。

② 《现代史资料8·日中战争1》，第71页。

③ ［日］天羽英二：《天羽英二日记·资料集》第3卷，东京：天羽英二资料刊行会1990年版，第56页。

④ 日本近代史料研究会编：《片仓衷氏谈话速记录》上，东京：日本近代史料研究会1983年版，第378页。

⑤ ［日］原田熊雄述：《西园寺公与政局》第4卷，东京：岩波书店1951年版，第290页。

本的“武力外交”至少已取得与“协和外交”平行以上的地位，出现了军部与外务省竞相推进对华外交的局面，这在英国首席经济顾问李滋·罗斯访华前后表现得十分突出。

三、币制改革与华北自治

另一方面，英国为维护在华权益和地位，策划实施援华措施。1935 年 9 月 21 日，英国首席经济顾问李滋·罗斯抵上海，与国民政府协商后，英国宣布贷款给中国 1000 万英镑，以支持中国实行“币制改革”。11 月 3 日，国民政府正式宣布实行“币制改革”。这一改革意味着国民政府将加强对华北的权威和统一管理。英美也将加强在华势力，而日本的东亚政策则将遭到牵制和削弱。因此，日本军部和政府均表示反对并极力破坏。

李滋·罗斯抵中国之前，曾于 9 月 6 日至 19 日访问日本，就英国援华问题征求日本的意见。日本外务省为与李滋·罗斯交涉提出三点原则性意见：(一) 日本是东亚唯一的“安定力量”，对华援助“要以此事实为基础。即以日本为中心履行此责任”。日本尊重英国在东亚的正当权益，“但要以上述原则为第一前提，并使之彻底”。(二)“英方若表示不能容许日本拥有超过英国的优越地位时，我方要依据第（一）项的宗旨，彻底不能容忍英方的此种态度”。若英方承认第（一）项的宗旨，我方则对英方维持其权益之愿望，“在日英协调时给予好意之考虑”。为防止各国对日本施以新的束缚，日本反对就远东、太平洋问题召开国际会议。(三)“中国几乎所有的经济问题都与政治问题有密切关系……因此，必须彻底从政治立场加以考虑”。[①] 这就确定了英国服从日本战略的方针。

而英国方面自日本于 1935 年 1 月起不断在中国华北挑起事端以来，不时指责日本无视华盛顿会议所定有关条约，指出日本的东亚政策“是以在亚洲大陆制霸为目标”，损害了英美等在远东的地位和利益。[②] 因此，英国朝野出现了与美联合对日的呼声。在对华政策上，英国认为，“日本正在强行要求中国只与自己合作，此举将极大地损害英美的利益。关系各国若不公开支持中国，远东的民主主义及世界通商原则将不可避免地后退”。[③] 基于这种认识，英国决定积极援助国民政府的“币制改革”。9 月 9 日，广田外相与李滋 · 罗斯会谈，李提出由英国出面促使国民政府承认“满洲国”，以换取日本支持英国对华贷款改革币制。对此，广田说：“贷款，结果将由南京政府浪费。”[④] 言外之意是反对英国实施这种贷款。次日，李与重光葵外务次官会谈时再次追问日方意见。重光回答说：“俟阁下在中国调查结束并制订方案后再作充分研究。”[⑤] 在李滋 · 罗斯访日的 10 天时间里，日本俨然是一付“东亚指导者”的姿态，而李却并未按日本的希望承认其在东亚享有“指导者”或“中心”的地位，也未乞求日本保护英国在华利益，因此日本一时无隙可乘，只得对李的提议暂时不置可否。

日军方正在等待进一步推动华北自治的机会，获悉英国的援华计划后更是急不可耐。1935 年 9 月 24 日，日本新任中国驻屯军司令

---

① 《最近中国关系诸问题摘要》下卷，日本外务省档案，缩微胶卷，R · SP66，日本外务省东亚局，第 259—261 页。

② 《日英外交关系杂纂》，日本外务省档案，缩微胶卷，R · SP66，1927 年 3 月—1937 年 11 月，第 113—116 页。

③ 同上。

④ 《最近中国关系诸问题摘要》下卷，日本外务省档案，缩微胶卷，R · SP66，第 263—266 页。

⑤ 同上。

官多田骏少将就华北问题在记者招待会上发表讲话，即“多田声明”，其内容有：[①]

一、日满华共存的基础——华北的所谓明朗化，要依靠华北民众的力量，逐步实现，为将阻碍其实现的国民党及蒋政权势力逐出华北，行使威力亦为不得已。

二、基于这一根本主张，我军对华北的态度是：1. 将反满抗日分子彻底驱逐出华北；2. 华北经济圈独立；3. 华北五省军事协作，防止赤化。

三、为此，必须改立华北政治机构，当前，要对组成华北五省联合自治体加以指导。

这是日本第一次公开提出要在政治、经济、军事上全面实现华北分治。在此之前的七八月间，日本陆、海、外三省连续召开会议，制订新的对华政策。8 月中旬，三省提出的对华北政策为：“使中国停止反满政策，同时，至少在与满接境地域之华北及察哈尔地方使之事实上与满洲国之间实行经济的及文化的融通提携。……外蒙等方面的赤化势力威胁为日满华三国共同的威胁，鉴此，至少要在察哈尔及其他与外蒙接壤方面实行日华间基于排除此威胁之合作。”[②]这就规定控制华北分两方面进行：一是以经济、文化“提携”的手段实现广范围的势力圈；一是以“合作”的手段对特定地域实行全面控制。该文件强调此为对华北至少要实现的目标，换言之，最终目标是要全面控制华北。多田获悉政府对华北的新政策，即以声明的形式表明此任务由“武力外交”担负。

10 月中旬，沈阳特务机关长土肥原带着“建立满洲所希望的亲

---

① 秦郁彦：《日中战争史》，东京：河出书房 1961 年版，第 56—57 页。

② 《现代史资料 8 · 日中战争 1 》，第 107 页。

日亲满政权”[①]的任务来到天津，策动华北自治。11月上旬，土肥原在北平向宋哲元提出“华北高度自治方案”，内容共有十项：（一）成立“华北共同防赤委员会”。（二）领域为华北五省二市。（三）首领宋哲元，总顾问土肥原。（四）由最高委员会主持军事。（五）财政截用中央在各该省市的关税、盐税和统税。（六）开发华北矿业、棉业，使之与日满结成一体。（七）另定五省通用货币，与日元发生联系。（八）扑灭三民主义与共产主义，代以东洋主义。（九）保留南京政府的宗主权。（十）亲日反共。[②]土肥原限宋于11月中旬内接受，并宣布自治。与此同时，关东军增派第一混成旅团赶至山海关附近集中，命令旅顺口、青岛的海军巡洋舰、驱逐舰驶入天津大沽口，向宋哲元施加压力。

日本政府则看到，“协和外交”推行两年，虽得到国民政府的响应，但并无实质性进展，国民政府与英美的关系却大有不断密切的动向。这是日本的东亚战略所难以容忍的。于是认为，必须将纳入“确立日满华三国之间根本关系的轨道”。[③]1935年10月4日，日本外、陆、海三相决定了《关于对华政策外陆海三相间之谅解》，主要内容有三条：“（一）中国彻底取缔排日言论，并放弃依赖欧美之政策，同时采取对日亲善政策，并确实实行该政策，就具体问题与帝国提携。（二）最终要使中国正式承认满洲国，但当前要使其事实上默认满洲国的独立，放弃反满政策，并至少在与满洲接壤之华北方面与满洲国之间进行经济的及文化的融通提携。（三）鉴于外蒙等方面的赤化势力威胁为日、满、华三国共同的威胁，为排除此威

① 《土肥原秘录》，中华书局1980年版，第39页。
② 《中华民国史资料丛稿·大事记》第21辑，中华书局1981年版，第169页。
③ 日本外务省编：《日本外交年表及主要文书1840—1945》下，第303页。

胁，要使中国方面在与外蒙接壤地区协力于我方所希望的诸设施。”[①]这就是“广田三原则”，其核心内容是要求中国由亲英美转向亲日，成为日本的附庸，并以共同防共的名义，驱使中国为其霸业服务。在此，“协和外交”的主旨由“经济提携”转为“全面提携”。10月7日，广田约见中国驻日大使蒋作宾，提出以上三原则。蒋介石获悉“广田三原则”的内容后立即表示：“形式似较减轻，而其内容则为‘退出国联、承认伪满与联盟对俄’之变相，亦即实施此内容之第一步也。故其意义深重，不得不郑重考虑。”[②]基于这种认识，国民政府虽不拒绝与日本交涉，但也不接受其要求。

驻华日军的华北分治与政府的“广田三原则”在内容上并无冲突，在实现方式上却存在差异。前者要求迅速实现对华局部目标，后者则计划逐步实现包括华北自治在内的对华全盘目标。日本政府及一些军政要员看到，局部目标推进过快反而将影响全盘目标的实现，因此反对驻华日军的过激行动。林铣十郎陆相于1935年11月10日指示驻华日军：“华北自治对国际国内影响重大，要依据政府、舆论一致统制国策来加以指导，切忌采取促进发出自治宣言等急躁措施，慎重处理事态。同时，关于自治的程度……不要抱过大希望，期逐步完成自治，努力防止事态扩大。”[③]陆军大将宇垣一成眼见东亚战略将受到不利影响，指责驻华日军为：“只见华北不看世界者。”[④]他甚至提出：“此际有必要收拾在华北无统制，只凭爱国感情盲动之辈。”[⑤]冈田首相获悉关东军司令官南次郎向广田外相提出

① 日本外务省编：《日本外交年表及主要文书1840—1945》下，第303页。
② 《蒋总统秘录》第10册，第55页。
③ 日本外务省编：《日本外交年表及主要文书1840—1945》下，第314页。
④ 《宇垣一成日记》2，1935年12月1日条，东京：美铃书房1970年版，第1035页。
⑤ 《宇垣一成日记》2，1935年12月6日条，第1036页。

分离华北诸省的强硬意见后，感到震惊。[1]西元寺元老对回东京汇报工作的若杉驻华参事官说："日本的军人只知扬威，挑起各种事端，华北事件即是其一，令人头痛。总是这样下去，如何收拾!？"[2]荒木、真崎两陆军大将认为北进战略已受到不利影响，对驻华日军在"华北的作法，报以极度冷笑"。[3]日本政府出于战略的全盘考虑，不愿看到"武力外交"过分到阻碍其主导的"广田三原则"的推行。1935年11月18日，日本政府召开外、陆、海三相会议，决定对华北要取"轻度自治"的内容，"以渐进方式工作"。[4]

日军大肆推动华北自治，对蒋政权的基础造成严重威胁，英美在华北的利权也面临丧失的威胁，因此，国民党内英美派要求抵制日本侵略的呼声逐步高涨，蒋介石也采取了较以往为强硬的立场。11月19日，蒋在国民党五全大会上提出外交方针，"以不侵犯主权为限度，谋各友邦之政治协调；以互惠平等为原则，谋各友邦之经济合作；否则即当听命党国，下最后之决心"，强调"和平有和平之限度，牺牲有牺牲之决心"。[5]基于这一方针，蒋一面电令宋哲元等地方将领不要与日军交涉，一面调集部分军队开往京沪、陇海等线，11月20日，蒋会见日驻华大使有吉明时明确表示："中国对反国家主权完整，阻碍行政统一等自治制度，无论如何不能容许。"[6]宋哲元也不甘心做日本的傀儡，极力回避与日军交涉。

日军见"高度自治"计划没有得到政府及军中央的充分支持，

---

① ［日］天羽英二：《天羽英二日记·资料集》第3卷，第97页。
② ［日］原田熊雄述：《西园寺公与政局》第4卷，第377页。
③ 同上，第385页。
④ 秦郁彦：《日中战争史》，第64页。
⑤ 《革命文献》第76辑，上，台北：中国国民党中央委员会党史委员会编印，1979年版，第250—251页。
⑥ 日本外务省编：《日本外交年表及主要文书1840—1945》下，第310页。

蒋及国民政府也采取了比以往强硬的态度，不能不“认识到失败”，于是转而“促使中国实施适当的自治”。[①]结果先在冀东扶植汉奸殷汝耕成立“冀东防共自治委员会”这一傀儡政权，接着又迫使国民政府同意成立了“冀察政务整理委员会”这个半自治政权。

四、华北自治的战略意图

日本军方为什么如此急欲向华北扩张，企图控制之？在研究中不难发现，控制华北是日本东亚战略所要求实现的一个重要目标。

日本东亚战略的一个重要内容是要建立一个是以在对苏、美、英战争中取胜的总体战体制。而保证在战时能“自给自足”的经济圈又是总体战体制确立的关键。日本侵占东北后，即着手实施战略开发，同时又认为，“满洲国”的资源还不能足以满足未来大战的需要，因此，计划进一步向华北扩张，“助长帝国发展对华经济，使战时我国国际资源易于补充，同时扶植和增强帝国在华北的经济势力并促成日、满、华北经济圈”[②]。日本政府推出“广田三原则”要求华北与日满实行经济提携。其语言十分隐讳。但不久，日本政府在《第二次处理华北要纲》中作了明白的说明：华北经济开发的目的，主要在于“国防上必需的军需资源（如铁、煤、盐等）的开发，以及与此有关的交通、电力等的设备方面”[③]。何梅、秦土二协定订立后，日本中国驻屯军、关东军等于1935年7月连续制订并通

---

① ［日］原田熊雄述：《西原寺公与政局》第4卷，第3285页。

② 中国驻屯军司令部制订：《华北重要资源调查之方针及要领》，1934年10月，近代日本研究会，《东亚与日本》，东京：山川出版社1980年版，第161—162页。

③ 日本外务省编：《日本外交年表及主要文书1840—1945》下，第348页。

过几个“华北开发方案”和决定，8月，日本政府批准成立兴中公司，均决定大规模开发华北资源。正当此时，李滋·罗斯来华与国民政府协商币制改革问题。日本认为，币制改革将实现中国经济的统一，国民政府从而会加强对华北的控制，英美的在华地位也会得到加强，对日本的东亚战略不利。据中国驻日大使馆报告，日本“朝野上下之间，莫不出以猜疑忿嫉之态度，或以为与英国有借款之密约，或以为对彼为不利之准备”。[①]因此，日本外务省立即作出反应，表示“始终持反对的态度”。[②]应该说，华北自治是日本总体战体制所要求的，而币制改革对日本的这一企图明显不利，因此，日本军方决定加速推动华北自治。

日本东亚战略的另一个重要内容是要求设法使中国由亲英美转向亲日。只有这样，日本才能利用中国的人力、物力及国土，在有利时机逐一在东亚及西南太平洋地区击败苏、英、美等劲敌，称霸东亚。日本政府综合外务省和军部的意见认为使中国转向亲日可从两方面进行，一是中央政府直接转向亲日，另一是地方政权先转向亲日，然后再影响全中国转而一致亲日。日本政府制订《第二次处理华北要纲》更是明确鼓吹：华北自治是“实现日满华三国提携互助的基础”。[③]这就是说，实现华北自治，不但可控制华北，更重要的是可进一步促使其他地区逐步转向亲日，最后，国民政府不能不依附日本。不过，日本政府不赞成日军强行以武力手段实行自治，以避免过分刺激美英并将国民政府完全逼上对立面，而主张扶植地方实力人物“自行”实施自治，1936年1月，日本政府制定第一次

---

① 《国民政府行政院档案（2）》，3173，彭明等编：《中国现代史资料选辑》第4册，中国人民大学出版社1989年版，第181—182页。

② 日本外务省编：《日本外交年表及主要文书1840—1945》下，第3—8页。

③ 同上，第37页。

《处理华北要纲》，并于1月13日由陆相指示中国驻屯军司令官：“处理华北的主要任务是以华北民众为中心，援助其完成自治。”①

控制华北还是日本北进的需要。日本认为苏联是其称霸东亚的“严重威胁”，因而十分重视对苏战备。日本估计，对苏开战时，苏中两国可能联合作战，前后夹击“满洲国”。②这样，日军将腹背受敌，极为不利。因此，日本陆军早在1933年10月制订《帝国国策》时便强调，“对第三国开战时，至少要在开战初期的一定期间，使（中国）保持中立……在华北方面设定一缓冲地域”。③这样，即可不使后方受敌，又可获得军需补给，还可获得可用于军事迂回的广阔战略地域。1935年、1936年，“满苏国境”纷争规模较以往扩大，且“累次引起武力冲突”。④日本陆军在制订1933年对苏作战计划时，感到对西正面和北正面不安，设想在大兴安岭以西吸引苏军主力，并予以击溃。⑤察、绥对此的军事战略意义就不言而喻。“广田三原则”中就提出，至少察哈尔等与外蒙接壤地区要与日本合作。日军策动华北高度自治没达到目的，但仍强调要继续推进华北五省的自治。1936年3月17日，日本陆军省军务课与外务省东亚局第一课上村伸一课长协商对华政策时，军务课方面主张：“预定于1941年完成对苏战备，因此，外交上的准备要在这6年之内完成。”具体内容是要设法“完成华北五省自治”，以保证在对苏开战时后方的安全。⑥同时，驻华日军也未停止在局部地区的动作。1936年5月

---

① 日本外务省编：《日本外交年表及主要文书1840—1945》下，第322页。
② 日本防卫厅战史室编：《战史丛书·大本营陆军部》1，第373—374页。
③ 《现代史资料8·日中战争1》，第12页。
④ 日本防卫厅战史室编：《战史丛书·大本营陆军部》1，第357页。
⑤ 同上，第355页。
⑥ 《关于对华政策与军方有关系官员会谈之文件（一）》，日本外务省档案，缩微胶卷，R·P64，第1729—1731页。

12日，扶植德王组成“蒙古军政府”，其目的就含有逐步奠定有利的对苏战略态势的企图。

日本“武力外交”所发动的华北自治运动给国民政府以极大冲击，对日态度由此逐步转向强硬。“广田三原则”从而无隙可乘，也归于失败。1935年11月20日，蒋介石在与有吉明会谈时即表示：“如华北发生事故，三原则中一、二两项，自皆无由商谈及实行。”[①] 12月20日，外交部长张群与有吉明会谈时，进一步指出：“日方在华北一切行动务须停止，否则，不良影响之所及，一切问题将无从解决。”[②] 到1936年3月，张群明确向日方提出，交涉要从东北问题谈起，至少“先行设法消灭妨碍冀察内蒙行政完整之状态”。[③] 这就实际上否定了“广田三原则”。

五、“协和外交”的顶点

华北自治失败，“广田三原则”为中国拒绝，使日本的东亚战略处于停滞状态，加上对苏战略处于不利地位，日本谋划转换方式，尽快解决“中日悬案”，以一举奠定称霸东亚的基础。所谓“中日悬案”，分为两个方面：一是两国间“全盘问题”，另一是“华北问题”。谋求解决“中日悬案”是日本东亚战略的主要内容之一，也是其北进及南进的前提和条件。

首先在“华北问题”上，日本看到，军方在华北强行推进武力

---

① 外交问题研究会编：《中日外交史料丛编》（五），台北：外交问题研究会，1964年版，第474页。

② 《民国档案》第2期，1988年版，第20页。

③ 秦孝仪主编：《中华民国重要史料初编》绪编（三），第669页。

外交，已引起中国人民的反日爱国浪潮，国民政府的对日态度转向强硬，英美等国也表示不满，因此一面由陆军中央指示在华日军缓进，一面由政府决定《处理华北要纲》，规定了要在华北实现的目标及为实现此目标的原则。同时在具体推进的方式上，决定由外务省负责策划。1936 年 1 月 8 日，广田外相主持外务省对华政策会议，与会者认为，对华外交的重点要置于解决“全盘问题”。关于华北问题，“要给予其忠告，并逐步进行内面工作”。[①]次日，该省东亚局即依据会议精神制订了《对华外交试案》，提出：“我方在华北的内面工作要参酌世界形势及华中华南的动向等，分轻重缓急，逐步推进。与此并行，与南京方面交涉（全盘问题）反而对我有利。”[②]这就是说，为迫使国民政府接受日本“指导下的全盘提携”，日外务省感到必须利用军方在华北有控制的行动，以向国民政府施加压力。这是日本外务省对华北政策的一个方面。

日外务省对华北政策的另一个方面是企图以貌似温和的方法促使华北自治。1936 年 5 月，日驻南京总领事须磨弥吉郎以其中国通的资格提议，处理华北事项，要选择中国易于接受的方式，形式上不提自治，而取“特别政治会议”，使华北五省“成为胜于自治的特殊行政地区”。[③]这一建议立即为外务省采纳。6 月，日外务省东亚局制订了《关于设置五省特政会之日华合意案》，规定：第一条，在天津设置华北五省特别政治会议。第二条，“为排除共产主义，五省特政会与日本方面共同防御一切共产主义的行为。关于共同军事

① 《对华方针协议事项》，日本外务档案，缩微胶卷，R · P61，《帝国对华外交关系一件》第 2 卷，第 449—454 页。

② 《对华外交试案》，同上档案，缩微胶卷，第 472—473 页。

③ ［日］须磨弥吉郎：《五省特政会由来记》，1936 年 7 月，日本外务省档案，《帝国对华外交政策关系一件》第 2 卷，日本外交史料馆藏，另见缩微胶卷，R · P61，第 515—516 页。

行动，要统一指挥、协同圆满，为此，日华军务当局相互间要就必需的事项另定协定”。第三条，“关于币制、税、路政等金融、财政、产业、交通等一切，要赋予特别权限，设立特别设施”。第四条，“为日（满）华提携，要就必须的诸般措施，特别是经济上、文化上的融通进行联络”。[①]同时，东亚局还制订了一个《关于设置五省特政会之日华合意附属备忘录》，共有两条：一、“日本方面与五省特政会就共产主义运动相互交换一切情报，并就防共行动及防共所需兵器及军需品等保持联络”；二、“对与共产主义运动相关联之第三国的一切行动，日华两国共同加以排除、予以防卫”。[②]这两个文件的主旨是从政治、军事、经济及文化上控制华北五省。而且还含有诱使中国与日本合作共同对苏，即为日本的北进战略服务的企图。外务省在解释备忘录时即指出：“此类似于攻守同盟”。[③]在制订这两个文件之前，外务省就须磨的建议及具体方案征求陆海军中央的意见，得到广泛认可。

这时，军部正在增兵华北，外务省担心以上方案会由于当地日军不断推行武力外交而无法实现，因此提出：“无论如何，有必要先作为军部的事务方案加以实施。”[④]为将以上方案作为陆军省方案最终确定下来，外务省训令驻华外交人员与各地武官协议，谋求由武官正式向陆军省提出。驻华各武官对方案的内容表示无异议，但对以此形式能否推行，即国民政府及华北地方政权是否接受、关东军和中国驻屯军是否会受此约束表示怀疑。因此，喜多诚一武官等表

---

① ［日］须磨弥吉郎：《五省特政会由来记》档案，缩微胶卷，第543—545页。

② 同上，第546页。

③ 同上，第525—526页。

④ 同上，第534页。

示：“在责任上，现在难以确言赞成与否。”[①] 由于无一武官愿意提出此案，在程序上难以形成陆军省方案，加上日本增兵华北后，日本中国驻屯军接连挑起两次丰台事件，迫使中国军队撤出丰台，日军的“武力外交”着着奏效，外务省方案所规定的交涉方式事实上难以为驻华日军接受，因此，外务省只得等待时机，以寻求另外的方式。1936 年 8 月 11 日，日本政府制定《第二次处理华北要纲》，决定华北自治的步骤为：先使冀察二省自治，但自治政府的范围最终为华北五省。“在该地域，建设巩固的防共亲日满地带，并取得国防资源及扩充交通设施。以此，一备苏联入侵，一为实现日满华三国提携互助奠定基础。”[②] 在冀察二省，日军控制地区累有增加，日本政府认为这较其他三省易于实现亲日的自治。而日军的“武力外交”主要指向冀察二省，这又表明，日本政府已决定实现这一目标的任务主要由军方担负。

同时，日本在“广田三原则”交涉毫无进展的情况下，转换外交手法，以一举解决中日间“全盘性的根本问题”。这是日本谋求解决“中日悬案”计划中更为重要的一个方面。

对日本的“广田三原则”要求，国民政府当然不予接受。在日军推动华北自治的高潮期间，驻日丁代理大使受国民政府之命，于 1935 年 11 月至 12 月间数次向日外务省官员表示：“为打开中日关系，希望着手交涉。为此，提议在南京举行相当规模的中日会议。”[③] 日外务省揣摩国民政府此举的用意时认为：一、是以全盘交涉为借口，阻止我对华北之要求，并抑制我方在华北推进分治工

---

① 日本外务省档案，《帝国对华外交政策关系一件》第 2 卷，另见缩微胶卷，R · P61，第 541 页。

② 日本外务省编：《日本外交年表及主要文书》下，第 347—348 页。

③ 日本外务省档案，《帝国对华外交政策关系一件》第 2 卷，缩微胶卷，R · P61，第458—459 页。

作。二、利用召开大规模交涉会议，迁延“广田三原则”问题。三、或会在交涉中在某种程度上同意实行“广田三原则”，以此为代价，要求我方在废除不平等条约、华北问题上让步，并使会议废除或改订华北停战协定。① 因此提出，“对此要予以警戒”。② 另一方面，日本这一时期因“广田三原则”难以推行，正焦虑于如何拉拢、压迫国民政府与之“全面提携”，而国民政府的提议则在客观上为其提供了一个新的机会，因此，由外务次官重光葵于1936年1月初出面会见丁代理大使，表示“原则上同意由帝国驻华大使与南京政府外交部长之间依据一般的外交手段进行交涉”。③ 这即是张群—川越会谈（交涉）的起始。在此，日本为避免造成不利的国际影响，回避了国民政府举行中日间大型交涉会议的要求。不久发生“二二六”事件，内阁改组，有田八郎刚被任命为驻华大使，接着即被召回东京就任外相，加上新内阁忙于策划其对内外政策等，推迟了中日间正式交涉的时间。至8月11日，即制定《第二次处理华北要纲》的同时，又制定了《对中国实施的策略》，决定了中日间就解决“全盘性根本问题”展开交涉时的对华要求事项，即：④

一、签订防共军事协定

二、签订日中军事同盟

三、促进日中悬案的解决

1. 聘用日本人为最高政治顾问

2. 聘用日本人为军事顾问

---

①《帝国对华外交政策关系一件》，日本外务省档案，缩微胶卷，第468—469页。

② 同上，第470页。

③ 同上，第461—462页。

④《现代史资料8 · 日中战争1》，第367页。

3. 开始建立日中航空联系

四、促进日中经济合作

这个文件明确规定要通过缔结外交协定及盟约等使中国迅速沦为日本的附属国，以一举实现其东亚战略中最重要的目标。

日本政府在同一天抛出《第二次处理华北要纲》和《对中国实施的策略》，表明其对华最低目标是指向华北，尤其首先是指向冀察二省；最高目标则指向整个中国，图谋逐步加以控制。这两个文件将"广田三原则"全面具体化，表现了日本面对国际孤立，战略处境每况愈下，急欲解决对华"悬案"，并在东亚确立新秩序，以利于未来争霸战的意图。

蒋及国民政府估计，日本在"广田三原则"遭拒绝后，不会放弃其无理要求，因此，蒋于1936年7月13日在国民党五届二中全会上确定了对日交涉的原则："对于外交所抱的最低限度就是保持领土主权的完整，任何国家要来侵害我们的领土主权，我们绝对不能容忍。我们绝对不订立任何侵害我们领土主权的协定，并绝对不容忍任何侵害我们领土主权的事实。"否则，"就是我们最后牺牲的时候"。①

此后，在张群一川越会谈中，日方寻找多种借口，着重提出了解决两国间"全盘问题"的上述要求。中方对其无理要求耐心周旋，即不接受其侵略要求，也不与之决裂。及至11月，绥远事件发生后，中方乘势中断了交涉。对此，须磨驻南京总领事于11月18日会见高宗武时威胁说："绥远的实状与此次交涉之牵连关系绝对不能成立，若中国方面以此为借口使交涉决裂，有引起日中全面冲突之

① 张其钧主编：《先总统蒋公全集》第1卷，台湾中国文化大学出版部1984年版，第1052页。

惧。虑及此点。应迅速重开交涉。”[1]国民政府则针锋相对，于12月7日由外交部公布了中日交涉的经过，并声明：“中日两国必须以平等互惠与互相尊重领土主权完整之原则为基础，始可为真正之调整。”[2]至此，“协和外交”企图诱使、胁迫中国全面服从其东亚战略的活动归于失败。日本陆相寺内寿一闻交涉失败，于12月8日接受记者采访时公开威胁说：中国的态度“将招致重大后果”。[3]不几日，西安事变发生，日本决定暂取静观态度，中日关系出现了暂时的宁静。

综观日本的“协和外交”和“武力外交”，应该说，前者旨在拉拢、压迫国民政府由亲英美转向亲日，以逐步实现变中国为日本附属国的战略目标；后者则旨在首先针对华北实施局部扩张，实现这一目标后再伺机实施对华全盘目标。两者都是围绕其在东亚实现国际新秩序的战略目标展开的，但其展开的方式有所不同。两者相互配合，但又不时发生矛盾。后者的强行推进，不断打乱前者的部署，造成外交的混乱。这是这一时期日本对华外交无法打开僵局的自身原因。同时，日本的“协和外交”和“武力外交”给中国以巨大威胁，也给英美等国在远东的地位和权益以严重威胁，因此，它必然要遭到中国的抵制和英美的牵制，其失败也就是注定的了。

（原载于《历史研究》1998年第4期）

---

① 日本外务省档案，缩微胶卷，R·P60，《日中外交关系杂纂》，1936年10月—1936年12月，第87—88页。

② 秦孝仪主编：《中华民国重要史料初编》绪编（三），第689—690页。

③《广田内阁重要政治问题日志》，日本外务省档案，缩微胶卷，美军没收资料，MJ38，Feet59，第119页。

论“七七”事变前夕日本的“佐藤外交”

1937年3月3日，佐藤尚武出任林铣十郎内阁外相，随即提出要推行“对华新政策”，改善对华关系，实现与中国的“经济提携”。以往，国内学界因史料的限制，对“佐藤外交”未展开研究。日本学界则往往忽略佐藤提出“对华新政策”和“经济提携”的真实目的。本文拟利用新挖掘出来的史料对“佐藤外交”的实质及其战略性意图作一探讨。

一、“佐藤外交”的出台

“九一八”事变后，日本制定了在东亚确立其领导的国际新秩序的战略目标，[①] 此后日本的对华外交均是围绕这一目标展开的。策划华北自治、强提对华“悬案”交涉等既是这一政策的具体表现。绥远事件和西安事变后，中国开始出现团结抗日的形势，“中日悬案交涉”事实上处于停滞状态。英美也在以贷款等手段极力维护和加强其在中国的地位和发言权，国民政府为了牵制日本，也采取了一系

---

① 见拙文：《日本东亚政战略的变迁》，《早稻田大学法研论集》总第75集，东京：1995年版。

列与英美合作的措施。这些不能不促使日本政府、军部重新研究推行其东亚战略的方式。军方自“天羽声明”发表后即大力推行其“武力外交”，在华北蚕食中国领土、主权，这时更是有许多人认为只有军事手段才能奏效。1936年12月8日，寺内陆相公开发表对华威吓性谈话后，军内要求“对华一击”，以首先解决“华北问题”，以后再伺机解决“中日间全盘性根本问题”的主张日趋强硬。

另一方面，日本外务省和军部内又有一种认识，认为对华开战有可能成为长期战争，这样会过早消耗国力，不利于日本对欧美及对苏的战略地位。宇垣一成陆军大将即认为：“欧美诸国企图使日中或日俄相争，削弱日本的国力”①，“吾人断不能让彼等之奸策有机可乘”②。持这种认识的人认为即要继续对华扩张，实现最终控制中国的目标，又要防止日本的国力在实现这一目标之前过早消耗，以免届时无法对抗英、美、苏等对日本实施的抑制政策。日参谋本部第一部（作战部）长石原莞尔少将主张，对苏暂不予以过分刺激，以五年以上时间完成对苏战备之后，根据国际形势的变化，再决定是否对苏开战，对华则无须行使武力。他在1936年底赴华北视察时曾向中方表示只要中国承认满洲国，日本即可交还租地，不干涉中国内政等，意在“缓和时局，逐步向东亚联盟（以思想一元、国防共同、经济共通、政治独立四个条件为大致基础）的方向推进”③。部分中坚军官在分析西安事变后的华北形势时亦认为，华北形势十分紧迫，要采取外交手段拉拢、压迫中国方面，“先使华北亲日满，并使之影响南方，举真正的日中亲善之实”④。

① 《宇垣一成日记》2，东京：美铃书房1970年版，第1103页。
② 同上，第1105页。
③ 日本防卫厅战史室编：《战史丛书·大本营陆军部》1，东京：朝云新闻社1976年版，第425页。
④ 《旧陆海军关系文书》，缩微胶卷，R108，F100，第18111页。

面对内部的意见分歧，广田内阁曾采取的折中的手法，一方面强调要与中国国民政府交涉，一方面则在“中日悬案交涉”中强行向中方提出变中国为日本保护国的种种蛮横要求，并声称日方的条件已不能后退，多次暗示中方拒绝的后果是战争。中国国民政府先是耐心与之周旋，绥远事件后便趁势中止了与日方的交涉。广田内阁一无所获，发动战争的外交准备又极不充分，广田本人被迫承认“近时政情，微力不堪其任”。[①] 于是只得于1937年1月23日以总辞职结束了这一阶段的对华外交。这时日本军政内部就对华政策等的争论更趋激烈，宇垣一成大将组阁因此流产，经过一阵内部协调，才好不容易于1937年2月2日组成了林铣十郎内阁。

林铣十郎组阁后，一改广田内阁的对外手法，鼓吹“渐进主义”，在对华政策方面，暂时将广田内阁时期强调的“广田三原则”隐去。为调整对华外交，林首相在物色外相时煞费心机。他先是挑选原驻华公使小幡有吉出任。小幡驻华多年，深知日本的国策难以为中国国民政府接受，对华外交僵局难以打开，于是托病婉辞。这时，军政内部持渐进主张的一些人推举素持协调外交理念的驻法大使佐藤尚武出任外相，得到林铣十郎的首肯。

佐藤尚武，自1906年起任外交官，在日本出兵西伯利亚时期，任驻哈尔滨总领事，以后出任过驻波兰公使、驻国联事务局长、驻比利时大使、驻法国大使等。佐藤的外交手段娴熟，主张币原式的“国际协调主义”。林内阁成立伊始，需要转换外交方式，以打开日本所面临的外交僵局，佐藤正适合这种需要，于是得到林铣十郎的青睐。

佐藤于1906年3月2日回国，翌日即与林首相和杉山陆相长时

① 《木户幸一日记》上卷，东京：东京大学出版会1991年版，第537页。

间会谈，他提出三项入阁条件：（一）不发动战争，（二）不刺激俄国，（三）商议对华问题等[①]得到林与杉山的首肯后于当日正式出席就任仪式。

佐藤上任几天后即在贵族院发表演说，鼓吹所谓自由主义外交。[②]在对华外交方面，佐藤主张推行“新政策”缓和中日间的关系，极力主张对华暂不谈政治问题，集中实行“经济提携”。“佐藤外交”由此出台。

二、“佐藤外交”的展开与实质

佐藤出任外相伊始，即摆出一副全力改善中日关系的架势，大谈对华“经济提携”，派遣经济视察团访问中国等。国民政府对此表示欢迎，“中国的对日舆论有所缓和”。[③]日本的对华政策因此在形式上确实有了变化的一面。对此，大陆学界一直认为这是日本掩护发动侵华战争的烟幕，断言“佐藤外交”就是战争；而日本学界则一般认为“佐藤外交”确实有改善对华关系的诚意，日本的对华政策因此有可能转向和平方面。本文认为，前说过于笼统，后说则未看到其战略意图及其实质。

确实，在现有史料中还没有发现日本策划以“佐藤外交”作掩护发动侵华战争的意图，佐藤上任前后的过程以及这一时期日本的对华政策也难以说是战争政策，因此不可急于下过于笼统的结论。

---

① ［日］天羽英二：《天羽英二日记·资料集》第3卷，天羽英二日记·资料集刊行会，东京：1990年版，第275页。

② 同上，第276页。

③ 同上，第294页。

但是，在此又必须看到，日本在东亚确立国际新秩序的对外政策目标并无任何变化。佐藤上台后即召集外务省有关局、部核心人员着重研究对华政策。经过约一个月的策划，并与陆海军协议后于1906年4月初制订《关于调整对华政策之文件》，该文件认为：“鉴于最近中国的统一运动等，此际要暂时停止交涉华北五省分治、缔结防共军事协定、缔结日中军事同盟等重大的政治性问题，目前宜专心推行以日中提携为目的的文化、经济工作，首先树立以日中大众为基础的两国不可分离的经济上相互依存的关系，以此谋求渐次调整国交。”① 在此，日本外务省及军部中部分势力已认识到，“中日悬案交涉”失败后，继续向国民政府强提以上“政治性”问题，于事无补，只得转换方式，鼓吹对华“经济提携”。

那么，“佐藤外交”执意要推行的对华“经济提携”的内容是什么？其意图何在？如果我们首先看一看“九一八”事变后不久日本提出的对华“经济提携”就不难了解其内容和意图。1934年2月，由外务省亚洲局提出、广田外相批准的《关于日中经济提携方案》是事变后不久日本外务省推行对华外交的基准性文件，主要内容有：②

第一，经济提携的最终目的是为实现“日本指导下的日满华三国合作”服务。该文件因此强调：“日中提携应在政治上、军事上、经济上全面实现，此为紧要。”

第二，承认对华关系及国际形势暂不适合日本立即推行迫使中国全面就范的政策。该文件认为：“由于中国正在推行恢复国权运动及满洲国的成立……政治性的提携至为困难。然而……如以我方担

① 《对华政策一般》，日本外务省档案，A110—10，东京：日本外交史料馆藏；另见缩微胶卷，WT51，IMT380，第2页。

② 《关于日中经济提携方案》，日本外务省档案，《松本忠雄文书》，A · 1190，东京：日本外交史料馆藏。

任中国事务之强有力之人物为核心，推动其诸般内政工作，使之确立亲日政权、打倒欧美派、清除国民党内激进分子、禁止排日言论等，即为实现提携之一策。”不过，目前“将此付诸实施，将引起国际问题，因而在实施上将出现不少障碍，且若失败，还将招致意外损失。因此，就此方案，应慎重考虑”。

第三，提出以“经济提携”为突破口，逐步推进，以利于最终实现“日本指导下”的“全面提携”。该文件强调：“目前推动政治工作相当困难，与此相反，经济问题，就其性质而言，比较容易协商，而且利害一致之事项必将有提携之机会。以此类问题为中心实行日中合作，不会招致外国干预，也不会因政府的态度而引起反政府政客的攻击。如此逐步增加日中合作事业，使日中经济关系彼我错综结合，难以相互分离，日中关系当然会随之出现新事态，所谓日中提携将必然地、也是自然地形成。”

第四，提出了具体的“经济提携”内容：（一）援助华北、华中地区的棉花栽培业，“为军队及三菱会社等提供便宜”。（二）日清汽船与招商局之间实行提携或签订合同，以使日中间贸易畅达。（三）援助中国的纺织业，使其“成为日本纺织业的附庸”，从而“抑制中国纺织业技术之进步，加强日本纺织业在华地位”。（四）在金融业领域实施“提携”，使“邦人银行（在上海等地）居于父银行之地位”，以影响指导中国银行。并通过合作，加强对华“共同事业的投资”。

这个文件使我们看到，日本对华“经济提携”的实质是要先从经济上逐步使中国变为其附庸，以此为基础，以后再进一步实现对华“全面提携”，即实现对中国的控制，确立日本“指导下”的东亚国际秩序。佐藤等认识到在中日关系不断恶化的情况下，若继续明目张胆地推行“广田三原则”之类，压迫中国迅速屈从日本，效果会适得其反，于是，决定老调重弹，暂时以“经济提携”为首要要求，展开对华外交。这种对华外交方式具有很大的欺骗性：第一，它向中国和英美等表明日本对华只有经济合作的要求，并无使中国成为附属国的企图；第二，若中国中其圈套，与之订立有关经济合作的协定，日本可据此逐步实现控制中国经济，并进而使中国全面依靠日本，在经济上、政治上、军事上成为日本的附庸。

另一方面，“佐藤外交”又并非完全不谈“政治性问题”。1937年4月5日，佐藤在内阁会议上详细说明以上文件时说：以经济、文化为先声的对华新外交的第一步是要“使南京政权渐次抛弃容共及依靠欧美的政策”，迅速解决“取缔排日言论、行动，招聘邦人顾问”诸悬案。[①]这仍然是要求中国由亲英美转向亲日，并通过派遣顾问确立在国民政府内的发言权，以后随着“两国不可分离的经济上相互依存关系”的形成，上述全盘性“政治性问题”即可迎刃而解，从而实现期盼已久的“日中邦交的全面调整”，使中国全面依靠和服从日本。这即是“佐藤外交”暂时停止交涉“重大政治性问题”，转而首先推行“经济提携”的主旨所在。

在华北自治问题上，“佐藤外交”也无意加以实质性的修改。佐藤一面提出对华北自治要采取渐进方式，告诫说：“过去我方的施策给中国及列国以帝国企图扩张停战地域、推进满洲国国境乃至促使华北独立等误解，今后要特别注意此点。”[②]另一面又与陆海军省共同策划《对中国实施的策略》和《指导华北的方针》两个文件，规定“指导华北的重点在于使该地区实质上成为巩固的防共、亲日满地带，并有助于获取国防资源和扩充交通设备。由此防备赤化势力

① 《关于日中经济提携方案》，日本外务省档案，《松本忠雄文书》，A·1190，东京：日本外交史料馆藏。

② 1937年4月5日佐藤外相就“关于调整对华政策文件”在内阁会议上的说明，日本外务省档案，《对华政策一般》，A110—10；另见缩微胶卷，WT51，IMT380，第3页。

的威胁，成为实现日满华三国合作互助的基础”。[①] 在实行中“要指导其自行协助实现”。[②] 在此，“佐藤外交”提出的“误解”和华北当局“自行协助实现”之类，只是要求军方暂时不要采取过激的行动，以与外务省一致的步骤，通过“经济提携”逐步实现。因此，佐藤主张在华北首先要“专念于开发经济资源、扩充交通、密切文化关系”。[③] 这一方面有利于建立“不可分离的经济关系”，使华北风潮由反日转向亲日，另一方面又适应日本战略经济的需要。因此，佐藤极力强调要立即就修筑津石铁路、开发华北铁矿和煤矿采取具体措施。[④]

“佐藤外交”将日本东亚战略中最重要的一环——对华战略的步骤作了调整并精心设计，力求获得进展。但中国国民政府对日本的战略性要求十分警戒，不予以实质性呼应；“渐进”的方式又难以为日本军方接受，这决定了“佐藤外交”的短命性特点。

另一方面，中国自绥远抗战和西安事变后，抗日民族统一战线形成的主、客观形势已趋于成熟，国民政府建设现代主权国家的一个方面即统一，已获得重大进展。对逐步恢复国家主权、民族独立、抵抗侵略的态度也日益明确。但由于抗战准备还需要相当时日，因此，在对日交涉中，采取了即坚持原则，不中其圈套，又设法拖延时日的策略。

4 月 6 日，川越驻华大使往见张群，询问“调整邦交”的意见。张群立即指出：“中日问题分四种。第一，满洲问题。第二，废除上

① 《指导华北的方针》，1937 年 4 月 16 日，日内阁会议决定，《外交年表及主要文书 1840—1945》下，东京：原书房 1972 年版，第 361 页。

② 《对中国实施的策略》，1937 年 4 月 16 日，日内阁会议决定，《外交年表及主要文书 1840—1945》下，第 360 页。

③ 日本外务省档案，《对华政策一般》，A110—10；另见缩微胶卷，WT51，IMT380，第 3 页。

④ 同上，第 3 页。

海及塘沽停战协定问题。第三，在华北非合法的既成事实（例如冀东政府、华北上空自由飞行）问题。第四，避免今后两国间产生任何新的磨擦的问题。”提出，第一之满洲问题可暂时搁置起来，第三之华北问题最为重要但可逐步解决，第四个问题要求日本充分自重。暗示第二个问题应尽快解决。[①]王宠惠接任外交部长后也数次与川越会谈，提出要将政治问题和经济合作问题同时加以研究并谋求解决。关于政治问题，“双方应先非正式地交换意见，并逐步就此进行协议，以发现解决的办法。希望这一结果是解决对日本无多大利益，但对中国是很大损害的问题”。[②]佐藤接到川越的报告后表示：“不能认为中国方面完全抛弃了调整日中国交的希望”，主张对中国方面的要求给予一定回应，在“举文化上、经济上提携之实的同时，解决比较容易的具体问题，以此逐步向日中关系全面调整推进”。[③]

佐藤主张对中方要求给予一定回应的原因是，若如以往完全不顾中方的要求，单方面强行将自己的解决“悬案”要求强加于国民政府，交涉将再次失败，结果将只会是徒然将“中国逼向英、俄等一方”[④]，对日本的东亚战略造成难以挽回的不利后果。4月底，佐藤通过驻华外交情报渠道发现中国“在对日关系上欲与苏联建立友好关系”[⑤]。于是一方面训电驻苏大使重光葵及驻华外交机构加紧探查，一方面更是主张坚持对华“新政策”，指令东亚局研究中方的要求，在废除冀东特殊贸易（走私）问题上作有条件的让步。

---

① 1937年4月30日佐藤外相致驻英吉田大使、驻美斋藤大使电，第265号，日本外务省档案，《对华政策一般》，A110—10；另见缩微胶卷，WT51，IMT380，第70—72页。

② 同上，第73—74页。

③ 1937年4月30日佐藤外相致驻英吉田大使、驻美斋藤大使电，第264号，日本外务省档案，《对华政策一般》，A110—10；另见缩微胶卷，WT51，IMT380，第67—68页。

④ 同上，第67、137页。

⑤ 1937年4月30日佐藤外相致重光驻苏大使电，日本外务省档案，缩微胶卷，R · UD5，《苏中、苏蒙及苏新疆关系1937年7月—1937年12月》，第82—83页。

五月上旬，外务省制订《关于废除冀东特殊贸易的方针》，提出：“（1）（国民政府）将河北省关税剩余部分即关税收入扣除外债负担及海关维持费的剩余委让于冀察政权，与此同时，废除冀东特殊贸易。（2）根据冀察政权对南京的建议和在南京进行的外交交涉，使国民政府适当降低关税（降低关税不作为废除特殊贸易的条件）。”[①] 在同一时间，日本外务省还制订了《关于对华航空问题的方针》，提出要继续就停止日军飞机在华北上空自由飞行问题与中方交涉，以停止此自由飞行换取中方同意开设上海至福冈航线、开通欧亚航空联络线。[②]

以上文件表明，日本外务省企图在表面上回应国民政府的部分要求，对个别问题作出有条件的让步，以实现两个重要的战略性目的：第一，诱使国民政府同意将河北省的关余交给冀察政权，以在关税制度及经济上助长其独立性，便于以后实现华北自治。佐藤即就此密示各驻外大使等，说：“关余的委让，自然与华北关税制度的独立，进而也与华北分治这一政治问题有关。”[③] 关于关余的委让，佐藤刚上任时即与陆海军省共同策划为：冀察政权接收月额100万元的关余后，每月拨出50万元给冀东伪政权，[④] 以加强伪政权的地位，牵制冀察政权。关于关余100万元的管理，日本还要求设立“日中共同委员会”直接“掌管”，以有利于“华北的开发及日中间文化

① 1937年5月10日佐藤外相训电各驻外大使，日本外务省档案，缩微胶卷，R · UD5，《苏中、苏蒙及苏新疆关系1937年7月—1937年12月》，第118页。

② 《关于对华航空问题的方针》，日本外务省档案，缩微胶卷，R · UD5，《苏中、苏蒙及苏新疆关系1937年7月—1937年12月》，第127—129页。

③ 1937年5月10日佐藤外相给各驻外大使的训电，《对华政策一般》，日本外务省档案，A110—10；另见缩微胶卷，WT51，IMT380，第121页。

④ 日本外务省档案，缩微胶卷，SP159，《关于废除特殊贸易的方针》，1937年3月4日，陆、海、外三省协议决定，第182—183页。

上、经济上的提携”。[①]日本欲控制冀察的企图在此已暴露无遗。第二，日德协定签定后，日本急盼能早日打通欧亚航空联络线，以便于加强与德国之间的政治、军事、经济等方面的合作，随之可加强日本在东亚国际关系中的地位。因此，佐藤强调：“实现欧亚航空联络，是我方最为希望之事项”，“当前，有必要迅速开设安西降落场”。[②]日本在发表“天羽声明”时期既对美国在华发展航空势力极表不满，一直企图向中国的航空方面扩展势力。因此，在主张实现欧亚航空联络的同时，主张开设福冈至上海的航线。

佐藤作了以上“让步”准备，训电驻华大使伺机提出。1937年5月14日，日高驻华代理大使往访汪精卫，就两国关系征求意见。汪提出两个原则：（一）两国合作，共同谋求生存发展。（二）一方不能为生存而损害另一方。并主张：目前“应以解决政治问题为前提……具体地说，首先可举华北问题。此问题对日本并非死活问题，但对中国则实为死活问题。若解决不了这一问题，国民政府将在国民中失去威望。因此，无论何人当政，都难以实行将这一问题搁置起来的政策”[③]。基于这一认识，中方要求日方同意解散冀东伪政权、废除塘沽协定等。而佐藤的“对华新政策”则要求逐步实现华北自治，并强调要将冀东伪政权统辖的地区建成符合华北自治要求的“模范地区”。[④]因此，日高代理大使对汪的意见没作任何回答。既然双方立场根本对立，也就无法重开正式交涉。

---

① 1937年5月10日佐藤外相给各驻外大使的训电，《对华政策一般》，日本外务省档案，A110—10；另见缩微胶卷，WT51，IMT380，第128页。

② 日本外务省档案，缩微胶卷，SP159，《关于废除特殊贸易的方针》，1937年3月4日，陆、海、外三省协议决定，第183页。

③ 1937年5月14日日高代理大使致佐藤外相电，《对华政策一般》，日本外务省档案，A110—10；另见缩微胶卷，WT51，IMT380，第155—156页。

④ 1937年5月13日，佐藤外相在枢密院就对华关系的演说，《对华政策一般》，日本外务省档案，A110；另见缩微胶卷，WT51，IMT380，第141—142页。

至此，“佐藤外交”已难以取得进展，军部对佐藤及林内阁的“渐进主义”一开始就表示不满，此时更是发动猛烈攻击。舆论界也乘机推波助澜，攻击林内阁软弱无能。对此，佐藤仍表示要继续设法推进其“新政策”。究其原因，如天羽英二和宇垣一成等人所言，日本的“外交处于八方堵塞的状态”，对英、俄、华关系均无任何好转，[①]若不在外交上打开一个缺口，实现在东亚确立新秩序的目标将遥遥无期。日驻英大使吉田茂指出：“若不打开日中关系，就难以确保我在东亚作为安定力量的地位，此无须赘言，在对苏关系上也是一大障碍。”[②]

佐藤等认为，英美为牵制日本，正在暗中为中国国民政府抵制日本的政策撑腰。中方对“经济提携”要求是否给予实质性回应取决于英美的态度。因此，在不断向中方提出“经济提携”要求的同时，佐藤企图在通商等方面略作让步，拉拢英美，以“争取在其谅解下推进对华政策”。[③]如在对印贸易方面向英国作了让步，英国则于1937年4月12日撤回废除日印通商条约的通告。5月间，意大利外长齐阿诺再次要求与日本缔结日意间政治协定时，佐藤及日本驻意杉村大使均认为，此时正在拉拢英国谅解日本的在华行动，“假如意大利欲将防共协定利用于其对英政策，那么，日意接近将与日德协定一样，难保不产生刺激英国的副作用”。[④]尽管日本希望与意签约，以加强在东亚地区的战略地位，但权衡利弊，佐藤决定此事留待以后解决。佐藤力图拉拢并避免刺激英美的如意算盘是一箭双雕：取得英美的谅解，加强对华交涉的地位，逐一实现对华外交目

---

① 《宇垣一成日记》2，第1146页。

② 1937年2月17日吉田驻英大使致林铣十郎电，日本外务省档案，缩微胶卷，R · P61，《帝国对华外交政策关系一件》第2卷，第595页。

③ 同上，第590—591页。

④ 《日德意防共关系一件》，日本外务省档案，缩微胶卷，S591，第38页。

标；届时，日本“指导”的东亚新秩序逐步形成，英美将不得不默认这一既成事实。但英美对日本不断采取行动，将《九国公约》撕得粉碎，并单方面宣布废除海军裁军条约等破坏国际秩序的行为十分不满，对日本欲在东亚确立以自我为中心的新秩序更是表示反对，日本以与李滋·罗斯交涉时的故态首先拉拢英国，没有得到实际回应。美国则对任何与自己倡导的华盛顿体制相抵触的行为表示概不承认，态度较英国强硬，日本更是无从着手。

佐藤见中国国民政府对日本带有战略意义的“经济提携”要求十分戒备，英美亦对日本推行的对华政策不予谅解，感到须等待有利时机，因此主张暂取静观态度。但是，日本军部早就不满于佐藤外交推行对华政策的方式，[①] 不断攻击佐藤外交“软弱”，此时更是纠集舆论工具猛烈指责林内阁“软弱无能”，强烈要求内阁总辞职。元老及宫内方面也于1937年4月26日作好了应付内阁总辞职的准备。[②] 在各方压力之下，林内阁只得于5月31日总辞职，“佐藤外交”推行不足三个月便随之草草收场。

综观“佐藤外交”及“协和外交”时期日本的对华“经济提携”政策，不难得出两个结论：第一，“佐藤外交”是日本推行既定东亚政策的需要。这一政策欲实现的目标是否定华盛顿体制所规定的东亚国际秩序，建立以日本为中心的东亚国际新秩序，中国首当其冲，是日本征服的对象。由于英、美、苏等国的牵制及日本自身战略阶段的规定，使日本暂时只能以外交手段推行其扩张政策。第二，“佐藤外交”是日本转换外交手段的结果。其要求实现“日中亲

① ［日］天羽英二：《天羽英二日记·资料集》第2卷，第276页。
② 《木户幸一日记》上卷，第559页。

善”、“日中经济提携”的前提是中国服从日本的“指导”，中国首先在经济上逐步从属于日本，以此为基础，进而实现日本“指导下的日满华三国提携合作”，从而奠定以日本为中心的东亚国际新秩序的牢固基础。在研究“佐藤外交”时，我们既应看到其实质，又应就具体问题作具体分析。这是本文的最后结论。

（原载于《南开学报》1998年第4期）

论“七七”事变时期日本的“不扩大方针”
——兼论南京国民政府的对策

关于日本政府在卢沟桥事件时期采取的“不扩大方针”，日本学界在20年前有过大量研究，由于当时日本外务省档案等大量原始史料尚未公开等原因，其研究存在很多缺陷。中国学界在10余年前也作过一些研究，也因为未来得及利用刚公开的日本外务省档案、近卫私人史料等原因，研究中不乏偏颇。本文拟运用新发掘出来的日本方面的档案等史料对这一课题展开研究，并提出新的看法。

一、日本的战争边缘政策

1937年6月初，近卫文麿组阁，广田弘毅再度出任外相。近卫一向鼓吹“自主外交”，[①]反对在东亚地区实行受华盛顿体制规范的“国际协调主义”。[②]他在年初发表的论文中即强调中国必须与日本实行“经济合作”、“共同防共”，若中国仍仇视日本，依赖欧美，将

① [日] 近卫文麿：《说自主性》，《近卫文麿关系文书》，手稿类，日本国立国会图书馆宪政资料室藏。

② [日] 近卫文麿：《元老、重臣和我》，《改造》，1949年12月，第32页；另见今井清一编：《现代日本记录全集20 · 昭和之动乱》，东京：筑摩书房1969年版，第261页。

自行招来东亚的祸乱。为“促使中国反省”，有必要着手“全民准备”，[①]这对中国是一种战争叫嚣，对整个远东地区则是欲以武力手段推行东亚新秩序政策的一种暗示。广田则一向主张其“对华三原则”，并曾尝试以实力为后盾，通过强有力的外交手段迫使中国迅速接受日本在东亚确立新秩序所必需的侵略要求。近卫内阁一成立，便抛出了新的对华政策，强调要“以广田三原则作为调整日中国交的指导原理”，[②]并决定将重点先置于解决“华北悬案”。

6月15日，广田训令驻华大使川越：“关于在华北的经济合作，如铺设津石铁道、开发龙烟铁矿和井陉煤矿等一系列悬案，要在宋哲元时代促进解决，并向在华北实现以经济提携为中心的日满华三国合作的理想的特殊事态迈进。”[③]这就改变了“佐藤外交”时期“华北民众自行协助实现”的渐进方式，要求尽快将华北，尤其是冀察分离出去，以在中国的部分地区首先实现“经济合作”、“共同防共”。针对日本的要求，国民政府从维护国家主权出发，由外交部长王宠惠向日方提出，先解决冀察不正常的政治问题，经济上的互利合作就非难事。[④]对此与日本意图针锋相对的建议，近卫不予理睬。

7月6日，广田外相在内阁会议上提出，中国的形势如此发展，谋求日本所要求的“日中亲善”已不可能，“日本只有毅然推行正确政策”，得到内阁成员一致赞同。[⑤]所谓“正确政策”是指什么？6月30日，广田在枢密院演说时还表示要依据佐藤前外相的方针，就

① [日] 近卫文麿：《寄希望于日中两国的识者》，《支那》1937年1月，第1—6页。
② 《帝国的新对华政策》，《支那》1937年9月，第205—206页。
③ 1937年6月15日广田外相训电越驻华大使，日本外务省档案，A110—10，东京：日本外交史料馆藏。
④ 《东京朝日新闻》，东京：1937年6月19日。
⑤ [日] 田中新一：《中国事变记录》，1937年7月6日条，日本军部档案，东京：日本防卫厅防卫研究所图书馆藏。

两国间经济、文化相“提携”，就华北的具体问题逐步推进对华外交，以达到“调整日中全盘关系”的大目的。[①]但军方及舆论界早已表示强烈反对这种外交方式，广田本人在“广田三原则”及“中日悬案交涉”期间就已不相信这种渐进方式能实现日本的对华最终目的，时隔6天，广田即转而主张，中国的形势已使“佐藤外交”的方式行不通。既然全盘性问题，即日本所要求的对华“指导权”问题无法解决，在华北问题上作任何“让步”均已失去价值，因此，只有按近卫内阁的方针及军部的要求，将对华外交重点先置于华北，以尽快在华北实现“理想的特殊事态”，随后再迫使中国接受“广田三原则”。广田就近卫内阁新政策所持的先后矛盾的主张，表明日本政府至此对用外交手段解决“对华问题”失去信心，所谓“毅然推行正确政策”就只能解释为以武力威压为手段强行推进对华政策，或寻机以武力解决。

近卫内阁决定尽快解决华北问题的对华政策使对华强硬派受到极大鼓舞，“对华一击论”更是甚嚣尘上。佐藤在辞职时就认为，“现在的日中形势，若放置不顾，不知何时就会迸出战火来”。[②]天羽英二于1937年5月28日至6月1日赴华考察时，谷荻驻青岛总领事、田尻驻上海总领事及中国驻屯军参谋和知鹰二等也告知天羽：如此压迫中国，有发生冲突或全面冲突之虞。[③]经近卫内阁的推动，华北形势愈显紧张，战争一触即发。不过，据现有资料来看，近卫内阁尚未来得及具体讨论行使武力的问题，而军部则一向轻视中国

① 日本外务省档案，《对华政策一般》，A110—10，日本外交史料馆藏；另见缩微胶卷，WT51，IMT380，第258—259页。

② ［日］佐藤尚武：《回顾八十年》，东京：时事通信社1963年版，第367—377页。

③ ［日］天羽英二：《天羽英二日记·资料集》第3卷，东京：天羽英二资料刊行会1990年版，第368页。

的抵抗力量，认为“有事时”，出动少量兵力就可迫使中国屈服。[①]这又说明，广田所说的“毅然推行正确政策”首先应是指强行要求解决“华北”问题，并奠定解决“全盘性问题”的基础，不得遑时，随时寻找机会发动局部战争，迫使国民政府屈从日本的要求。卢沟桥事件就是在这种背景下发生的。

二、日本的“不扩大方针”

1937 年 7 月 7 日夜，在卢沟桥附近演习的日军借口调查失踪士兵的下落，在卢沟桥挑起事端，蓄谋占领卢沟桥和宛平县城。日军挑起事端后，于次日电告日本陆军中央，谎称“驻屯在丰台附近的部队在夜间演习中，因遭到中国军队射击，立即采取了对敌态势，击敌于卢沟桥附近”。[②]日本政府、军中央得知卢沟桥事件发生后，其内部就如何处置事件发生了分歧，出现了“扩大”派与“不扩大”派。争论的结果是 9 日上午日本临时内阁会议作出的“不扩大方针”及和战两手准备的四条决定。[③]

日本为何在这一时期取“不扩大方针”？中国学术界一般认为，日本政府采取这一方针的意图是缓兵之计，目的是为了有利于调兵遣将；日本学界一般认为，原因主要在于事件偶然发生，日本并没有开战的具体计划和准备，因而希望像以往处理的局部事件那样将

---

① 日本防卫厅战史室编：《战史丛书 · 大本营陆军部》1，东京：朝云新闻社 1975 年版，第 368 页。

② 同上，第 429 页。

③ 1. 事变发生的原因在于中国方面的不法行为。2. 不扩大事件。3. 希望中国方面反省而圆满收拾事态。4. 中国方面无反省，危险迫近时，采取适宜的措施。

卢沟桥事件作为局部冲突就地解决。[①]两国学界的以上认识有给人以浅尝辄止之感。

第一，如前所述，近卫内阁已将这一时期对华政策的重点置于冀察二省，并一改林铣十郎内阁的“渐进主义”做法，决定推进强硬的对华政策，这就必然要与中国军民的爱国抗日风潮迎头相撞，冲突无法避免。近卫内阁明知这一事实，近卫本人也认为“基于日本所需，进出大陆，必然导致与中国民族之间的顽强抗争，结果将是一场火，这是明显的”。[②]但近卫内阁仍“毅然推行正确政策”，这实际上是放纵驻华日军挑起冲突，以借机迫使中方让步，推进以外交手段已无法实现的对华政策。第二，日本策动华北自治未获全面成功后，于1936年5月擅自将在平津地区的驻屯军由2000人增至6000人（此为日方记录，据中方统计，实际人数远远超过此数），9月15日，日本参谋本部在《对华时局对策》中指示驻华北日军：“在华北，万一发生有关帝国军队威信的事件时，中国驻屯军应果断立即给予惩罚。此时，将决定给中国驻屯军增加从国内派往锦州待机的一个师团和关东军的部分兵力。日军的进攻，行动应神速机敏，在最短时间内给中国以闪电般打击，以最低限度要求，就地解决局部问题。”[③]这就是说，日本陆军已有了随时以少量兵力发动一场局部战争以迫使中国方面接受日本侵略要求的准备。近卫内阁的所谓对华积极政策，与陆军的局部战争准备达成默契，目标的重点首先是指向华北。

---

① 日本国际政治学会编：《走向太平洋战争的道路4·日中战争》下，东京：朝日新闻社1963年版，第6—7页。

② ［日］近卫文麿：《日中关系（明治以后）与大东亚共荣圈的理念》，《近卫文麿关系文书》，手稿类，东京，日本国立国会图书馆宪政资料室藏。

③ 日本防卫厅战史室编：《战史丛书·中国事变陆军作战》1，东京：朝云新闻社1975年版，第91页。

论及至此，不妨回过头来看一下9日日本内阁临时会议关于和战两手准备的决定。其中第三条强调："希望由中国方面反省而圆满收拾事态。"第四条则声称："中国方面无反省，危险迫近时，采取适当措施。"[①]第三条是日本政府解决事件的原则和目的，即就此事件迫使中方在冀察主权问题上让步，以有利于推进冀察的自治。第四条则是在侵略要求未得到满足时发动一场有限度的战争。战争一起，侵略要求无疑将升级。"不扩大"的结果是依据第三条解决事件，即中国妥协，将冀察的部分行政及主权让与日本，而"扩大"的结果则首先是以局部战争迅速实现对冀察的控制，以有利于进一步控制整个华北，并迫使国民政府解决两国间的"悬案"。

可以说，日本内部的"扩大"与"不扩大"的争论在于解决"华北问题"的方式及对发动战争的后果估计方面，"扩大"派认为，只要出动少量兵力，发动一场局部战争，国民政府就会屈服，日本从而可迅速扩大在冀察及至整个华北的势力，这一方面有利于进一步向中国扩张，另一方面又有利于加强对苏战略态势，[②]造成这种状态对日本的东亚总战略极为有利。因此，"扩大"派于1937年7月8日即策划派遣以内地3个师团和飞行18个中队为基干的兵力。[③]他们极端轻视中国的抵抗意志，断言："内地动员的声音或兵员集中的列车开过山海关，中国方面就会屈服。""充其量进行一次保定会战，就万事大吉了。"[④]就连担任陆相一职的杉山元也向天皇保证："中国事变用一个月就可解决。"[⑤]"不扩大"派则看到中国抗日民

---

① 秦郁彦：《日中战争史》，东京：河出书房1961年版，第195页。

② ［日］上法快男：《军务局长武藤章回想录》，东京：芙蓉书房1981年版，第96页。

③ ［日］田中新一：《中国事变记录》，1937年7月8日条，日本军部档案，日本防卫厅防卫研究所图书馆藏。

④ ［日］堀场一雄：《中国事变战争指导史》，东京：原书房1973年版，第85页。

⑤ 秦郁彦：《日中战争史》，第195页。

族统一战线已大致形成，中国军民的抗日呼声空前高涨，担心这时发动局部侵华战争会引发全面战争，从而导致对苏战备无法完成。① 不但如此，对中国开战，将正陷入英、美、苏等"白人最希望之瓮"，② 日本的国力将过早消耗，在以后的国际局势风云变化中将无法居于主动的战略地位，北进、南进均将受挫，东亚新秩序的目标亦将随之落空。因此，支持"不扩大"派的宇垣大将反复提醒："不要贻误东亚大局。"③ 当"扩大"派提出动员几个师团"勘定平津一带"时，石原等人即表示异议："原则上不能增加任何兵力。"万不得已时，必须："（一）同时动员 15 个师团。（二）同时发动军需准备量的半数。（三）作战地为黄河以北，视情况含上海方面。（四）作战期间约半年。（五）准备战费 55 亿。""两者必居其一，其他中间的折衷方案，只会贻误国家的前途。"④

至此，可再进一步弄清日本政府综合两派意见决定"不扩大方针"的用意。它首先是指望不战而胜，这符合"不扩大派"的要求。在河北事件和张北·察东事件时，日本即以武装恫吓，迫使国民政府与之签订了何梅、秦土二协定，控制了冀察的部分地区。鉴于以往的经验，"不扩大方针"企图以武力为后盾，迫使中国"反省"，停止反日活动，服从日本对平津地区驻军的安排等，并对今后作出"保证"，以进一步加强在冀察的地位，便于逐步加以控制。日驻华日高参事官（代理大使）于 1937 年 7 月 8 日在南京会见中国官员时声称："日本没有故意扩大、恶化事态的意图，万事要看中国方面的态度如何。"⑤ 11 日，广田外相训电驻华大使和加藤书记官，

---

① ［日］林茂、つぢ清明：《日本内阁史录》4，东京：第一法规株式会社 1981 年版，第 9 页。
② 《宇垣一成日记》2，东京：美铃书房 1970 年版，第 1160 页。
③ 同上，第 1161 页。
④ ［日］堀场一雄：《中国事变战争指导史》，第 83—84 页。
⑤ 日本外务省档案，缩微胶卷，S491，第 3947 页。

“对此次事件，要看中国方面的态度如何，我方才决定是否作出重大决意。……贵官应以此恳说中国最高当局，严重要求速取收拾时局之措施”。[①]这就是说，日本“不扩大方针”的前提是中国妥协、退让，接受其对冀察的侵略要求等。

“不扩大方针”的另一手是准备在不战而胜的策略失败后，发动一场局部战争，首先夺取平津地区，控制冀察二省。这又符合“扩大派”的要求。在日本临时内阁会议决定“不扩大方针”的同一天，日参谋本部制订《华北时局处理要领》，确定了“将事件限定在平津地区，迅速确保该地区的方针”。[②]这就初步提出了攫取平津地区的军事目标。在日本已控制冀察部分地区的情况下，攫取平津地区可大致确立对冀察的控制。这是日本政府在多次《处理华北纲要》等文件中提出的控制整个华北的第一步。日参谋本部的这份文件与日本政府的“不扩大方针”密切配合，相互补充，目标所指，均先为华北。

三、南京国民政府的对策

对日本的图谋，蒋介石和国民政府一开始就有所察觉。1937 年 7 月 8 日，蒋在日记中写道：“倭寇在卢沟桥挑寡矣！彼将乘我准备未完之时使我屈服乎？”[③]日军向宋哲元提出停止排日和限制中国军队驻扎地域等初步要求后，蒋介石随即指出日本的目的是要控制冀察二

---

① 1937 年 7 月 11 日广田外相致加藤书记官电，第 483 号，日本外务省档案，缩微胶卷，S491，第 3949 页。

② 日本防卫厅战史室编：《战史丛书·中国事变陆军作战》1，第 156 页。

③ ［日］古屋奎二：《蒋总统秘录》第 11 册，台湾“中央日报”译印，1985 年版，第 11 页。

省。《秦松协定》订立后，蒋介石于13日电示宋哲元：“卢案必不能和平解决，无论我方允其任何条件，而其目的，则在以冀察为不驻兵区域，与区内组织用人皆得其同意，造成第二冀东，若不做到此步，则彼必得寸进尺，决无已时。”① 蒋的这一判断应该说是正确的。

果然，日军经参谋本部批准，14日向宋哲元提出七条要求：“（一）彻底镇压共产党的策动。（二）罢免排日要员。（三）从冀察撤走排日的中央各机构。（四）从冀察撤走蓝衣社、CC团等排日团体。（五）取缔排日言论及宣传机构、学生、民众的排日运动。（六）取缔在学校和军队中的排日教育。（七）中国军队撤出北平，由治安队负责警备。”② 同时威胁：“若不接受以上要求，军即认为察政务委员会无诚意，要求其解散，并要求二十九军撤出冀察。”同时拟定了攻占北平，进占保定、马厂一线，以后根据时局变化再进占石家庄、德州一线的作战计划。③

针对日军的挑衅，蒋介石和国民政府采取了应战的方针。国民政府在总结以往的对日经验、教训时认识到：“敌惯以武装恫吓，以达其不战而胜，遂行其外交谈判，以局部军事行动，实行其国策。”④ 蒋也认识到，要遏止日本的蚕食侵略，必须“先具决死与决战之决心”。⑤ 1937年9日，蒋电令孙连仲第二十六路军两个师、庞炳勋第四十军一个师、万福麟第五十三军、高桂滋第八十四师立即向保定、石家庄一带集中，以构成应战态势。当盛传宋哲元与日军

---

① 秦孝仪主编：《中华民国重要史料初编 · 作战经过（二）》第二编，台北：中国国民党党史委员会，1981年版，第36页。

② 日本防卫厅战史室编：《战史丛书 · 中国事变陆军作战》1，第179页。

③ 同上，第180页。

④ 《国民政府1937年度国防作战计划（甲）》，彭明等编：《中国现代史资料选辑》第5册上，人民大学出版社1989年版，第133页。

⑤ 秦孝仪主编：《中华民国重要史料初编 · 作战经过（二）》第二编，第36页。

在当地交涉时，蒋于13日电示宋，要求“万勿单独进行，不稍予敌方以可乘之隙”。[①] 并令宋坚决抵抗，“毫无退让余地”。[②] 蒋和南京政府采取应战的方针，应该说是符合实际的选择。因为：

第一，国民政府这时对华北还难以采取统一的战略行动。宋哲元等害怕中央军进入冀察会对二十九军的生存构成威胁，同时又害怕与日军作战的后果是损兵折将、丧失地盘。因而希望和平解决。蒋于7月12日电宋，要求他速至保定指挥军事，而宋至当月下旬仍在天津与日方接洽，谋求和平，他认为“和平尚未绝望”，并于24日致电蒋称：我军“恐无胜他之可能，不能达到任务，有误国家大局。刻下拟请钧座千忍万忍，暂时委曲求全，将北上各部稍为后退，以便和缓目前”。[③] 阎锡山、韩复榘考虑的则是如何保住地盘，不愿作协同的战略部署。这是蒋不得不被动地选择应战的原因之一。

第二，蒋察觉日本的主要目标是要控制冀察，对此，他于7月17日在庐山谈话中提出四点立场：（一）任何解决，不得侵害中国主权与领土完整。（二）冀察行政组织，不容任何不合法之改变。（三）中央政府所派地方官吏，如冀察政务委员会委员长宋哲元等，不能任人要求撤换。（四）第二十九军现在所驻地区，不能受任何的约束。在庐山谈话中，蒋还宣称，“我们的态度只是应战，而不是求战，应战，是应付最后关头必不得已的办法”，“在和平根本绝望之前一秒钟，我们还是希望和平的，希望由和平的外交方法，求得卢事的解决”。23日，蒋电示宋哲元时说：“中央对此次事件……在不损害领土主权范围内自无定须求战、不愿言和之理。”[④] 这些言论和

① ［日］古屋奎二：《蒋总统秘录》第11册，第19—20页。

② 秦孝仪主编：《中华民国重要史料初编·作战经过（二）》第二编，第43页。

③ 同上，第66页。

④ ［日］古屋奎二：《蒋总统秘录》第11册，第26页。

行动反映了蒋在这一时期抵抗日本侵略的主张、即暂不谈驱逐日本侵略者，收复失土，仅强调维持现状，不再丧失领土、主权。这种被动的防御目标，也是蒋选择应战的一个重要原因。

第三，从军事理论上来说，进攻方一般以速战速决为有利，防御方一般以延迟敌方进攻为有利，日本是法西斯阵营中第二号强国，一直在大力发展军事工业，不断扩充军备。这时已拥有可与任何一个强国抗衡的军事力量。英、法、美的战略重点在欧洲，并正在对法西斯实行绥靖政策。这些，都有利于日本向中国发动速战速决的军事进攻。而中国方面，积弱已久，加上连年内战，导致对日战备不足，国防建设迟至 1935 年才全面展开，要充实对日战备，尚需时日。中苏有关共同安全问题的秘密交涉毫无进展，苏联虽已确立以武器贷款的军事援华方针，但具体实施，使中国军事力量得到较大加强，也须假以时日。在这种情况下，拖延开战的时间，应该说对中国是有利的，而求战则不符合军事战略常规。

可以说，应战方针是国民政府正确的战略选择。在研究这个问题时，似不应过于注重应战方针在战术上的被动性。以应战对敌，实际上会出现和战居一的结果。若按蒋所希望的不失领土主权而实现和平，即使时间短暂，也会对中国充实对日战备有利，以应战对敌，还可能在战争正式爆发之前有一个间歇期。在这个期间，首先可以加紧军事部署；其次可以将希望和平的政策自然地公之于世界，以争取国际上更多的同情和支持；同时还有利于揭露日本的侵略，以最大限度地孤立日本。

国民政府的应战措施使日本感到宋哲元等深受影响，日本认为胁迫宋“就地解决”的计划有可能因此落空，[①] 外务省于是于 1937

---

① 日本外务省档案，缩微胶卷，S491，第 3951—3952 页。

年7月16日训电日高参事官，令其严重要求国民政府“立即停止一切挑战言行，不得妨碍现地当局实行解决条件”。[①]17日，日高往见王宠惠，提出上述要求。同日，日本政府分别向冀察政府和国民政府提出，以7月19日为期限，最低限度之要求：（一）宋哲元正式道歉。（二）罢免责任者冯治安。（三）撤走八宝山附近的中国军队。（四）宋哲元在11日的《秦松协定》上签字。对此，国民政府于19日正式发表蒋的庐山谈话，表明严正立场。同日下午，外交部照会日本大使馆：“我国政府重申不扩大事态与和平解决事件之意，再向日本政府提议：两方约定一确定日期，在此日期，双方同时停止军事调动，并将已派武装部队撤回原地。……至本事件解决之道，我国政府愿经由外交途径与日本政府立即协商，俾得适当之解决。”[②]日高当即威胁说：“南京政府是在阻碍当地协定……此际，南京政府若不翻然反省，收拾时局无望。”[③]21日至28日一周之内，蒋连续召见美、英、德、意、苏、法等国驻华大使，要求各国单独或联合出面调停，以上这些活动均是在谋求维持现状和应战的前提下进行的，除表明蒋对和平仍抱有一线希望之外，用意还在尽量拖延时间。

日本见胁迫宋哲元“就地解决”的目的未达到，拒绝了国民政府双方同时撤退增援部队的要求。21日，中国驻日大使许世英往访广田外相，再次要求确定时日，双方停止军事行动，并将军队撤至原驻地。广田回答说：“今日最紧要的是治理争端之源的华北现状，舍此而议论一般撤兵问题并非常识。”[④]这实际上是胁迫中国在“华

① 日本外务省档案，缩微胶卷，S491，第3951—3952页。
② 《时事月报》，1937年8月号，第50—51页。
③ 日本外务省档案，缩微胶卷，S495，第8383页。
④ 同上，第3962页。

北”问题上妥协、让步，否则不会停止军事行动。23 日，杉山陆相授意中国驻屯军说：“根据情况，有必要决然奋起加以反击。”[①]国民政府只求维持现状，冀察当局则希望息事宁人，杉山所说的“反击”，就只能是要以武力实现谈判桌上无法得逞的目标。

可以说，“不扩大方针”首先是以“确保”平津二市，以利于控制冀察为主要目标，是进攻性的，至于“不扩大派”头目石原莞尔“向山海关撤退”的意见，只是个别的、一时的主张，并没有为日本政府的“不扩大方针”所接纳。说“不扩大方针”希望“和平解决”是实，但其前提是中国屈从日本的侵略要求，否则是“和平”不了的。

四、“不扩大方针”的尾声

至廊坊、广安门二事件发生，日本见不战而胜的策略已无法迫使中国屈服，遂于 1937 年 7 月 28 日向平津地区的中国军队发动总攻击，中日战争事实上由此展开。日军于 7 月 28 日发动平津战役，意味着冲突已升级为战争，与宋哲元交涉已不可能实现战争目标，因此转而谋求与国民政府直接交涉。7 月 30 日，外务省提出《关于收拾华北时局的外务省意见》，主张“要通过与（中国）中央政权直接交涉收拾华北时局”。[②]日本陆军这时则仍企图在冀察炮制一个“特殊政权”，[③]以加以直接控制，虽然这种企图与日本政府间接控

---

① 日本防卫厅战史室编：《战史丛书 · 大本营陆军部》1，第 454 页。

② 《关于收拾北支时局的外务省》，日本外务省档案，A11030，《中国事变关系一件》第 2 卷，东京：日本外交史料馆藏。

③ ［日］伊藤隆等编：《石射猪太郎日记》，东京：中央公论社 1993 年版，第 173 页。

制的计划存在分歧，但对直接与国民政府交涉，日本陆军的态度也是积极的。7月31日，陆军省军务课长柴山兼四郎大佐往见外务省东亚局长石射猪太郎，要求外务省设法“在给中国军队一击之前，促使中国自行提议日中停战”。[①]8月2日，日本陆军省梅津美次郎次官、后宫军务局长、海军省山本五十六次官、本田军务局长要求广田外相迅速推进对华外交。[②]这一外交第一项任务是要促使中国方面提议停战。[③]外务省经过一阵策划，于8月4日决定立即派遣船津辰一郎赴中国与国民政府秘密交涉。

日本策划直接交涉，表明其和战两手的策略并无变化。经平津战役一战，即“和平解决”，迫使国民政府接受日本的条件，无疑是一个小战即胜的局面。这是日本政府和军部内一些决策人物所期望的。8月7日，广田外相训电川越大使：“由内地增派的3个师团予定于8月20日前后集结完毕，在此之前，要达成某种协议。”“要使高（宗武）与我方的谈判在某种程度上与蒋介石达成协议”，但要先“使高向贵官提议停战”。[④]这个训示及以上文件表明日本在这一时期的“和谈”方针有小战即胜的企图，亦有施用缓兵之计的企图，即“和谈”成立，日本可实现迅速对华扩张的政策目标，“和谈”失败，其过程本身即有利于调兵遣将。

8月9日，船津与专程赶至上海的国民政府外交部亚洲司司长高宗武秘密会谈。高向日本人说，南京的气氛极端反对与日本达成任何形式的和解，若“稍微软弱一点”，就会被认为是卖国。高实际上是暗示国民政府不会先提议停战，更不会接受改变“七七”前原状的“和平

① ［日］伊藤隆等编：《石射猪太郎日记》，第174页。
② 同上，第175页。
③ 同上，第173页。
④ 日本外务省档案，缩微胶卷，S487，第13—14页。

条件”。国民政府的这种态度是其既定的“维持原状”的应战方针所决定的。为实现“维持原状”，国民政府正全力作抗战部署。就在这时，“大山事件”发生，国民政府迅即停止了与日本特使的接触。

在策划与国民政府直接交涉的同时，日本政府、军部估计蒋介石不会轻易接受其“条件”，提出要给中国军队施以打击后才能实现战争目标。日本外务省在提出冀察两省为非武装地带为停战条件时，就认为：“若不给（中国）中央军全面的一大打击，并进而显示攻陷南京的气势，蒋介石将不会承诺。”[①]8月5日，日参谋本部在《形势判断》中就与国民政府直接交涉指出：“要实现以要求解决华北问题的善后处理案，至少要给石家庄、沧州以北敌军特别是中国夸为精锐的空军主力以沉重打击。”[②]基于这种认识，日本参谋本部、中国驻屯军、关东军制定了一系列作战计划，准备华北会战。

8月13日，即华北会战在南口打响的次日，上海事变发生。15日，蒋介石下达总动员令，决定实施全面抗战，并很快将主战场移至上海，从而打乱了日本的战略计划和军事部署。日本政府见“不扩大方针”中不战而胜或小战即胜的企图已无法得逞，遂于蒋介石下达总动员令的同日发表声明，宣称要采取“断然措施”，17日，决定放弃“不扩大方针”，9月2日又召开临时内阁会议，决定将“华北事变”改称为“中国事变”，并决定派遣大量师团陆续开往中国华北和上海地区，中日战争迅速升级。

（原载于（台湾）《中日文化论丛》2008年第4期）

---

① 《关于华北时局的外务省意见》，日本外务省档案，A11030，《中国事变关系一件》第2卷。

② 日本防卫厅战史室编：《战史丛书·中国事变陆军作战》1，第232页。

对日本侵华战争全面发动的再认识

1937 年 7 月 7 日，日本帝国主义在卢沟桥挑起事端，由此迅速启动了全面侵华战争的机器，这是日本长期推行侵华政策的结果。在完成侵华战争全面发动的过程中，日本统治阶级内部就侵华战争的规模有过分歧，而在战争目标的提出、实施和升级方面意见却是一致的。以往，日本学者重视分歧的一面，中国学者则强调一致的一面，对日本战争目标的研究却往往被忽视，因而长期在日本何时完成侵华战争的全面发动这一问题上各持己见。日本侵华战争的全面发动是在战争目标迅速升级，即由蚕食中国领土和主权升级为全面征服中国的过程中完成的。研究这个过程，必须把握这一时期日本的侵华政策与其世界战略之间的关系，考察日本统治阶级内部意见的异同，并着重研究日本的战争目标，阐明其演变及对北进战略的影响。下面就此作一点考察和分析。

一

日本侵占中国东北后，侵略矛头进而指向华北。《塘沽协定》订立之后，日本策划所谓“华北分离工作”，1935 年发动华北事变，旨在控制华北。1936年1月13日至8月7日，日本政府接连三次抛出《处理华北纲要》和《指导华北的方针》、《对中国实施的策略》及《帝国的外交方针》等一系列文件，叫嚷要在华北实现自治，强调向中国扩张的步骤是“首先使华北迅速成为防共、亲日满的特殊地区”，[①]规定，“自治的区域，以华北五省为目标……先求逐步完成冀察两省及平津两市的自治，进而使其他三省自然地与之合流”。[②]至此，日本政府正式确定了控制华北的侵略目标。

日本军方一直是侵华急先锋，其侵华计划和侵华行动与日本政府力图控制华北的政治目标是互为补充，相互促进的，日军创造华北事变时即将重点置于冀察，尤其是平津地区。冀察政务委员会成立后，日军从北、西北、东南三面逼近北平。同时，日本军部积极策划侵略华北的战争计划。日本陆军在1935年和1936年度的对华作战计划中规定以约六个师团投入华北方面作战。1937年度的作战计划又决定增加三个师团进行华北作战，这三个作战计划虽然也规定以部分兵力投入华中、华南作战，但其强调，虑及对苏、美、英的关系，要力避从局部战争发展为全面战争。在华中、华南作战，有与各国，尤其是与英美利害冲突之虞，为此，陆军应尽量避免向华中、华南派兵。[③]这几个作战计划表明，日本陆军的军事目标与日本政府图谋控制华北的政治目标是一致的。由此看来，我们以往视这几个计划为全面侵华的战争计划似有不妥。

日本军政当局急欲向华北扩张的原因主要有：（一）向中国扩张，蚕食中国领土和主权是日本长期推行的既定国策。日本侵占东

---

① 日本外务省编：《日本外交年表和主要文书1840—1945》下，东京：原书房1969年版，第361页。

② 同上，第322页。

③ 天津市政协编译委员会译：《日本军国主义侵华资料长编》上，四川人民出版社1987年版，第268—269页。

北后，侵略矛头进而指向了华北。（二）日本的世界战略是击败苏、美、英，称霸亚洲、太平洋地区。战略目标的庞大与综合国力不足之间的矛盾使日本在这一时期无法实现其野心，甚至无法提出一个整体的实施方案。因此只能采取渐进的扩张方式，将夺取华北作为称霸东亚的第一步。

在这里谈谈日本“北进”的问题。日本认为其称霸东亚的障碍是苏、美、英，因而处心积虑，策划各个击破。英美正在推行“绥靖政策”，只要不引发过分的利害冲突，暂不会对日本构成直接威胁，因而首先将北进击败苏联提到了议事日程。“九一八”事变后，苏联迅速增强在远东的兵力，日苏两军的“国境冲突”频繁发生，日本认为“苏联威胁”近在眼前。1933 年，日本陆军制定《帝国国策》，叫嚷要消除苏联的军事威胁和共产思想的搅乱，必要时歼灭远东苏军。[①] 1936 年 6 月由日本军事当局决定、天皇批准的《帝国国防方针》将英美两国定为第一假想敌国。中苏则被定为第二假想敌国。[②] 8 月，日本政府制定《国策基准》，叫嚷要“消除苏联的威胁”，规定“陆军军备，以对抗苏联于远东所能使用的兵力为目标，特别是应充实在满洲与朝鲜的兵力，使在开战初期即能对其远东兵力加以一击”。[③] 该文件虽然也规定了南进战略，但这一时期日本的战略目标首先是北进，消除称霸东亚的第一个“障碍”。日本军部在 1933 年度的对苏作战计划中规定将 25 个师团投入战争，1935 年决定增加 3 个师团。1937 年度作战计划又决定以陆军总兵力 30 个师团，约 120 万兵力投入对苏战争。同时，每年度对苏作战计划均规定海军

---

① 《现代史资料 8 · 日中战争 1 》，东京：美铃书房 1976 年版．第 11 页。

② ［日］今井清一编：《体系 · 日本现代史 2 · 15 战争与东亚》，东京：日本评论社 1977 年版，第 8 页。

③ 日本外务省编：《 日本外交年表和主要文书 1840—1945 》下，第 344 页。

航空部队配合作战。[①]日本军部计划首先倾全力制服苏联，进而驱逐英国在东亚之势力。苏英既败，不难迫使中国与日本“协同”，准备“必将到来之对美大决战”。[②]1936年7月，日参谋本部制订《战争准备计划方针》，规定以1941年为期限，完成对苏战备。[③]1936年8月制订《对苏战争指导计划大纲》，规定战争目的是：“为了确立东亚和平，排除苏联邦对日满两国的武力威胁。”[④]1937年5月29日，日本陆军省向内阁提出《重要产业五年计划纲要》，规定了1937—1941年的战争物质生产。该计划与日参谋本部的《战争准备计划方针》等文件相适应，“以完成对苏战备为目标”，规定战备“以1941年为期限，逐步完成。战备完成之日，即是对苏战争开始之时”。[⑤]以上说明，这一时期日本为推进称霸东亚的战略，急欲北进，击败其劲敌苏联。其北进战略绝非防御性的。在此还必须肯定，称霸东亚是日本的首要目标，北进则从属于这一目标。

日本估计，对苏开战时，苏中两国可能联合作战，前后夹击“满洲国”。[⑥]这样，日军将腹背受敌，极为不利。同时又估计对苏战争将规模庞大，需要大量战争资源。因此，日本在强调要将内蒙作为反苏基地的同时，极其重视华北自治。实现华北自治，即能顺利地控制华北。这样便可攫取当地的战争资源，与苏开战时有一个安全的后方，还可建立“日满华互助的基础”，[⑦]满足其向中国扩张的欲望。所谓“日满华互助的基础”是指南京政府在承认华北自治

---

① 《现代史资料8·日中战争3》，资料解说，东京：美铃书房1978年版，第17—19页。

② 天津市政协编译委员会译：《日本军国主义侵华资料长编》上，第281—282页。

③ 《现代史资料8·日中战争1》，第682页。

④ 同上，第686—690页。

⑤ 日本国际政治学会编：《走向太平洋战争的道路3·日中战争》上，东京：朝日新闻社1962年版，第210页。

⑥ 天津市政协编译委员会译：《日本军国主义侵华资料长编》上，第274页。

⑦ 《现代史资料8·日中战争1》，第368页。

后不能不进一步依附日本，接受日本不断提出的侵略要求。控制华北，可一箭双雕，为称霸东亚的世界战略服务，这就是日本军政当局急欲向华北扩张的原因。

西安事变之后，日本已由策划华北自治转至酝酿对华“一击”。所谓“一击”，即是要以武力夺取华北，迫使南京政府屈从日本的侵略要求，而后毫无顾忌地转向北进，消除其称霸东亚的“严重障碍”。

二

就在日本当局酝酿对华一击的时候，日本中国驻屯军挑起了卢沟桥事件。卢沟桥事件发生后，日本当局经过不断策划，逐步提出了控制华北的侵略要求。

根据日本当局的指示，日本中国驻屯军向中方提出停止排日和限制中国军队驻扎区域等初步要求，蒋介石随即指出日本的目的是要控制冀察二省。《秦松协定》订立后，蒋介石于 1937 年 7 月 13 日电示宋哲元：“卢案必不能和平解决，无论我方允许其任何条件，而其目的则在以冀察为不驻兵区域，与区内组织用人皆得其同意，造成第二冀东，若不做到此步，则彼必得寸进尺，绝无已时。”[①]并提出要遏制日本的蚕食侵略必须“先具决死与决战之决心”。[②]基于这种认识，南京政府采取了一系列针锋相对的措施。

日本见不战而胜的策略难以奏效，于是开始策划以战争手段实现其政治目标。7 月 11 日，日军令部与参谋本部签署《关于华北作

① 秦孝仪主编：《中华民国重要史料初编 · 作战经过（二）》第二编，台北：中国国民党党史委员会 1981 年版，第 36 页。

② 同上。

战的海陆军协定》，规定海陆军协同，给驻扎在平津地区的中国第二十九军“一击”。[①]17日，参谋本部制定《在华北行使兵力时，对华战争指导纲要》，计划第一期作战约用两个月，“讨伐第二十九军”，解决“华北问题”。若遇国民党中央军抵抗，即进行第二期作战，先击溃增援华北的国民党中央军。接着“在进一步军事行动的同时，经济及谋略方策并用，促使蒋政权倒台，诱导可实现日满华提携的政权产生，以一举“解决日华问题”。《纲要》要求以三四个月结束该作战行动。“对华一击”未达成目标时，进行第三期作战，以一年以上时间完成对河北省北部及上海与苏州之间地域的军事占领，并以海军封锁海面，迫使中国屈服。[②]这是一个阶段性扩大的战争计划，目标首先指向华北。侵略者的逻辑是，在每一期作战结束后，中国若不逆来顺受，屈从日本的要求，即不断扩大战争规模。

三

中国学者一般认为，日本早就制订了全面侵华的战争计划，日本挑起卢沟桥事变，随即发动了全面侵华战争，因此，“七七”事变是日本全面侵华的起点，亦是中国全面抗战的起点。20世纪80年代中期以后有新的观点认为，“七七”事变拉开了中日全面战争的序幕，经过一段时间的扩大后，于1937年9月初演变为名副其实的全面战争。日本学者一般认为，卢沟桥事变发生后，经过一个月余的局部战争，于8月中旬扩大为全面战争。

---

① 《现代史资料9 · 日中战争2》，东京：美铃书房1976年版，第5页。

② 同上，第17—18页。

日军挑起的卢沟桥事变至日本军政当局完成全面侵华战争的策划与发动经历了一个逐步升级的过程。研究这个过程，对阐明中日两国的政治、军事及外交是颇有意义的。不过，上述后两种观点仍有值得商榷之处。

我们强调战争与政治的关系，同时也应进一步注重政治目标与战争的关系。因为政治目标规定了战争目标，战争目标的大小，又规定了战争的规模。笔者在研究日本何时完成侵华战争的全面发动这一课题时感到应注意：

（一）日本的战争目标。日本称霸东亚的政治野心由来已久，由于其综合实力不足及国际关系因素的制约，无法迅速、全面实施这一政治目标，自中日甲午战争以来，日本只能制定有限的战争目标，以局部战争推进其“大陆政策”，日本何时提出全面灭亡中国的战争目标，这是研究中必须回答的问题。

（二）与战争目标紧密相关的军事行动。日本提出全面灭亡中国的战争目标，是否有相应的军事行动。

（三）包括军事力量在内的各种战争力量的投入。关于这点，由于战争中的“修正现象”，战争双方在战争力量的总动员方面往往不会同步。

日本当局在日军挑起卢沟桥事变后，立即提出了“确保”平津地区以控制冀察的战争目标，后几经修改、扩大提出了全面灭亡中国的战争目标，这一过程经历了“卢沟桥事变”和“上海事变”两个阶段。

日军发动平津战役时，日军参谋本部制定了《中央统帅部对华作战计划》，规定作战地域为保定、独流镇以北地区，目标是击溃平津地区的中国军队，并占领该地区，这是对17日纲要第一期作战的具体规定。由于担心北进战略受到影响，该计划强调要以最低限度的兵力占领平津地区，严加警戒苏联，根据形势逐步动员必要的兵力派到满洲。[①]1937年8月6—7日，日本政府提出所谓《日中国交全盘调整纲要案》和《日华停战条件》，第一次明确提出了日本的战争目标，《纲要案》的主要内容有：（1）中国事实上承认“满洲国”。（2）缔结日中防共协定。（3）取缔排日。《日华停战条件》的要点为：（1）划连接德化、张北、龙门、延庆、门头沟、涿州、固安、永清、信安、独流镇、高沙岭一线以东及以北地区为非武装地带。（2）冀察的行政首脑由亲日的实力人物担任。（3）以此为前提，逐步撤退卢沟桥事变后增援的日军。这是一个企图攫取冀察，使中国逐步殖民地化的战争目标。控制冀察可进而控制华北，这是日本当局蓄谋已久的政治目标，缔结日中防共协定一项旨在迫使南京政府由亲英美转向亲日，以最终驱使中国为其北进、南进“协力”。这时，南京政府在全国人民的推动下，正在积极作抗战部署，“船津工作”刚一出笼便吃了一记闭门羹。日本军事当局估计，南京政府不会轻易接受日本的条件，于是决定以武力配合外交攻势，策划给国民党中央军“一击”，迫使南京政府就范，尽快结束“事变”。8月5日，日参谋部在《形势判断》中就日本政府策划“船津工作”指出，“要实现以最低要求解决华北问题的善后处理案。至少要给石家庄、沧州以北的敌军特别是中国夸为精锐的空军主力以沉重打击”。[②]根据参谋部的指示，日本中国驻屯军于7日制定了第二期作战计划，决定进行华北会战。

13日，即华北会战在南口打响的次日，上海事变发生，南京政府很快将主战场移至上海，从而打乱了日本的军事和战略计划。15

① 《现代史资料9·日中战争2》，第25页。

② 日本防卫厅战史室编：《战史丛书·中国事变陆军作战》1，第232页。

日，日本政府气急败坏地发表声明，宣称要采取“断然措施”。17日，决定放弃“不扩大方针”，9月2日召开临时内阁会议，决定将“华北事变”改称“中国事变”，中日战争随之升级。

日本当局放弃卢沟桥事变发生之初提出的“不扩大方针”，将战争扩大至上海，是否表明其已完成侵华战争的全面发动？回答这个问题首先应考察日本的战争目标，其次，应考察其军事行动及其与北进战略的关系。

第一，上海事变时期的战争目标

日本当局放弃“不扩大方针”后，开始酝酿新的战争目标，10月1日，日本政府以军事进展为背景，决定了《处理中国事变纲要》，提出了新的战争目标，该《纲要》规定结束战争的条件为：划定永定河、张家口以北及上海周围地区为非武装地带；中国承认内蒙的“现状”；中日缔结防共协定；中国正式承认“满洲国”；华北的行政首脑由适合实现日华敦睦关系的有利人物充任。保留条件有：签订中日经济合作的协定，对日本侨民予以抚恤。[①]《纲要》除重复“船津工作”的各项目标外，进一步提出了控制内蒙和整个华北等目标，这表明日本的战争目标已然升级。

这仍是一个企图以局部战争实现政治目的的战争目标，《纲要》中规定处理事变的一般方针为：军事与外交相结合，尽快结束事变，使中国放弃抗日容共政策，实现日满华“融和共荣”。在准则中还规定，“陆上兵力行使的主要地域大致为冀察及上海方面”。[②]可见，日本这个新的战争目标主旨仍是企图以一场局部战争，速战速决，迫使中国接受其控制华北、内蒙和中国亲日等要求。由此可发

---

① 日本国际政治学会编：《走向太平洋战争的道路3 · 日中战争》上，第37页。

② 日本外务省编：《日本外交年表和主要文书1840—1945》下，第370—371页。

现日本逐步增兵上海战场欲侵占之的目的：向南京政府施加强大压力，迫使其屈从日本的侵略要求；用于“结束事变”时讨价还价的一个重要筹码；在战争目标未达成时策划长期占领，以削弱中国。随后，日本将《纲要》所提目标略加修改，作为“停战条件”，于11月5日通过陶德曼转告南京政府，遭到拒绝。

第二，日本的军事行动与北进战略

在上海会战初期，日本仍将军事行动的重点置于华北，认为从北进战略考虑，将重兵置于华北，在对苏联战争爆发时，易转调驰援。从外交上考虑，担心大规模进攻上海会引起英美等国的干涉，[①]而最根本的原因则是，攫取华北是日本首要的战争目标。以部分兵力进攻上海是服从于这一目标的军事行动。

日本在逐步增兵上海战场的同时，制订作战计划，企图迅速迫使中国“屈服”，结束战事。9月20日，日参谋部上奏天皇的陆军作战计划中规定，“对华作战方针；大致应以10月上旬为期，在华北及上海两方面展开攻势，予以重大打击，并使之屈服。”[②]所谓“屈服”，即迫使中国接受前述《纲要》中的各项要求。该计划又规定，两面攻势未实现使中国“屈服”的目的时，“根据当时的形势，终止陆上的积极作战，以其他各种手段挫折敌之持久的意志，同时节约直接对华作战兵力，将所需部队转至满洲待机，完成对苏战备”。[③]（日本强调于10月上旬结束“中国事变”的原因将在后文论述。）这说明，日本的军事行动具有极大的冒险性。这个作战计划一面规定制订该计划的基础是“以能随时实行基于对俄年度作战计

---

① 《现代史资料9 · 日中战争2》，第37—38页。

② 日本防卫厅战史室编：《战史丛书 · 中国事变陆军作战》1，第301页。

③ 同上。

划的作战，特别是第一期作战”，[①]一面又希望在华北、上海两方面的攻势能侥幸于10月上旬达成战争目标。日本政府决定的《处理中国事变纲要》中提出的战争目标就是建立在这种侥幸心理上的。同时又说明，日军部的作战计划企图以有限的军事行动迫使中国“屈服”，完成对苏战备。日政府的《纲要》则以局部战争规定日军的作战区域，企图以最小的国力消耗达成其目的。两者密切配合，相互补充。

四

日本当局见上海会战历时2个月之久，战局仍相持不下，于是决定在增派4个师团兵力投入上海战场。1937年11月7日，日参谋本部在《临参命138号》中指令，华中方面军的任务是“在海军的协同下，为挫伤敌人的战斗意志，获得结束战局的机会，扫灭上海附近的敌人”。[②]在《临命600号》中指示，“华中方面军的作战地域大致为苏州、嘉兴一线以东”，[③]据史料来看，日军部这时还没有制订侵占南京的计划。其原因有：第一，这时正值布鲁塞尔会议召开之初，对日本有一定的牵制作用。日本当局对该会议心存顾虑，因此一反常态，主动请求德国调解，“急于在参加布鲁塞尔会议列强未采取任何敌对行动之前，与中国政府达成谅解”。[④]第二，日本当局仍梦想以上海会战的军事胜利迫使中国“屈服”，从而达成其战争目

① 日本防卫厅战史室编：《战史丛书·中国事变陆军作战》1，第301页。
② 《现代史资料9·日中战争2》，第215—216页。
③ 同上。
④ 鲍家麟：《列强对中国抗战的态度》，《中国现代史论集》第26编，《对日抗战》上，台湾商务印书馆1986年版，第434页。

标，“结束战局”。日参谋本部次长多田骏“认为像第一次上海事变那样，如果就此导致停战最为理想”①。第三，日本当局有一种估计，认为11月是日苏战争突发的“危机点”，“包括天皇的宫中方面则忧虑于苏联是否会联合中国攻击日本”。②日本对苏联在远东部署强大的军事力量总是感到不安。南京政府则希望苏联出兵，夹击日军，因此，在中日战争开始的一段时间里，“蒋介石一直在试图说服和施加压力使斯大林下命令让苏联红军参加反日战争”。③布鲁塞尔会议召开之际，斯大林接见中国驻苏使馆参赞张村（音译）时说，“如果中国的局势变得极其危险，苏联将对日宣战”。④苏联代表李维诺夫在抵达布鲁塞尔之前对美国代表戴维斯说，“若取得英法美的合作，苏准备采取强硬立场”⑤。南京政府也指示中国代表顾维钧等“应竭力设法促使英、美赞成并鼓励苏联以武力对日”。⑥但由于英美一面对日绥靖，一面敌视苏联，这一努力归于失败。

日本当局在日军侵占上海等地，并确认美英不会干预，对苏战争危机也不会出现后，狂妄地宣称，日华“和谈”不能按以前的条件“轻易解决”，表明日本的战争目标又将升级。为了适应不断扩大的侵华战争的需要，日本当局采取种种措施，至11月下旬大致建立了战时体制，为战争力量的不断投入提供了保证。

12月1日，日本大本营提出《解决处理中国事变方针》，该文

---

① 天津市政协编译委员会译：《日本军国主义侵华资料长编》（上），第387页。

② 秦郁彦：《日中战争史》，东京：日本河出书房新社1961年版，第249页。

③ ［美］约翰·高沃：《蒋介石要求苏联参加中国抗日战争》，《南京大学学报》人文哲社版，1988年第3期，第118—119页。

④ 蒋介石：《苏俄在中国》，台北诚支出版社1969年版，第92页。

⑤ 戴维斯1937年11月11日致国务院报告，转见上引鲍家麟：《列强对中国抗战的态度》，《中国现代史论集》第26编，《对日抗战》上，第434页。

⑥ 南京致府外交部致顾维均等电，《顾维钧回忆录》第二分册，中华书局1985年版，第592页。

件规定“停战条件”为：（1）中国正式承认“满洲国”。（2）在华北建立亲日政权。（3）中国停止排日反满。（4）中国确定防共政策，协同“日满二国”的防共政策，并与“满洲国”一道加入日德意防共协定，对于日满华任何一方受到三国以外他国的侵略，特别是武力进攻及共产赤化工作，三国商议后采取直接或间接措施。（5）日本协助建立“新上海”。（6）三国建立资源开发、物资交易、航空等“互惠”协定。（7）中国赔偿事变中日侨民的损失。[①]这是一个全面奴役和控制中国，使中国沦为日本殖民地的纲领，第1、2、5条旨在永久侵占控制中国领土，第3、4、6条则是企图从政治上、经济上、军事上全面控制中国。

日本政府认为军部的这个文件还不够全面具体，决定在日军攻占南京之前，暂不理睬蒋政权的和谈要求。同时加紧策划全面征服中国的战争目标。南京沦陷后，日本政府内阁会议通过了《为日华和平谈判事项给德国驻日大使的复文》，规定“和谈”的基本条件是：（1）中国放弃容共和反日满的政策，对日满二国的防共政策予以协助。（2）在必要地区设置非武装地带，并在该区内的各个地方，设置特殊机构。（3）在日满华三国间，签订密切的经济协定。（4）中国应对帝国赔款。具体条件有：（1）中国正式承认满洲国。（2）中国放弃排日反满政策。（3）在华北和内蒙设置非武装地带。（4）华北在中国的主权之下，为实现日满华三国的共存共荣，应设置适当的机构，赋予广泛的权限，特别应实现日满华的经济合作。（5）在内蒙古，应设立防共自治政府，其国际地位与现在的外蒙相同。（6）中国确实采取防共政策，对日满两国的防共政策予以协助。（7）在华中占领区，设置非武装地带，在上海地区，日华合

① 日本防卫厅战史室编：《战史丛书·中国事变陆军作战》1，第461—462页。

作，负责维持治安和发展经济。(8) 日满华三国，在资源开发、关税、贸易、航空、通讯等方面，应签订必要的协定。(9) 中国应对帝国赔款。在附记中，还要求"在必要期间内"，在华北、内蒙和华中驻扎日本军队。[①]《复文》具体补充了日军部提出的《解决处理中国事变方针》，是日本当局正式提出的一个旨在全面征服中国的纲领性文件。德驻日大使狄克逊接到《复文》时立即指出，这些条件远远超出11月2日各条款的要求，中国政府极难接受。26日，蒋介石看到日提各条款后表示："倭所提条件如此苛刻，决无接受余地。"[②] 蒋确认日本已决定全面亡华的战争目标后，深知除坚持抗战外，别无选择。1938年1月2日他在日记中写道："倭寇所提条件，等于征服与灭亡我国；与其屈服而亡，不如战败而亡。"[③]

日本当局也预计《复文》难以为中国接受，于是又于1937年12月24日制订了《处理中国事变纲要》，称："今后不一定期望与南京政府谈判成功。"并规定处理华北的方针为："政治目标是建立防共亲日满的政权，经济目标是建立日满华不可分割的关系。在指导时，加以谋求促进，逐步扩大和加强这个政权，使它成为重建新中国的中心势力。"处理上海方面的方针则是，"军事占领区域内，考虑在时机成熟时建立与华北新政权有联系的新政权"[④]。这个文件旨在与国民党政府"和谈"失败后，扶植华北傀儡政权统治整个中国。可见，不论"和谈"成功与否，日本的战争目标只有一个，全面征服中国。

日本侵华战争目标的升级，必然导致其军事行动的升级。12月1

---

① 日本外务省编：《日本外交年表和主要文书1840—1945》下，第380—381页。

② [日] 古屋奎二：《蒋总统秘录》第12册，台湾"中央日报"译印，1985年版，第100页。

③ 同上，第106页。

④ 日本外务省编：《日本外交年表和主要文书1840—1945》下，第381—383页。

日，即在日大本营抛出《处理中国事变的方针》的同一天，日大本营发出“大陆命第八号”，命令日陆海军协同攻占中国首都南京。攻占交战对方首都是全面战争中最重要的军事目标之一。本文认为日本于1937年11月下旬大致确立了战时体制，12月制定了全面征服中国的战争目标并实行了相应的军事行动，因此，可以作出结论：大致以12月1日为界，日本完成了侵华战争的全面发动。

（原载于《世界历史》1993年第2期，略有订正）

中日战争时期日本东亚战略的内在矛盾与“桐工作”

——兼论中国抗战对世界反法西斯战争的战略贡献

关于中日战争时期日本对重庆国民政府展开的“桐工作”，中日两国学界一直未就个案展开实证研究；关于中国抗战的重大的战略性意义，国际上多有忽视。本文拟利用新挖掘出来的日本外务省档案和日本阳明文库所藏的近卫文麿私人史料以及日本军部的战史资料，就日本发动“桐工作”的战略意图以及“桐工作”的展开与失败作一探究，同时阐明中国抗战的重大战略性贡献。

一、日本的对华战略与东亚、西太平洋总战略之间的矛盾

欧洲大战的爆发，使日本顿时在总战略上落于被动。自1936年以来，日本一直预计欧洲大战将在1941年或1942年爆发。至1939年4月，日本陆军中央经过研究后仍认为，德、英、美将大致于1941年完成战备，其他强国也将随之如此，“因此，预想在1942年前后，将出现世界性的一大转机”，[1]强调，对付这一国际转机的战

① 1939年4月1日，中岛铁藏参谋次长向各军参谋长的演讲，日本防卫厅战史室编：《战史丛书·中国事变陆军作战》2，东京：朝云新闻社1975年版，第305—306页。

争准备与对华战争并列，为日本“今日之二大任务”。[1]因此，日本一面以各种手段从事对华战争，一厢情愿地希望在2至3年内迫使中国屈服；一面筹划届时得以与德意相呼应的北进或南进的战争物资储备。然而，欧洲大战出乎日本的预料，很快即爆发，这就致使日本在总战略上陷于混乱、被动，只得在一个时期对欧战取“不介入”方针。为适应国际局势的变化，日本企图对其战略态势逐步作大幅度调整，以在可以预料的欧战进一步剧变之时不致仍然无所作为。

在1939年初，日本陆军中央根据1942年前后世界大战将爆发的估计，提出至1942年底，要组成战时总兵力：地面65个师团、航空164个中队。在具体研究时，陆军省看到，要实现这个4年计划，需要集中十分庞大的资金，并估计第一年即需经费约18亿日元。[2]为筹集这笔额外的经费，陆军省主张削减对华战费，并逐步减少驻华兵力。这一主张具体为：除满洲日军之外，至1940年底，驻华兵力减至70万人、1940年底50万人、1941年底以后40万人。[3]6月，参谋本部与陆军省就此初步达成一致意见，并决定逐年扩大战争物资的储备；至1942年底，武器弹药可装备60个新师团、航空可新组180个中队。[4]欧战爆发后，实施这一计划的迫切性突出起来，于是陆军省据此于1939年11月正式向内阁提出1940年度陆军预算。

日本陆军中央的这个计划是根据战略常识提出来的。首先日本不能不承认在欧洲大战爆发之前解决“中国事变”，以后乘欧战之机，从容地决定北进或南进的企图已完全落空。而且重庆国民政府没有任何屈服的迹象，陆军主力分散在中国的广泛地区，已失去大

---

① 日本防卫厅战史室编：《战史丛书·中国事变陆军作战》2，第305—306页。

② 日本防卫厅战史室编：《战史丛书·中国事变陆军作战》3，东京：朝云新闻社1975年版，第148页。

③ 同上。

④ 同上，第150页。

规模战略进攻的机动能力。长此以往，日本将无法在有利时机南进或北进，（大）东亚新秩序的战略目标也将随之归于空想。因此，陆军中央企图逐步减少驻华兵力，并将这些撤回兵员加以严格整编，以恢复可随时向“必要方面”大规模出动的军事弹性。[①]第二，欧战爆发后，日本因在对华战争中军事力量投入过大，只得暂取“不介入欧战”的方针。但这一时期日本预计德意不会落败，南进的有利时机终会到来。于是强调要大力扩充陆海军装备及各种战争物资的大量储备。陆军中央的前述4年军备计划就是企图构筑无论向何方进攻均必胜的军事战略态势。然而，如此庞大的军备计划需要相应的财政支持。陆军省于11月间向内阁提出的1940年度陆军预算为54亿日元，这个预算已将前述逐步减少驻华兵力的计划计算在内，[②]而内阁却无法筹集如此庞大的资金，经竭力减少对工农业的投资，勉强筹集了48.9亿日元。[③]这说明日本经过2年余的对华战争消耗，国力比以往更难胜任庞大的对外战略。

在诺门坎事件中，苏军以优势兵力和装备给日军以沉重打击，日军第二十三师团几被全歼，关东军欲出动更多兵力对苏军施以报复，日本陆军中央则看到，不但兵力不允许，而且因对苏战备物资大都转向对华战争，对苏报复事实上不可能实施。受诺门坎惨败的刺激，日本陆军中央一时决意不惜削减在华兵力，全力实施新的军备扩充计划，并于11月20日就此上奏天皇。

侵华派遣军则看到，1939年内，根据军中央的长期战战略方针，在后方频繁实施扫荡作战，在前方则发动了一系列有限攻势，均遭到中国军民的坚决抵抗。在武汉周围的几次较大规模的作战，

---

① 日本防卫厅战史室编：《战史丛书·中国事变陆军作战》3，第148—149页。

② 同上，第150页。

③ 同上，第151页。

日军仅攻占了南昌。而襄东作战和第一次长沙作战均未实现作战目的即被迫退回原驻地，因此认为军中央的长期战战略方针无法战败中国，主张转换战略方针，发动大规模攻势。11 月 14 日，第十一军司令官冈村宁次向军中央提出《关于迅速解决日华事变的意见》书，要求发动大规模攻势作战，消灭国民党中央军，认为只有这样才能对迅速解决“中国事变”起决定性作用。① 接着，第十一军又于 12 月 10 日向军中央提出题为“形势判断”的意见书，强调：“鉴于目前的形势，依靠谋略外交或小规模作战终究无法解决中国事变，若不发动大规模进攻作战，断不可能发现解决事变的曙光。”② 这种意见得到侵华派遣军总司令部的支持，两者均向军中央提出增加兵力，发动大规模攻势作战的要求。

就在日本陆军内部就调整对华战略与对外总战略相互关系方面发生争执之时，中国军队于 12 月初到中旬开始全线出击，向日军展开大规模冬季反攻作战，日军感受到的是：“第一线部队几乎都成了一个个孤立的部队，在敌重兵包围中孤军作战，缺粮少弹，伤亡很大”，承认：“敌之进攻意志极其顽强，其战斗力不可轻视。”③ 参谋本部也不能不承认在中国抵抗意志十分坚定，抵抗实力不容轻视的情况下，现有侵华日军即已难以实现侵华目标，削减驻华兵力的时机远未到来，因此转而主张放慢扩充军备、储存战争物资的计划，以保证派遣军能保持现有兵力。④ 日本陆军中央经过半年策划制定的 4 年军备计划因中国的坚决抗战而被打乱。军备不足，成为以后日本放弃北进和推迟南进的一个重要原因。

---

① 日本防卫厅战史室编：《战史丛书·中国事变陆军作战》3，第 152—153 页。
② 同上，第 152—153 页。
③ 同上，第 101 页。
④ 同上，第 151 页。

侵华日军为发动大规模攻势，仍继续要求增加兵力。1940年1月6日，侵华派遣军参谋长板垣征四郎返东京，强烈要求军中央增派新锐兵力。对此，陆军省和参谋本部内意见不一，板垣未得到明确的答复。2月上旬，侵华派遣军副参谋长铃木宗作赴东京，继续陈述增加兵力的意见。得到的印象是“完全没有实现的可能性”。[①]侵华日军的要求是出于对华战略的考虑，认为以政略、谋略为主，军事进攻为辅的现对华战略无法解决“中国事变”，强调正在实施的“桐工作”有实现的可能性，但若不同时施以大规模攻势，政、谋略将无法奏效。[②]陆军中央则从东亚、西南太平洋战略考虑，认为兵力削减计划不能实施已对南进或北进军备的扩充造成严重影响，若再增加大量兵力投入对华战争，军备计划将化为泡影，因此，反对增兵的意见占据主导地位。[③]而且，日本早就认定，“只要有英、苏的支持，蒋就能继续抵抗”。[④]美国自1938年底以来，采取实际步骤，着着推进抑日援华政策，其影响力远远超过英国，对日形成有力牵制。这更使日本感到将所剩有限的后备役兵力悉数投入对华战争也将无济于事，只不过是徒然消耗更多的战争力量，并将造成无法南进、北进，最终被迫退出中国的后果。可以说，侵华派遣军的增兵要求之所以未被军中央接受，原因就在于这一要求与其东亚、西南太平洋战略发生了冲突。

日本无法增兵扩大占领区是其东亚、西南太平洋战略决定的，而停止实施逐步削减兵力，收缩战线的计划则是其对华战略所要求的，在无法增减兵力的情况下，日本只得继续实施武汉会战后既定

---

① 日本防卫厅战史室编：《战史丛书·中国事变陆军作战》3，第154页。

② 同上，第155页。

③ 同上，第153—154页。

④ 日本外务省档案，缩微胶卷，S489，第2391页；WT51，IMT380，第347页。

的对华战略方针，依据这种方针，日军在华中、华南发动了一系列有限的军事攻势，在华北则频繁地实施扫荡作战，均遭到坚决抵抗，于是将希望主要寄托在与蒋“和谈”方面。

二、“桐工作”与日本的战略企图

1939年11月，日大本营派铃木卓尔中佐赴香港，以武官名义负责与蒋政权取得联络。同时还派遣今井武夫、堀场一雄等一批熟知战略和谋略的军官至侵华派遣军司令部负责策划所谓“桐工作”。12月27日，经大学教授张治平介绍，铃木与宋子良（军统特务曾广冒充）首次接触后，日本大本营和侵华派遣军一厢情愿地认为大有希望。侵华派遣军立即于1940年1月1日制订《解决中国事变的机密指导》，强调要“推进对重庆的工作，随时捕捉与重庆政府的停战机会”，“以1940年秋季为目标，努力解决中国事变”。[①]

二三月间，双方代表在香港举行数次会谈。为争取谈判成功，日本决定将汪伪政权的正式成立日期延期4天。但是，会谈毫无进展，双方在蒋方承认“满洲国”、日本在华北驻兵、蒋汪关系的处置等问题上发生严重分歧。日本在中日战争中国力消耗过大，急于尽快脱身，但又因在军事上暂时占有优势而幻想在谈判桌上实现全面征服中国的目标。

3月17日，大本营陆军部参谋总长发出大陆指676号指示，并附大本营机密文件《桐工作实施要领》，令派遣军司令官西尾寿造依据这个文件与中方交涉。该文件规定的“停战条件”为：“（一）以

---

① 《现代史资料9·日中战争2》，东京：美铃书房1985年版，第583页。

日中两国之互惠为基础，以一般提携，尤以善邻友好、共同防共、经济提携为调整两国国交之基本原则；（二）中国承认满洲国；（三）中国放弃容共抗日政策，并于停战的同时予以声明；（四）日中两国缔结防共协定。日本在蒙疆及华北驻屯必要的军队。以蒙疆为防共特殊地区；（五）在华北及长江下游地区实行经济合作。又，关于开发利用华北重要资源，应向日本提供特殊便利；（六）华南沿海特定岛屿（含海南岛）与海军实行密切的军事合作；（七）为了日中提携合作，中国从日本招聘军事及经济顾问；（八）中国保证同意日本人在中国内地有居住、营业之自由；（九）与汪精卫等新中央政府成员协力合作。”①而蒋方代表则要示要“恢复‘七七’事件以前之原状”。②双方相持不下。3 月 30 日，汪伪政权在南京宣布正式成立。蒋方代表暂时停止了与日方的接触。

为配合“桐工作”，大本营批准实施“宜昌作战”，以向重庆政府施加军事压力。日军纠集 4 个师团、2 个混成旅团、6 个支队、2 个坦克团、1 个野战重炮旅团、1 个飞行团及 1 支联合航空队、1 个舰队，于五六月间对正面战场发动了自武汉会战以来规模最大的一次攻势。日军认定，只有给中国军队以重大打击，“桐工作”才有实现的可能。因此规定这次作战目的为：“首先在连接随县、襄阳一线以北地区，消灭第 5 战区兵团之主力，接着将汉水右岸之敌压缩在宜昌附近消灭之。”③但中国军队对日军的进攻采取了敌进我退、敌退我追的战术，日军纠集的以上部队因兵力不足而不敢过分深入，撤退时又遭到中国军队的追击，进攻并不顺利，没有达成以上作战目的。

---

① 日本防卫厅战史室编：《战史丛书 · 中国事变陆军作战》3，第 168 页。

② 同上，第 159 页。

③ 同上，第 191 页。

不过，日军所到之处，烧杀抢掠，中国民众的伤亡损失极大，许多城镇被日军夷为平地。侵华日军分散配置于广泛的占领地带后已无多少可用于机动的兵力。这次纠集的兵力大都非常备机动部队，因此，其作战计划只是要求尽量歼灭当地中国军队后撤回，无力布置长期占领。宜昌是通往重庆的门户，为西南地区攻守必取的一个战略要点，日军多次拟定攻占宜昌并予以长期占领的计划，但因兵力不足而不敢付诸实施。这次为配合“桐工作”，日军于1940年6月11日攻占宜昌。出于以上兵力的原因，日军破坏宜昌的建筑、桥梁等大量设施后于同月15日开始撤退，中国军队则尾追歼敌，并于17日收复宜昌。同日晨，已撤至宜昌东面10公里土门垭的日军得到大本营再占宜昌的命令，立即反转又一次攻入宜昌。

日军反复攻占宜昌是其战略变化使然。在日军发动枣宜会战时，日本海军航空部队正在对重庆等地实施战略轰炸。宜昌离重庆仅480公里，海军要求予以占领以用于轰炸重庆等地的航空中继站。海军认为，加强这种轰炸有利于涣散中国的抵抗意志，从而有力地配合“桐工作”。因此要求要确保宜昌至“桐工作”有希望实现的时日。[①] 派遣军则认为，攻占、确保宜昌可直接对重庆构成重大威胁，而“桐工作”预计将于7月中旬决定成败，因此要求在这一期间内予以确保。[②] 派遣军还认为，确保宜昌，有利于切断中国的西南战略后方与武汉周围地区及中原、长江南北的交通，蒋方为夺回宜昌而调集大批军队来攻时，正是击灭的机会，这样可形成有利的消耗战。[③] 派遣军的结论是：“欧洲形势正在不断发展，此际，要加强对

① 日本防卫厅战史室编：《战史丛书 · 中国事变陆军作战》3，第209页。
② 同上。
③ 《井本日志》，1940年6月7日条，日本防卫厅战史室编：《战史丛书 · 中国事变陆军作战》3，第208—209页。

重庆的压迫，不容稍缓。相信此确实有助于解决事变。”[①]但第十一军经过研究后认为，须增加1至2个师团才可长期确保宜昌。陆军中央则仍在研究削减驻华兵力，以保证加速扩充南进或北进军备的计划，对派遣军长期占据宜昌的要求暂未予以支持。

6月11日，即日军向宜昌发动总攻之时，欧洲战局发生了更剧烈的变化。意大利见英法联军败局已定，遂趁火打劫，向英法宣战，并侵入法国。12日，巴黎陷落。日本闻讯，立即认定南进的有利时机已经到来，“不要误了巴士”的主张更是甚嚣尘上。陆军中央在对华战略方面立即面临两种选择：一是立即将研究已久的兵力削减计划付诸实施，收缩对华战线，以将足够的兵力投入南进；另一是继续施加强大的军事压力，尽快迫使中国屈服，以在南进之时无后顾之忧，全力对付英美。日本选择的是后者。6月16日，大本营电令派遣军暂时确保宜昌。接着，大本营又于7月13日抽调在满洲的第四师团转属第十一军，并于7月13日命令长期确保宜昌。

日本作出这种选择的原因：第一，在于三年的对华战事国力消耗过大，用于发动新战争的陆军军备严重不足。经过修改后于1939年12月决定并上奏天皇的陆军新军备扩充计划规定全力以赴至1942年底储备可用于两次会战的弹药量，[②]而这一时期日本生产的弹药仅能保证在华日军所需。陆军兵力也不足以发动新的战争，这一时期，陆军拥有师团数49个、旅团数22个。其中，侵华派遣军27个师团、20个旅团；关东军11个师团及朝鲜军2个师团用于防备苏联；国内仅配备9个师团另2个旅团。若要南进，须立即大量扩充兵力，而现有陆军预算无法实现。参谋本部次长泽田茂说得很清楚：

---

① 日本防卫厅战史室编：《战史丛书·中国事变陆军作战》3，第208—209页。

② 同上，第152页。

“日本的国力投入中国事变，缺乏余力。”[①]

第二，日本看到，德意在欧战中取得重大胜利，英法在远东已难以抵抗日本关闭中越、中缅通道的要求，重庆政府将因此受到极大的战略性打击。而且，6 月间，日本认为“桐工作”有了进展，即在6 月4 日—6 日双方代表在澳门会谈后，蒋方代表同意于8 月初在长沙举行板垣、蒋、汪三者会谈。日本喜出望外，认为已有几分希望。为配合“桐工作”，大本营决定确保宜昌，以保持对重庆的强大军事压力，并以宜昌为基地之一，加强对重庆实施大规模战略轰炸。

第三，日本实施南进的外交准备尚未完成，这也是决定日本战略选择的一个重要因素。随着形势的变化，苏联在远东将采取什么行动？这一直是日本的一块心病。在诺门坎事件中，日军惨败，深感在对华战争期间无论是在装备上还是在兵力上均难以对付苏联。大本营陆军参谋部坚持认为，“威胁帝国国防者，事实上，苏联最为突出”。[②] 日本见无力与苏联进行武力对抗，欧洲大战业已爆发，遂开始寻求其他途径。1939 年 12 月，外务省提出，若苏联提出缔结互不侵犯条约，可与之对应。[③] 陆军也于同时提出，“要通过直接交涉使日苏关系正常化，此为原则。但也可利用德国斡旋”。[④] 1940 年 2 月，大本营陆军参谋部拟定了《日苏互不侵犯条约草案》。4 月底，外务省以此为基础加紧研究制订《日苏中立条约草案》。日本此举是企图一箭双雕：在一段时间内消除对苏战争危机，以在战略上获得部分行动的自由，保证南进得以实施；促使苏联转“向远东以外的

---

① 日本防卫厅战史室编：《战史丛书 · 中国事变陆军作战》3，第 280 页。

② 日本大本营陆军参谋部制订：《世界的变局与帝国之方途》拾部内第 3 号，1940 年 7 月。日本阳明文库藏，《近卫文麿公关系资料》，缩微胶卷，P4，F 之部，第 15 页。

③《对外施策要纲案比较》，1939 年 12 月。日本阳明文库藏，《近卫文麿公关系资料》，缩微胶卷，P4，F 之部，第 34 页。

④ 同上，第 33 页。

地域谋求发展”，即“使苏联威胁英国的宝库印度”。[①]这不但有利于促使苏联修改远东政策，停止对华援助，而且还可诱发苏英冲突，有利于日本南进。6月间，日本外务省制订了《日苏中立条约草案》，并于7月2日通过驻苏东乡大使递交给苏联外交人民委员莫洛托夫。同时，日本认为，实施南进，还需要与德意结盟。对苏德交涉均需费时日，这是日本暂未决定立即南进的一个原因。

日本见无力立即实施南进，只得一面筹划南进军备，一面抱着侥幸心理，希望“桐工作”获得成功。为配合“桐工作”促使蒋政权早日屈服，日本陆海军加紧对中国大后方实施战略轰炸。自攻占武汉后，日军航空部队既对重庆、兰州、成都等地间断实施轰炸。欧战爆发后，日陆海军航空部队实施所谓“百号作战”，以兰州为主要攻击对象，使用百架飞机的大编队反复进行轰炸。但大本营认为效果不佳。在“桐工作”期间，大本营指示立即实施“百号作战”，集中轰炸重庆、成都。陆海军调集300余架轰炸机及部分侦察机和战斗机，计划攻击重庆3000架次、成都2000架次。5月18日日军开始空袭重庆、成都，至9月4日的三个半月内，空袭天数为71天，出动飞机4555架次，投掷炸弹27107发，共2957吨。为挫伤中国的抗战意志，日机对重庆市区就轰炸了37天。日军的狂轰滥炸造成数万平民伤亡，重庆、成都居民区大都被炸为废墟。日本战史根据“重庆市街在地面上消失了”的资料，记载了这一时期日军轰炸的“战果”。[②]

日本较大规模的地面军事进攻、战略轰炸及迫使中越、中缅通道关闭的行动并未实现“桐工作”的目标。因为蒋政权始终未屈从

---

① 日本大本营陆军参谋部制订：《世界的变局与帝国之方途》拾部内第3号，1940年9月。日本阳明文库藏，《近卫文麿公关系资料》，缩微胶卷，P4，F之部，第17—18页。

② 日本防卫厅战史室编：《战史丛书·中国事变陆军作战》3，第227页。

日本的侵略要求。应该说，蒋政权在政治上、经济上对美英等国有着极大的依赖性。尽管蒋在抗战最困难的这一时期也不情愿降低抗战的最低目标——“恢复‘七七’前的原状”，但在一定程度上又有随着美英等国远东政策摇摆的倾向。

《慕尼黑协定》后，德国又向立陶宛、波兰提出领土要求，并决定随时侵吞整个捷克。德国的行动有破坏英法主导的欧洲既有国际秩序的一面，也呈现出如英法所望向东扩张，最后对苏开战的倾向。因此，英法继续默认德国的扩张。在东方，日本公然宣布要“建设东亚新秩序”，美、英、法虽很快提出抗议，表示“决不承认”，并采取了援华抑日的实际步骤，但在欧洲形势日益紧张之时，又企图向日本作出部分让步，以保住部分在华权益及远东殖民地。1939年1月10日，法国新任驻华大使高思默向中方表示，希望尽快解决中日冲突。[①]法国外交部秘书长莱热表示，英国、日本也有这种希望，法国“将在远东与英国采取同样的行动”。[②]英美两国分别向日本表示：如果日本提议，他们愿意召开国际会议讨论修改《九国公约》。英国甚至代庖捉刀，向日本表示：日本若与中国媾和，英国政府愿意承担使中国方面停止一切排日活动的责任。[③]欧美列国的态度对蒋政权不能不产生一定影响，后来派出军统特务曾广冒充宋子良去试探日方的媾和条件与此不无关系。

但是，英美等准备在远东对日本作出的让步有一定限度。英国驻华大使卡尔向蒋介石提出的让步建议[④]即表明只可在承认伪满、经济合作、防共合作、停止反日方面作出让步，以此换取日本撤兵，

---

① 《顾维钧回忆录》3，中华书局1985年版，第337页。

② 同上，第339—340页。

③ 《现代史资料9·日中战争2》，第547页。

④ 卡尔建议，放弃满洲，中日实行合作，取缔反日活动，恢复“七七”之前的原状等。

恢复“七七”事变之前的原状。这是英美等以牺牲中国的部分主权换取维持在华北、华中、华南权益，并通过介入中日协定，设立新的集团保障体制，以保证远东殖民地安全的企图。蒋介石需要英美等的支持和援助，不敢明确予以拒绝。而日本早已确定以征服中国为序幕，随后将整个远东从所谓“白人的统治下解放出来”，即夺取英、法、美在远东的殖民地，强调在远东问题上，“不容设定有欧美列强参加的集团体制”。① 在对华政策上必须斩断外来干涉。② 日本军政界内部在一些具体问题上虽时有争论，但在这一重大的战略问题上则完全意见一致。日本还看到，英、美、法在欧洲及远东均未采取强硬政策，是为了促使日、德、意对苏开战，“以构筑对自己有利的地位”。③ 日本虽一贯“立于对苏必战的体制之下”，但“也有根据情况向现状维持国（指英、美、法）开战的意图。④ 至于北进、南进的“顺序、方法，要根据帝国的特点自由裁定”。⑤ 因此，日本不但绝不会满足于英美等在中国的部分让步，而且也不愿意就远东问题与英美等相互作出任何安全承诺。英美等的妥协、哀求也就不可能得到日本的回应。

欧战爆发后，英、美、法担心日本趁火打劫，进攻其远东殖民地，再一次谋求与日本妥协。1940 年 4 月 12 日夜，英、美、法三国大使一齐会见蒋介石，劝告在三国的支援下“及时对日媾和”。英法大使甚至暗示要停止援助、关闭滇越铁道，向蒋施加压力。而蒋在 3

① 日本外务省条约局编：《九国条约与我对华政策的关系》，日本外务省档案，缩微胶卷，S111，第 125 页。

② ［日］铃木贞太郎：《1939 年度帝国外交方针小见》，1939 年 1 月 1 日，日本外务省档案，缩微胶卷，WT51，IMT380，第 349 页。

③ 同上，第 356—357 页。

④ 同上。

⑤ 日本大本营陆军参谋部制订：《世界的变局与帝国之方途》，拾部内第 3 号，1940 年 9 月。日本阳明文库藏，《近卫文磨公关系资料》，缩微胶卷，P4，F 之部，第 23—24 页。

月上旬派遣重庆行营参谋处副处长陈超霖和国民政府最高国防会议主任秘书章友三与日方代表举行数日会谈后，发现日本的亡华条件并无任何变化，因此表示：对日和谈不可能成功。[①]五六月间，德军向西欧快速推进，法国很快战败投降。法印在日本的压力下于6月20日宣布关闭滇越铁道，英国也随后于7月12日宣布关闭滇缅公路三个月。在这种情况下，蒋政权发生了严重动摇。为与日本和谈，蒋介石甚至同意于8月初在长沙与板垣派遣军总参谋长及汪精卫会谈。

不过，日本在这一时期已暴露出咄咄逼人的南进气势，不断向法印施加压力，意在首先控制法印北部，并反复强调“要将东亚及邻接岛屿中的英、法、荷、葡的殖民地包括在东亚新秩序的内容之中”，为此，“对涉及以上内容的列国会议，要予以排除”。[②]对英美等的调停暗示不予理睬。在这种情况下，美国的对日态度硬化起来。7月26日美国宣布对废铁及航空汽油的输出实行签证控制。从此，美国的对日态度不断走向强硬。对中日战争的政策再次转向援助中国拖住日军主力不使之南进方面。受美国政策变化的鼓舞，蒋介石转而拒绝与板垣、汪于8月初举行会谈。接着，八路军于8月20日发动百团大战。战斗持续5个多月，毙伤、俘虏日伪军各2万余人，破坏大量铁道、公路、桥梁、火车站、隧道、煤矿、仓库、通讯设施等，缴获与破坏大量军用物资。日华北方面军承认：中共军队“一齐向我交通线及生产地区（主要为矿山）发动奇袭。特别是在山西，其势更猛”，中共军队的“袭击全然出乎我军意料之外，损失极大，需要长时间和巨款方能恢复”。“石太路破坏极为严重，

① 日本防卫厅战史室编：《战史丛书·中国事变陆军作战》3，第186页。

② 《组阁中四柱会议决定》，7月19日。日本阳明文库藏，《近卫文麿公关系资料》，缩微胶卷，P4，F之部，第25页。

规模之大无法形容，敌军采用爆炸、焚烧等方法，力求对桥梁、轨道、通讯网、火车站设施等重要技术性设备予以彻底摧毁。”[①]“正太路沿线各小据点（以分队为主）大半已被消灭。”[②]百团大战给日军以沉重打击，减轻了华中正面战场的压力。在抗战形势由极为不利逐步转向有利的情况下，蒋的对日态度更趋强硬。

日本见蒋的态度转向强硬，美国已采取制裁措施，英国虽在雨季期间关闭了滇缅公路，但其对日政策是随着美国政策的转换而变化的。7月中旬以后，英国已不再就与日“和谈”向蒋施加压力。7月20日，丘吉尔还致电蒋，表示永不强请蒋接受失败性的和平。[③]利用中国拖住日军主力又成为英国远东政策的一个中心内容。这些都使日本感到迫使蒋屈服的有利时机即将逸去，因此决定作出象征性让步。8月22日，首相近卫、派遣军总参谋长板垣分别向蒋介石写了亲笔信，近卫表示希望蒋与板垣的会谈能在近期举行。板垣则表示，保证不将蒋、汪合作问题作为一项停战条件。“宋子良”于8月28日在香港收下这两封信后，于9月5日答复日方：“近卫的亲笔信没有坦率地表示取消不以国民政府为对手的声明，并未表示全面支持板垣总参谋长将出席的长沙会谈，而是持旁观的态度”。[④]表示不信任日本。蒋这时已无意与板垣会谈，这个答复也十分笼统，未触及实质性的具体问题，实际上是在托词拒绝。

日本则于7月下旬正式决定了适时南进的方针。[⑤]7月27日，大

① 日本防卫厅战史室编：《战史丛书 · 华北治安战》1，东京：朝云新闻社1975年版，第354页。

② 同上，第349页。

③ 秦孝仪主编：《中华民国重要史料初编 · 对日抗战时期》第3编，战时外交（二），中国国民党中央委员会党史委员会编印，台北：1981年版，第116页。

④ 日本防卫厅战史室编：《战史丛书 · 中国事变陆军作战》3，第300页。

⑤ ［日］服部卓四郎：《大东亚战争全史》第1册，商务印书馆1984年版，第33—34页。

本营、政府联络会议决定的《伴随世界形势推移之处理时局纲要》规定适时武力南进的条件为：一、中国事变处理完毕之时。二、中国事变未处理完毕之时，若内外形势发展至极为有利时，行使武力，解决南方问题。三、行使武力时，极力只以英国为战争对象，即使如此，对美战争亦难以避免，要作好准备。[①]若具备以上第一项条件，无疑是南进最为有利之时。日本这一适时南进的方针更加迫切地要求尽早解决“中国事变”。因此，在判明宋子良为冒充者及蒋方拒绝其要求的情况下，仍不厌其烦地策划“和谈”对策。谈判代表今井武夫大佐认为，谈判的成败完全取决于和平条件，并将这一意见向上级提出。这实际上是暗示只要作出让步，和谈就会成功。但是，南进虽是日本“东亚新秩序”的重要一环，“新秩序”的基础却是将中国变为日本的附属国。在既定战略下，任何实质性的对华让步均是不可能的。因此，今井武夫不久又说：“为实现和平而彻底作政策上的大转变的决断固然没有具备……缓和中国承认满洲国和日本军部分驻兵的要求之类，毕竟是不可想像的了。”[②]

9月上旬，日本外相松冈洋在与德国特使斯塔玛在东京会谈时，就立即缔结日、德、意三国军事同盟达成一致意见。剩下的就只是缔约手续，南进的外交准备中的一项重要任务业已完成。为实现另一项外交准备——完成对华和谈，日本外务省一厢情愿地提出：中国除接受以往日本提出的要求之外，还必须实现“两国在建设东亚新秩序的共同理想下，为东亚的防卫及再建，要作为枢轴，紧密协力”。[③]这种“协力”不但是政治上、经济上的，而且还要“缔结军

---

① 日本外务省编：《日本外交年表及主要文书1840—1945》下，第438页。

② 《今井武夫回忆录》，中国文史出版社1987年版，第177页。

③ 日本外务省编：《日华和谈应提示之条件》，1940年9月14日，日本外务省档案，缩微胶卷，S487，第668—670页。

事同盟，在军事上紧密协力”。[①]日本不切实际地幻想以此将中国变为附属国，并立即随心所欲地驱使中国的人力、物力、财力及军事力量为其完全实现“东亚新秩序”的战略服务。蒋政权这时已由动摇转向坚定，当然不会理睬日本的野蛮要求。9月17日，“宋子良”再至香港，向日方表示，长沙会谈暂不能举行，中国不会接受屈服性的和平。

至此，侵华派遣军只得承认以政治、军事、外交配合实施的“桐工作”归于失败。日方代表在向上级提出的报告中说，“桐工作”失败的原因在于“英国远东政策的加强，英国大使的重庆之行，以及苏联、中共的行动趋于活跃等”。[②]对8月以后，蒋方在拒绝日本要求的同时仍与日方保持接触的用意则认为，蒋政权是在利用与日本谈判向美英等施加影响，以获得更多援助。[③]侵华派遣军总司令部见继续与蒋方谈判已对己不利，于是于9月19日决定暂时停止“桐工作”。

为牵制日本南进，美国进一步采取了抑日援华措施。9月25日，美国宣布向中国追加贷款2500万美元，26日，宣布禁止向日本输出废钢铁类物资。英国也宣布将于10月中旬重开滇缅公路。日本大本营见迫使蒋屈服的有利时机已失，只得于10月8日指示派遣军停止“桐工作”。至此，日本花费7个月时间实施的综合性的诱降攻势彻底破产。

① 日本外务省编：《日华和谈应提示之条件》，1940年9月14日，日本外务省档案，缩微胶卷，S487，第668—670页。

② 日本防卫厅战史室编：《战史丛书·大本营陆军部》2，第125—126页。

③ 日本防卫厅战史室编：《战史丛书·大本营陆军部》3，第301页。

三、“桐工作”失败对日本南进战略的影响

这一时期，日本内部就是否乘机南进发生了新一轮的争论。法国投降前后，日本朝野上下要求立即南进的主张甚嚣尘上。1940 年 7 月 3 日，大本营陆军部决定，在以各种手段迫使法印及荷印接受日本全部要求的同时，以英国为战争对象，迅速攻占香港、马来半岛及英国在华租界。[①] 米内内阁则看到，在远东对英开战将难以避免对美战争，而且，在对华战争尚未解决之时不宜发动新的战争。但米内内阁并不甘心南进良机就此放过，因此决定主要争取与美国达成一定谅解，以使美国默许其向西南太平洋地区扩张。六七月间，有田外相与格鲁大使举行数次会谈。有田要求美国停止援华，认识东亚的新事态。对中国以外的地域，日美间相提携，“分守各自在太平洋的地域”。[②] 这实际上是要求美国放弃中国，并与日本瓜分太平洋地区。美国对日本停止援华等要求不予理睬，并主张，除和平手段之外，“维持太平洋上欧洲交战诸国领土之现状”。[③] 双方就此会谈月余，无果而终。大本营见米内内阁踌躇不前，于 7 月 4 日要求陆军大臣畑俊六采取措施，搞垮不合时局的现内阁。畑俊六很快即以辞职的方式迫使内阁总辞职。

7 月 22 日，近卫再次组阁。新内阁一成立，即与大本营召开联席会议，确定了“掌握时机，解决南方问题”的方针。[④] 并决定对南

---

① 日本大本营、政府联席会议决定：《适应世界形势演变的时局处理纲要》，1940 年 7 月 3 日；另见日本防卫厅战史室编：《战史丛书 · 中国事变陆军作战》3，第 269—270 页。

② 日本外务省美国局编：《对美外交关系主要资料集》第 2 卷，“第 1 卷补遗”，1941 年 2 月编订。日本外务省档案，A110，30—3—2，《中国事变关系一件 · 各国的态度 · 日美关系打开工作关系一件》，日本外交史料馆藏。

③ 同上。

④ 日本大本营、政府联席会议决定：《适应世界形势演变的时局处理纲要》，1940 年 7 月 3 日，服部卓四郎，《大东亚战争全史》第 1 册，第 33 页。

方行使武力的各项准则为：“一、在中国事变大体处理完毕时，为了解决南方问题，只要内外各方面形势允许，抓紧时机行使武力。二、在中国事变尚未处理完毕时，应在不至于同第三国开战的限度内采取对策，但内外各方面形势一旦发展得对我特别有利，为了解决南方问题，可以行使武力。三、关于前两项行使武力的时期、范围及方法等，应根据情况决定。四、行使武力时，应极力将战争对手只限于英国一国。但是，即使在这种场合，对美开战将不可避免，因此，应作好充分准备。”①政府、大本营强调为此要迅速完成南进战备，并与德意缔盟，调整对苏关系，“完成各项准备工作的时间应以8月末为目标”。②在此，日本将总战略继续展开的步骤定为先南后北。

9月27日，即《日德意三国同盟条约》订立的当天，松冈外相即交给德国驻日大使一份通牒，声称：“鉴于大东亚及其他地区之现状，日本国政府不能确信日英之间没有发生何等武力冲突的危险。因此，日本国政府就这种可能性唤起德国政府注意，同时，日本国政府确信，在这种情况发生时，德国将会尽其所有的一切手段援助日本国。”③然而，这一时期日本兴师动众，更换内阁，紧锣密鼓地策划的南进计划并未能全面付诸实施。其原因固然有德国无力对英国本土实施登陆作战及美国加强了对日经济制裁措施等，但主要原因仍是“桐工作”失败，日本无法从中国脱身。

日本原计划削减在华兵力，以运用节省下来的预算加速扩充南进或北进军备。这一计划正在研究之时，因配合“桐工作”的需要，转而决定维持现在驻华兵力，并发动较大规模的局部攻势扩大

---

① 日本大本营、政府联席会议决定：《适应世界形势演变的时局处理纲要》，1940年7月3日，服部卓四郎：《大东亚战争全史》第1册，第34页。

② ［日］服部卓四郎：《大东亚战争全史》第1册，第39页。

③《外务大臣交驻德国大使函》，1940年9月27日，日本外务省档案，缩微胶卷，WT81，IMT630，第339页。

了占领区。但“桐工作”的失败使日本立即处于两难境地：继续发动攻势，扩大占领区，需增加兵力，这为新的军备扩充计划所不允许，而且以往经验也证明这种方法对迫使蒋政权屈服并无效果。削减在华兵力，调走相应装备，并将节省下来的直接军费用于加速充实新军备的构想也难以实施。因为首先会遭到派遣军的强硬反对，更重要的是这一调整并非短时间内就能完成。而且还不得不放弃大片占领地区，这又为日本的侵略欲望所不容。在这种情况下近卫内阁和大本营虽急欲南进，但也不得不承认“桐工作”失败后的对华战争现状，难以同时大规模南进。

首先提出反对立即大规模南进的是大本营海军部。日本海军一贯主张南进论，在对华战争期间，海军特别强调要夺取和确保广州、海南岛、南宁等华南要地，以有利于以后用作南进的基地。法国投降前后，海军更是主张不失良机，尽快南进。然而，在配合陆军实施“桐工作”，对重庆等地实施大规模战略轰炸却发现蒋政权并无屈服的迹象后，感到南进并无把握。8 月 28 日，大本营海军部向陆军部提交一份备忘录，要求重新审议南进问题。

次日，大本营陆海军部及陆海军省联合召开首脑恳谈会，海军方面强调：“海军与陆军比较，期待物力之处极大，因此一直锐意致力于完备之。然而，中国事变开始以来，逐渐出现物资供给的停滞，取得量总不如意，并且对陆军战备还作了某种程度的让步，因此，现在处于军需品及其他持久力方面未完备的状况。”①南进导致与美国开战的可能性极大，海军提出，仅以英国的远东殖民地为开战对象的战备就须 12 月以后才有可能完成，若要与美国开战则

---

① 日本大本营制订：《关于时局处理纲要的质疑应答资料》，《现代史资料 10 · 日中战争 3》，东京：美铃书房 1985 年版，第 498 页。

需很长时间。[①]而就南进的时机而言，海军认为此时并非有利。提出有利的时机为：“美国参加欧洲战争，介入东洋事态之余力很小之时”；或“英国败势已定，在东洋交战余力很小之时”；侵占英国（远东）领土，美国为援英而参战的可能性很小之时；帝国不以英国为直接目标，英美武力干预的可能性很小之时。此外，不得不武力南进的时机为：“美国断然全面禁运及第三国与之响应，为取得必需的物资而不得已时”；“美英协同对帝国施加压力之企图明了之时（如在太平洋方面英领内之要地交给美国使用之事实得到确认）”；“美英单方面采取直接威胁我生存的措施之时：菲律宾方面兵力显著增强、英在东洋之兵力显著增强等”，“帝国的威信上只得行使武力之时”。[②]海军的以上主张是基于对华战争国力消耗过大的认识，要求等待更为有利的时机，而有利时机未至并变得极为被动不利时，即下决心实施巨大军事冒险。这种冒险是一种毫无成算的决策，但对华战略的失败和侵略野心的驱使，使日本以后只有选择这种迅速走向败亡的冒险。

陆军则见充满希望的“桐工作”归于失败，海军又反对军备不足之时南进，经过一阵研究，也认识到立即南进的危险性，只得转而强调：“新秩序建设的重点要置于满洲及中国大陆，在此基础上向其他方面发展，这样才能收有终之果”，“迷惑于世界时局的剧变现象，忘却本体，在观念的世界新秩序的美名下，散漫地消耗国力，将危及邦家的前途”。[③]本来是适应南进喧嚣而再次上台的近卫首相也承认：“可以想像，（美国等）之所以用言辞恐吓，是因为看到日

① 日本大本营制订：《关于时局处理纲要的质疑应答资料》，《现代史资料 10 · 日中战争 3》，第 498 页。

② 同上，第 497—498 页。

③ 日本大本营陆军参谋部制订：《世界的变局与帝国之方途》拾部内第 3 号，1940 年 9 月。《近卫文麿公关系资料》，缩微胶卷，P4，F 之部，第 19—20 页。

本在中国事变中愈益忧于消耗战，国力显著被消耗战减弱。”[1]这一时期，近卫内阁虽然高喊要“建设大东亚共荣圈”，并与德意缔结了三国军事同盟，但由于“桐工作”失败，“事变的政治解决陷于绝望的境地”，[2]也不能不同意陆海军的意见。近卫本人一贯主张要将欧美势力驱逐出远东，上台伊始即策划了以南进为基调的政策方针，但他并未像第一次近卫声明发表前后那样持比军部更强硬的态度。其最主要的原因就是国力在对华战争中被“显著消耗”而失去弹性，对华战略的僵局仍在持续。

综上所述，日本发动全面侵华战争后，陆军主力陷入对华持久战，综合国力消耗巨大，尽管出现德意在欧洲发动大战并取得初战大胜的绝好南进机会，但由于背着对华战争这个沉重的包袱，其庞大的“大东亚新秩序”计划无法利用绝好时期全面推行，于是只得全力以赴地推出诱降蒋政权的“桐工作”，由于中国军民英勇顽强，坚持抗战，英美抑日援华政策逐步明确，蒋政权顶住了日本的军事进攻与政治诱降双管齐下的攻势，日本付出重大代价的“桐工作”只能归于失败。这对日本的东亚、西南太平洋总战略是一次沉重的打击，日本因此陷入无法从中国战场脱身也无法立即呼应德意的军事胜利而南进的窘境。由此可见，中国坚持持久抗战对世界反法西斯战争作出了极其重大的战略性贡献。

（原载于《“九一八”事变与近代中日关系史研究》，
中国社会科学文献出版社，2004年7月）

---

① 日本外务省档案，缩微胶卷，S591，S2100，《日德意同盟条约关系一件》，第436—437页。
② 日本防卫厅战史室编：《战史丛书·中国事变陆军作战》3，第296页。

欧战爆发后的日法谈判

1939年9月1日，德国向波兰发动全面进攻。9月3日，英法根据与波兰的安全保障条约向德国宣战，欧洲大战爆发。对此，日本新任首相阿部信行急忙于9月4日发表声明，宣称："帝国无意介入此次欧洲战争，将继续专向解决中国事变迈进。"[①] 日本自1936年8月策定南北并进的政策以来一直在窥伺英、法、荷在远东的殖民地，但在这一时期宣布无意介入欧战，但同时又逼迫法国与之谈判，时间断断续续约一年，其有何战略意图？本文拟运用部分新挖掘出来的原始档案史料对以上问题作一初步探讨。

一、欧战爆发后日本取"不介入方针"的战略意图

日本发动全面侵华战争后，将对华战争称为"序幕战"，将北进、南进，解决"苏英问题"即消灭苏联在远东的军事力量，驱逐英国等在远东的势力称为对东亚的"解放战"。[②] 其"东亚新秩序"既将英法等在远东的殖民地及远东苏领包含在其中。日本的战略决

① 日本防卫厅战史室编：《战史丛书·大本营陆军部》2，第2页。

② 日本外务省档案，缩微胶卷，S489，第2066—2068页。

策一贯有临机决定即投机取巧的特点，在此之前，日本虽然将北进置于战备的重点，但是先发动北进还是先发动南进，主要取决于何方时机先成熟。欧战爆发，一般说来，理应是日本筹划、发动南进的有利时机，但其宣布“不介入”，并在一段时期中确实无直接介入的计划，其主要原因在于深陷对华战争及与德国谈判失败。

但是，日本在这一时期采取的对欧战“不介入”的政策仅指暂不直接参战，其主旨是一面等待欧战的变化，一面利用“中立地位”向英、法、美等施展策略，以迫使各国的抑日援华政策发生有利于日本的变化，同时逐步全面展开包含西南太平洋地区的“东亚新秩序”政策。

首先，日本的“不介入”方针含有与英、法、美讨价还价，逐步迫使三国停止抑日援华，以加速解决“中国事变”的企图。日本在与德国谈判缔盟的过程中即明确认识到，背着中日持久战这个沉重的包袱，无法伙同德意以武力重新安排世界秩序。这一时期，日本认为：“中国事变”之所以难以解决，是因为各强国采取抑日援华政策，特别是美国“对日本的掣肘最大”。[①] 使美、英、苏改变抑日援华政策是这一时期日本的一项重大政策目标。欧战爆发，日本自知暂无力趁火打劫，于是宣布“不介入”，决定“最有效地利用帝国的中立地位，引导国际形势，以促进中国事变的处理”。[②] 日本指望所谓“中立地位”发挥尽可能大的作用，即英法为防止日本加入德意一方趁机夺取其远东殖民地而不得不在援华等问题上向日本作出让步，并逐步承认日本在远东的霸权。日本陆、海、外三相决定说得很清楚：对英法，“要利用帝国的中立地位，处理其在华权益”，

① 《对外施策方针要纲》，1939 年 12 月 28 日，日本陆、海、外三相会议决定，日本防卫厅战史室编：《战史丛书 · 大本营陆军部》2，第 10 页。

② 日本防卫厅战史室编：《战史丛书 · 大本营陆军部》2，第 8—10 页。

关于法领印度支那，要使之就向蒋政权输送军需品等问题接受我方要求。[①]对美，要将其视线转往欧战，阻止其对日实行经济制裁。[②]日本估计，使美国改变抑日援华政策最为困难，因此提出“英美可分”论强调先迫使英法让步，以此使美国随之只得缓和对日态度，同时还计划“佯装对苏接近，以有利于对美施策”。[③]

其次，日本的“不介入”方针也是日本包括西南太平洋地区的东亚新秩序政策的需要。日本南进的实施是以外交手段先行的。日本认为欧战爆发，为日本的南进外交提供了得以施展的机会。因此日本强调，在最有效地利用“中立地位”时，还要“酿成建设包含南方的东亚新秩序的有利形势”。[④]上述陆、海、外三相会议制定的文件决定：对英法，要利用“中立地位”索取报酬，“使之不得不逐步与帝国企图的东亚新秩序同调”。对法领印支，还要就通商关系、修正独占政策等问题接受日本的要求。[⑤]这样将有利于日本向印支扩张。对美，“为使我南洋对策容易实施，在必要之时，就防止战乱波及太平洋方面与美国达成政治谅解”。[⑥]对荷领印度，“要设法使我方易于进出（指扩张——笔者），当前，特别要设法获得我所需物资”。对泰国，要拉拢其“在文化上、经济上与我方紧密提携，同时在适当时机导致一定的政治谅解”。对德意，“要重视德、意两国与帝国在建设世界新秩序方面立场一致，继续特别是活用提携及友好关系”。[⑦]

在此，还必须看到，日本的“不介入方针”并未排除在一定条

---

① 日本防卫厅战史室编：《战史丛书·大本营陆军部》2，第8—10页。

② 同上。

③ 同上。

④《对外施策方针要纲》，1939年12月28日，日本陆、海、外三相会议决定，日本防卫厅战史室编：《战史丛书·大本营陆军部》2，第9—10页。

⑤ 同上。

⑥ 同上。

⑦ 同上。

件下武力介入的可能性。陆、海、外三省会议即强调，在利用“中立地位”之时，“要注视（欧洲）战局的变化及形势的急转，以不致丧失良机”。“帝国参战明显有利的时期到来之时，要特别处理。”[①]另外，利用“中立地位”无法使英、法、美等改变抑日援华政策之时，日本也是不会坚持“不介入”方针的。1940年3月22日，外相有田八郎在众议院回答议员质询时，进一步解释“不介入方针”的内容为：“与协助东亚新秩序者亲和，对反对者，先诱导其逐步与日本的新秩序协作，诱导无效时，当然要予以排斥。”[②]日本陆海军1940年度和1941年度对各国作战计划即规定在以上两种情况发生时断然以战争手段临之。

日本看到，前一段时期中，挑起天津租界事件与英国交涉时，英方已被迫作出重大让步，以后，英国在美国支持下转向强硬，一时难以进一步逼迫英继续退让，日本只得暂且忍耐。但东亚新秩序政策要求英、法、美等承认和服从日本对东亚的“指导”，不迫使英、法、美承认其东亚新秩序，日本是不会善罢甘休的。不过，日本深知，立即全面迫使各国承认其在东亚地区的“指导”地位极为困难，伺机寻找一个突破口就成了日本对欧美各国政策的一个重要方面。

二、日法谈判

欧战爆发后，日本决定尽快切断中国的西南国际通道，1939年10月4日，日本大本营发出了攻占南宁、切断广西方面补给线的作战命

① 《对外施策方针要纲》，1939年12月28日，日本陆、海、外三相会议决定，日本防卫厅战史室编：《战史丛书·大本营陆军部》2，第9—10、8—9页。

② 日本外务省档案，缩微胶卷，S558，第882页。

令，日本政府决定配合这一作战，将法国作为一个外交突破口，以逐步实现迫使各国停止援华，并接受日本的东亚新秩序的要求。

自上海会战至武汉、广东会战的一段较长时期中，日本外务省多次与法国谈判，要求在法属印支增设领事馆及禁止从印支向中国输送物资，禁止以铁矿输往日本以外国家。日泰航空联络线途经印支上空等。对此，法国在一个时期内均予以拒绝。1939 年 8 月 26 日，德苏订立互不侵犯条约，法国感到欧洲危机日益严重，对德战争已不可避免，因此决定向日本作出一些让步，以防止欧战爆发后日本趁机向法属印支发难。8 月底，法国政府通知日本，同意日本在法属印支新设一座领事馆、禁止输出印支铁矿、允许日泰航空途经印支上空。[①]对此，日本并不满足，决定利用欧战爆发之机逼迫法国作出进一步退让。

9 月 7 日，日本首相阿部信行接见法国驻日大使安黎时说：关于日法间各种悬案，“希望进一步协商”。[②]9 月 15 日，日本驻河内总领事往访法属印支总督代理，以讨价还价的口吻说：“在日本确定实行不介入欧洲战争的政策之时，法国应与此相适应，采取与日本妥协的政策。”[③]法国则看到，若强硬地加以拒绝，日本有可能趁火打劫，夺取法属印支，于是采取了缓和的方法，表示愿意协商，以拖延时间。

日本迫使法国商议所谓“日法悬案”，并于 11 月 24 日攻占南宁，用意首先是企图切断中国的西南国际通道，对此，中日两国的史书已有论述。但是，这并不是日本与法国谈判及发动桂南作战的

① 日本外务省、通商局、条约局合作制定，《关于对法领特别是法印关系的处理方法》，1939 年 10 月 27 日，日本外务省档案，缩微胶卷，S494，第 18 页。

② 同上，第 18—19 页。

③ 同上。

唯一目的。日本在公布“东亚新秩序”时，并未明言其范围，日本所说的“东亚”包含东北亚和东南亚，只要深入考察日本的东亚战略，就不难看到其“东亚新秩序”的范围有适时扩大的趋势。再看桂南作战，日军切断广西方面至法属印支的通道对切断中国西南国际通道并无决定性意义。中国与法属印支的通道干线——滇越铁道仍可继续运行，日军在计划攻占南宁、龙州时，并无攻占云南与法印交通要地的计划，中国仍可利用滇越铁道从法属印支输入大量抗战物资。因此可以说，日本发动桂南作战除切断中国的西南通道的一部分之外另有目的。日本政府说得很清楚：在远东之“法领地特别是法属印支在处理中国事变及建设东亚新秩序方面具有重大关系，有关问题要一举有利地解决”。[①]此即不但要迫使法国停止从印支向中国输送补给，而且还要迫使法国在经济上、政治上、军事上“修正排他性的政策”。[②]日本在欧战爆发后正式决定将英、法、荷等国在远东的殖民地纳入“东亚新秩序”之中，法属印支就难免首当其冲的命运了。

不过，这一时期欧洲战况不明，胜负未定，日本还不敢明目张胆地全面相逼。日本采取的是逐步推进的方法，首先要求法方禁止向中国输送物资，法远东殖民地放弃对日经济限制。为逼迫法方让步，日海军航空部队在桂南作战时借口边境线不明，侵入轰炸。法方感到事态严重，一面提出抗议，一面诘问日本在广西的军事行动是何目的。日本则由外相野村吉三郎出面与法驻日大使安黎谈判。

11 月 30 日，野村外相与安黎大使会谈，野村提出：“此际，法国应清算援华态度，禁止向蒋政权输送一切货物，并采取适当方

---

① 日本外务省、通商局、条约局合作制定，《关于对法领特别是法印关系的处理方法》，1939 年 10 月 27 日，日本外务省档案，缩微胶卷，S494，第 19 页。

② 日本防卫厅战史室编：《战史丛书 · 大本营陆军部》2，第 10 页。

法，使我方相信援蒋通道确已切断。”“另外，南洋及大洋洲方面的法领中存在各种反日的经济壁障”，应予除去。要求向河内派遣外交官一名、军事专家一名，以与法方“联络并恳谈”。[①] 对野村提出的以上广泛要求，安黎表示在请示本国政府之前难以作答。至 12 月 12 日，安黎根据政府训令对野村的要求作出回复，首先历数日本发动侵华战争以来违反国际法、侵犯法国在华权益的种种行为，指出两国商议的主旨应讨论这些问题。就向中国输送物资，安黎指出，“从国际法的见地说，不应招致任何非难”，并表示对日本多种要求予以满足后很快又生事端表示不满。[②]

对日本派遣军事专家赴河内的要求，法国极为警戒。早在 1938 年的多次交涉中，日本不断指责法印在输送援华物资，并要求禁止向中国输送军事补给，法方不断否认存在输送援华物资的事实存在，以此拒绝讨论日本的要求。日本于是乘机提出派遣视察团监视有无军事补给的输送，遭到拒绝。对日本这次转而提出派遣军事专家等要求，安黎表示：“派遣外交官及军官，其实质性利益如何，值得怀疑。”[③] 意即拒绝正式接受，但安黎为避免刺激日本又委婉地表示：没有理由拒绝外国人以个人资格到印支旅行。[④]

12 月 8 日，日本大本营陆军参谋部第二部长土桥勇逸少将抵达印支，与卡特尔总督会谈三天。土桥事前任第二十一军参谋长，临时调任，以个人身份前往，大本营意在探明法方的态度及对日妥协的限度，因此指示土桥“可随意与之谈判”。[⑤] 结果得到卡特尔总督

---

① 《各国对中国事变的态度 · 日法国交调整关系》，日本外务省档案，缩微胶卷，S494，第 8、14—15 页。

② 同上，第 38—40 页。

③ 同上，第 35—40 页。

④ 同上。

⑤ 日本防卫厅战史室编：《战史丛书 · 中国事变陆军作战》3，第 58 页。

的以下回答：一、今后只有约定不使援蒋物资通过，但是，即使我方作出约定，日方也不可信任，又会提出监视要地的要求，此将蹂躏法国的主权。二、与日本的经济协作可尽力进行。三、南宁日军在获取补给方面如有必要，不妨利用法方铁道。①这一回答看似在与日本妥协，实际上第一点是拒绝日本的要求，第二点无实际内容，第三点并非华南日军所必要。法方强调主权，日本切断这一国际通道，并向印支渗透其势力，以“打破法国独占”，推进“东亚新秩序”的企图一时难以得逞。

日本认为，不施加多方面的压力，法国是不会退让的。因此在与法国交涉的同时，大造舆论，向法方施加政治的、军事的压力。12 月 6 日，侵华日军上海情报部长发表声明，宣称：“日法间并无任何协定保证不轰炸云南铁道……云南在输送大量武器、军需品等，若不停止输送，将给以事前无警告轰炸。”②12 月 13 日，日本政府的喉舌同盟通信社故意混淆国际视听，称“土桥少将为日本与法印当局正式交涉由印支输送武器问题将往河内赴任”，③以弄假成真，迫使法方就此正式交涉。而法方一贯坚持说绝无武器弹药经印支输往中国，若同意与日方就此正式交涉即等于承认或默认，这无异于给日本在欲求得不到满足时以轰炸滇越铁道及向印支派遣军事监视团的口实。因此，安黎大使于 12 月 21 日与野村外相会谈时对此提出严重诘问，并以攻为守将会谈内容转向长江开放方面。

法国在这一时期的对日交涉中态度远比天津英租界事件中的英国坚定，其原因主要是得到了美英的支持。这时，美英正在着着推

---

① 日本防卫厅战史室编：《战史丛书 · 中国事变陆军作战》3，第 59 页。

② 《驻日安黎大使与野村外务大臣会谈录》，1939 年 12 月 21 日，日本外务省档案，缩微胶卷，S494，第 52—54 页。

③ 同上。

进抑日援华政策，中国西南国际通道对这一政策的推行具有极其重大的战略意义。另外，美国的大批商人正是利用这一通道与中国交易，获取着巨大的商业利益。向日本妥协，限制甚至关闭这条通道，是美国的政策及利益均不能相容的，而且英国也不愿看到日本利用欧战，以法属印支为突破口，推进南进政策，因此暗中支持法国，法国在政治、经济、军事上依赖美英，因此宁可冒遭到日军进攻的风险，也不敢以与日本妥协来保住自己在印支的部分权益。

日本见经过数月谈判毫无收获，行使武力的时机又未成熟，侵华日军也无力向云南发动攻势，于是决定以航空部队正式轰炸滇越铁道。12月30日，日军高雄航空队轰炸机12架对中国境内的滇越铁道、铁桥、列车实施轰炸。[①]1940年1月1日起日军又增派第三联合航空队对上述目标实施轰炸。日军轰炸机几乎日日出动，持续轰炸，至2月19日方暂时停止。

对日军的肆意轰炸，法驻日大使安黎奉政府训令于1月4日向日本外务省递交一份抗议书，5日，安黎面见野村外相，手交一份照会，再次表示抗议，指出：滇越铁道"完全由法兰西资本兴建，该铁道为法国商社之财产"，不能容忍日本轰炸。[②]对此，日本不予理睬，继续狂轰滥炸。日本政府的目的是迫使法国在输送援华物资及日本势力进入法领方面作出重大让步，日本陆军中央则从对华战争考虑，提出：目前，"至少要使法国承认日英间谅解的一般原则，[③]以此阻止经法印输送援蒋物资"。[④]

面对日军日复一日的轰炸，法国并未屈服。1月8日，法国向日

---

① 日方称派出12架，法抗议书中则指出日机数为27架。日本外务省档案，S494，第70页。

② 《法国就轰炸云南铁道向帝国政府提出抗议之件》，日本外务省档案，缩微胶卷，S494，第69—71页。

③ 即天津英租界事件中，英国被迫"完全承认大规模战争行为正在中国进行的现实事态"。

④ 日本防卫厅史室编：《战史丛书·中国事变陆军作战》3，第91页。

本政府提出严重抗议，作出毫不退让的姿势。为支持法国顶住日本咄咄逼人的气势，美国于1月21日就日军轰炸滇越铁道向日本政府提出抗议，表示美国政府绝不能默认日军的轰炸而造成的美国人生命财产的损失。此后，美法两国因日军轰炸不止而不断向日本提出抗议。英国也于2月21日向日本政府提出抗议。

日本见持续近50天的轰炸，不但未见法国有妥协的征兆，而且还招致各国的强烈抗议，感到暂时无法向各国发难，只得赶紧收场。2月20日，日本向法方伪称：日军的轰炸属误炸，表示准备向死难者支付抚恤金。[①]接着又向美英作出类似答复，并不敢向二国提出停止援华的要求。此后，日法交涉的地点移往巴黎，日本继续向法方提出前述无理要求，法方则谴责日本轰炸滇越铁道，双方很快即僵持不下。3月21日，谈判事实上中止。至此，日本的这一轮"不介入"方针下的对法交涉一无所获，日本不但无法向法属印支扩张，而且途经法属印支的援华物资仍然大量输往中国，据日本情报统计，"南宁通道切断后，云南铁道的输送量为以往的二倍"。[②]

三、欧战剧变与日军进驻印支北部

就在日本束手无策之时，欧洲战局急转直下。1940年5月10日，德国以"闪电战"侵入西欧，很快即对法国发动猛烈攻势，仅余月时间内，法国即继荷兰、比利时之后宣布投降。欧洲战局的剧变，使日本兴奋异常，决定抓住"千载一遇"的良机，加紧筹划南

---

① 日本防卫厅史室编：《战史丛书·中国事变陆军作战》3，第91页。
② 同上，第90页。

进，首先解决“法属印支问题”，再次成为日本为政者的紧急议题。

6月1日，大本营参谋部制订《利导法国之事变处理要领》，提出：法国须“自动停止援蒋行为”，若不停止，“帝国决意以实力进一步彻底切断两国补给联络线”。[①]就具体方法，该文件提出：法国与帝国就此协作时，法国应将印支北部的东京州卖给日本，法国若不承诺时，“帝国以更强硬的态度要求允许我国军队通过东京州内”，并“使之承认帝国军队往来通过东京州时，有（驻扎）管理补给的权利”。[②]为向法方施加压力，日军加紧轰炸滇越通道。

这时，法国正遭受德军的猛烈进攻，对日态度软化。6月4日，安黎大使与日本外务次官谷正之会谈时，对日本就停止援华、远东各地法领与日本实施“协作”的要求，表示“只要停止轰炸滇越线，就容易协议”。[③]6月18日，即法军战线已全面崩溃而无法挽回之时，安黎大使慌忙主动挂电话通知日本外务省编：“法印已停止输华物资中武器、弹药、卡车、汽油的输送。”[④]对此，谷正之于次日进一步提出强硬要求：须至急停止向蒋政权输送以上物资之外的各种燃料、铁道材料之类，并“由帝国派遣相当数量的军事专家随时实地视察停止输送上述物资的情况”。[⑤]日本趁火打劫，步步进逼，法国苦于自身瘫痪，无力抵抗，只得妥协。6月20日，安黎通知谷正之：法属印支决定全面封闭中越边境，准许日本军事专家入境视察停止输送情况。

封闭滇越通道是日本解决“中国事变”的需要，也是日本向法属印支渗透并逐步加以控制的借口。因此，日本基于南进政策是不

---

① 《现代史资料10·日中战争3》，东京：美铃书房1978年版，第365页。
② 同上，第365页。
③ 同上，第366页。
④ 同上。
⑤ 同上，第365页。

会满足于仅实现封锁滇越通道的。6月22日，法国投降。日本大本营立即决定增加对法属印支的要求。同日，大本营陆军参谋总长训令即将赴法属印支的西原监视团："要尽快使法方同意日军在法印境内有通过军队和使用飞机场的权利。"[①]次日，大本营陆军部冈田作战课长通知西原监视团：以上训令为监视团的主要任务，要在6月29日之前实现，"总之，不惜行使实力"。[②]法方看到，若同意日本的上述要求，日本必然借口保护交通线、机场等进一步在印支驻扎军队，法方的权益最终将被全部剥夺。因此尽力推诿。不过，日本内部这时就应趁机向法印提出何等程度的要求及何时行使武力意见不一，法方于是得以挨过一段时间。

日本大本营看到，时局有利于不断扩大对法要求，为统一内部意见，于7月7日制订《利导法国方策》，提出："要促使法国要求帝国保护远东法领、舰船及其他权益"，并订立日法攻守同盟。"在昆明作战时，使法印军队协同帝国军队实施对蒋作战"；"在上海租界诱发法、意军队向英军开战，解除英军武装，以解决租界问题"。[③]陆军省则提出补充意见，要求将远东法领纳入东亚自给圈。[④]7月中旬，内阁陆、海、外三省会议采纳了上述意见，决定"要使法国协助帝国建设东亚新秩序，及解决中国事变"。[⑤]此后，日本据此向法方强提各种要求。

8月底，陆海军中央经研究后认定，南进的有利时机之一是不以

① 日本防卫厅战史室编：《战史丛书 · 中国事变陆军作战》3，第265页。
② 同上。
③ 《现代史资料10 · 日中战争3》，第367页。
④ 同上，第368页。
⑤ 同上。

英美为战争对象，夺取法国等远东殖民地而英美不予干涉之时。[①]武力进驻法印北部，正是试探英美反应的一次机会。但日本尚未来得及就是否武力进驻统一认识，法方又不断作出了让步。

法国这时虽已向德意投降，但并不情愿将远东领地交由日本任意宰割，也不愿作为日本的傀儡在远东地区对中英宣战。因此对日本的要求采取了半推半就的态度，暗示法国难以向中国等宣战，[②]表示在军事上可为日军通过提供方便，但范围限于沿中国边境的地区，应严格限制为作战上的必要，不具有军事占领的性质。经济上可给日本以第三国以上的优越地位。以上须以保证法国的领有权为前提。[③]而这时日本已决定占据印支北部以利于以后逐步控制整个印支，用以作为南进的基地，因此对法方的哀求不予理睬。

但是，驻河内的西原监督机关长并未理解军中央、政府的对法印方针在不断发生变化，仍依据赴法印之初得到的指示与法方交涉。9月4日，法印陆军司令马尔丁与日本驻河内监督机关长西原签署《为成立日本、法属印度支那军事协定的基础事项》，就日军通过、三座机场的使用及“必要”的警备兵力数量作了规定。这个文件并未承认日军有无限期的驻兵权，仅承认对云南作战“必要”之时的军事利用，且日军驻扎范围将受到限制，日后也难以作为向印支南部推进的借口，因此，参谋本部认为这个协定“过分让步”。[④]桂南日军也不赞成这个协定，于9月6日遣第五师团的一个大队侵入同登地区。

---

① 1940年8月1日，松冈外相与安黎大使会谈记录，《现代史资料10·日中战争3》，第369页。

② 同上。

③ 1940年8月29日，《关于法印问题之法大使来函修正案译文》，《现代史资料10·日中战争3》，第383—384页。

④《现代史资料10·日中战争3》，第288页。

此时，法方只得再次妥协。9月9日，安黎往访松冈，表示："承认日本对法印的军事要求"，"法印协助日本建设东亚新秩序"，哀求日本"尊重法印的领土主权"。[①]而日本这时已不愿向法方作出任何保证，以免日后成为侵吞印支的障碍。为制造武力进驻的借口，日方漫天加价，要求进驻兵力增加五倍，驻扎范围包括河内及其周围地区，使用机场增至五座。[②]对此，法方竟于9月22日全面接受。双方约定日军于9月23日零时开始进驻。但桂南日军蓄意自由进驻，遂提前进攻谅山及同登地区，法军于25日放弃抵抗，宣布投降。26日，日本印支派遣军由海路强行登陆。日军的自由进驻，使法方以后无法根据协议限制日军，日军从而控制了印支北部，迈出了"对南方作战的第一步"。[③]

这一时期，日本还乘机胁迫荷印当局接受其无理要求。1940年5月10日夜，即德军入侵西欧的同日夜，英法海军陆战队进驻荷印，以防止荷兰被德军占领后荷印遭受日本的进攻。对此，日本海军立即决定针锋相对，于14日命令第四舰队驶往荷印沿岸示威。日本政府这时首先担心的是德国将荷印作为战利品，因此于5月11日由有田外相向各国驻日使节提出维持荷印现状的要求。德国为鼓励日本南进，于5月22日作出正式回答，表示：德国对荷印毫无兴趣，日本见得到德国的默许，深受鼓舞，决定进一步向荷印施加压力。5月20日，有田外相向荷驻日公使巴布斯特提出一份清单，"要求确实约定无论将来发生何种事态都须向日本输出"：每年，锡3000吨、橡胶2万吨、铝土矿石20万吨、石油100万吨、镍矿石15万吨、锰矿

---

① 《现代史资料10·日中战争3》，第38页。

② 日本防卫厅战史室编：《战史丛书·中国事变陆军作战》3，第288页。

③ 日本防卫厅战史室编：《战史丛书·中国事变陆军作战》2，第76页。

石5万吨、钨1000吨、屑铁10万吨、铬铣铁5000吨、工业盐10万吨、钼1000吨等。[①]荷方被迫接受。

与此同时，日本再将矛头对准英国。6月14日，巴黎沦陷，法国准备投降。英军在敦刻尔克大撤退后，士气低落，接着即要单独对付德意的进攻。日本见逼迫英国退让的有利时机已到，于是首先由大本营陆军参谋部第二部长土桥少将于6月19日向英国大使馆武官尼柯拉斯上校施以威胁，称：只有立即封闭缅甸、香港与中国的边境才是避免日本宣战的唯一方法。[②]外务省同时发难，强硬要求英国迅速禁止由中缅通道及香港向中国输送物资。[③]英方回答，香港方面早已停止输送，缅甸方面暴雨不断，输送量极少。日本已不由分说，继续向英国施加压力，英国这时忙于布置防守本土，对日本是否会在远东动武难以作出准确判断，一时屈服于日本，于7月12日宣布自7月18日始，封闭滇缅通道三个月。

日本在战略上陷于困境之时，借助德国一时的军事大胜，对法、荷、英施以逼迫外交，获得重大进展。但在东亚、西太平洋战略的关键方面，即解决“中国事变”方面却毫无进展，而且，咄咄逼人的南进姿势使日美矛盾愈益深刻化，美国由此进一步加强了抑日援华措施。1940年7月26日，美国宣布对废铁及航空汽油的输出实行签证控制。9月26日进一步宣布除西半球各国及英国之外，禁止向其他国家输出一切废钢铁，同时宣布向中国追加贷款2500万美元。美国的这些措施给日本以极大的战略性打击，英国在美国的支

---

① 日本防卫厅战史室编：《战史丛书 · 中国事变陆军作战》2，第233页。

② 日本防卫厅战史室编：《战史丛书 · 中国事变陆军作战》3，第266—267页。

③ 同上。

持下转变了对日妥协的态度，于10月8日宣布重新开放滇缅公路。接着，英国及其各自治领采取了限制向日本输出战略物资的措施。至此，日本“不介入”方针下的对法、荷、英的逼迫外交不但未能改善其战略处境，而且加速了自身战略危机的发展。

（原载于《湖南大学学报》2006年第1期）

从“追随外交”到“大国外交”
——战后日本外交的阶段性变化

战后以来，日本半个世纪的外交表现出极大的阶段性，这种变化主要是日本自身的国际地位和综合国力所决定的，也是受国际关系制约而产生的。考察这一时期的日本外交，必须注意其在各个时期的特点，并分析其不断变化的原因。本文认为，这半个世纪日本外交的阶段性变化，主要出现了追随外交、协调外交、大国外交三种形态，其外交目标亦因外交阶段的不同而有很大的变化。下面就此作一初步探讨。

一、追随外交

追随外交曾是近代日本在国际地位低下、国力贫弱的条件下实施明治维新，力图“脱亚入欧”，成为列强一员而选择的对外政策。一旦类似的国内外条件再次出现，日本仍将作出这种选择。战后，日本因战败投降，在美军的控制下，不得不接受来自美国的指令。同时，因长时期的对外战争，国民经济崩溃，这亦迫使日本不得不进一步依赖美国。因此，追随外交在新的历史条件下再次展开。

在这一轮的追随外交时期，日本为自保和逐步恢复其经济和国际地位，确立了追随和攀附美国、优先发展经济的策略。在美国的袒护下，日本对外实现了“片面媾和”，与美国签订了安保条约并于1956年底加入联合国，从而重返国际社会。同时，日本还躲过了大量战争赔款，并展开“经济外交”，以些许赔偿为手段，再次打入东南亚市场。

在国际政治方面，日本亦采取了追随美国的政策。为适应美国全球反共政策的需要，朝鲜战争时期，日本对美韩在外交上支持，军事上辅助，并获得生产大量“特需”的利益。1965年6月，日韩签署了《日韩条约》用以加强亚洲的反共体制。在越战期间，佐藤内阁更是在军事、外交方面全面支持美国。不过，自20世纪60年代末始，国际形势开始发生重大变化，其外交逐步转向与美国协调的方面。

不可忽视的是，在这个历史阶段，日本的追随外交亦含有争取自主的成分。战后初期，吉田茂内阁在外交政策上制定了通商战略，其主旨是对内优先发展经济；对外，在政治上依靠美国，在经济上谋求与各国的贸易。目标是实现“轻兵富国”，并加入西方阵营，获得与各西方国家平等的地位。这就是说，日本一方面依赖美国，另一方面则在谋求自主和对等。1954年底，鸠山内阁成立伊始，即确定自主外交是其三大政策目标之一，该内阁深知旧金山条约签订不久，依附美国还是一个难以摆脱的现实，因此决定其自主外交以不拉开与美国既有的距离为前提，通过发展与其他国家的双边关系逐步争取外交的自主。军事力量历来就是自主与对等的有力后盾，鸠山一郎内阁即主张修改宪法第九条，以在法律上认定行使战争的权利以及重新武装的必要性。这一主张虽因在野党和国民的坚决反对而未实现，但它反映了旧金山片面媾和条约签订后日本政府急欲争取与各国对等地位的意图。接着，日本为减少日美安保条约对苏联的刺激，争取苏联支持其加入联合国，于1956年10月与苏联恢复邦交，苏联则表示不反对日本回到国际社会。12月，日本加入联合国，迈出了争取实现与美欧等国平等的重要一步。

为进一步提高国际地位，岸信介内阁积极与美国协商修改日美间的安保条约。1960年1月19日，日美两国签署了《日本与美利坚合众国合作及安全保障条约》，即“新安保条约”。尽管这次修改安保条约，日本只是在表面上实现了与美国的平等，但仍有利于日本在国际上提高地位，并有利于以后实现与美国对等的目标。

经济外交是国内经济高速增长的需要，也是争取与美国对等的一个重要手段。1957年日本政府正式提出经济外交的方针，并将这一方针和“与亚洲国家善邻友好”、“调整对美关系”并列为日本外交相互联系的三大课题，即以经济外交一面改善与亚洲各国的关系，一面吸收亚洲各国的资源，占据亚洲市场，促进国内经济的发展。与亚洲各国关系的改善和国内经济的发展必然提高日本的国际地位，这又有利于推动日美关系的调整。而日美关系的不断调整，结果将是双方合作关系的加强，有利于日本争取与美国的对等地位。池田勇人组阁后，提出“国民收入倍增计划”，目标是10年之内（1960—1970）使GNP（国民收入）增长6倍。这一计划需要进一步扩大海外市场。因此，池田在极力扩大对美和对东南亚贸易的同时，历访西欧各国，大力开展对西欧的经济外交，打开了西欧市场。海外市场的扩大，加速了日本国内经济的高速增长，同时也提高了日本的国际地位，使美国不能不考虑将日本作为一个对等伙伴的问题。可以说，经济外交是战败后日本的一种合理的外交选择，它一开始就走向了成功的方向。

二、协调外交

协调外交是诸强国之间力量大致形成均衡时期的产物，不但战前如此，战后亦如此。自20世纪60年代末始，国际格局开始发生重大变化，出现了多极化趋向。日本与西欧经济迅速崛起，对美国的经济优势形成挑战，特别是日本，在60年代末一举成为资本主义世界中第二位的经济大国。与此同时，非洲一批小国相继宣布独立，在国际舞台上逐渐成为一支不容忽视的力量，对美国的霸权形成新的牵制；OPEC（石油输出国组织）于1973年宣布大幅度提高石油价格，第一次石油危机爆发，世界经济陷入长期低迷状态；苏联继续实施其政治、军事挑战；美国则在越南战争中长期消耗，力量相对削弱。在这种情况下，美国对维护自己的霸权已感到力不从心。因此，美国不得不寻求“责任分担”和多国协调。1975年首次召开的西方七国首脑会议，可以说是多极化趋势条件下资本主义世界国际协调开始形成的标志。

这一时期，日本恢复了在冲绳的施政权，并逐渐建立了对美平等伙伴关系。1976年，日本防卫费倍增的第四次防卫计划完成，由此拥有世界上屈指可数的庞大的非核武装力量。通过扩大防卫力量，日本成为美国在亚洲重要的军事伙伴。经济大国的地位和其拥有的庞大军事力量，使日本的国际地位不断上升，日美关系由日本对美国的依赖逐步转向相互依存。

但是，相互协调和相互依存并不能取代日美间的利益差异。为尽快打开中国市场，1972年9月，日本抢在美国的前面与中国恢复了邦交。1973年第一次石油危机发生，日本从自身利益出发，采取了有异于美国的外交政策，保持了与中东国家的正常关系。1979年继发生第二次石油危机，日本再次采取了与美国不同的立场，在制裁伊朗等问题上对美国不予明确支持。

随着美国在全球的地位不断削弱，日本作为经济大国的重要性日益突出起来。日本看到了这点，佐藤荣作内阁利用美国的需要，巧妙地将外交与加强日美同盟结合在一起，通过与美国的协调，初步实现了在亚太地区与美国的“责任分担”，日本由此成为美国在亚太地区的一个基本平等合作的伙伴，从而迎来了佐藤内阁自称的“太平洋新时代”。70年代末，苏联在全球采取了大规模的攻势策略，国际局势尤其是印度支那、中东地区局势动荡不安。更有甚者，1979年，苏联突然入侵阿富汗，激发了美苏“新冷战”。在这种情况下，美国不得不进一步寻求与各盟国的协调。面对紧张的国际局势和“责任分担”的进一步要求，大平正芳内阁（1978年12月—1980年6月）提出了“综合安全保障战略”，提出在确保经济安全的同时，首次将日本定义为“西方的一员”，表明要努力扩大日本在国际安全方面的作用，使日本成为西方全球战略防卫中的重要一环。

日本谋求在国际安全方面发挥影响和作用的政策在中曾根康弘内阁（1982年12月—1987年11月）时期有了进一步发展。中曾根在任期间，提出了“国际国家”这一以国际权利为指向的外交目标，其内容是继与苏联对抗的美欧二极之后成为新的一极，使日本加入到国际运营者的行列。为实现这一目标，中曾根内阁将加强军事力量置于前所未有的重要位置，军费开支突破了GNP 1%的限额。不过，这一时期，日本还不敢与苏联进行军事对抗，美欧也没有认定其作为一极的重要地位，美国更只是将其作为“不沉的航空母舰”而加以利用。

综观这一时期日本的外交政策，可以看到，随着国力的提高，日本在逐步提升外交政策目标，并在不断寻求外交政策的转换，从佐藤内阁的“太平洋新时代”、大平内阁的“西方一员”，到中曾根内阁的“国际国家”，表明日本逐步摆脱了战败的阴影，不但重新回到了国际社会，而且作为西方国家群体中的重要一员，发挥着越来越重要的作用。虽然其谋求提升自身国际地位的努力还颇费周折，但其由经济大国迈向政治大国的倾向已开始显露出来。

日本在不同历史时期推行的协调外交虽然以协调为主，但其中亦含有超越协调的因素。这种超越协调的因素是随着综合国力的加强及国际地位的提高而出现的。应该看到，战后日本经过民主改革，国家性质已有了巨大的变化，通商成为日本对外政策的主题。经过经济高速增长后，日本的国力空前增强，国际地位亦迅速提高，保护国内的工农业并进一步扩大海外市场成为日本极力追求的一个最重要的目标，这就与美国及西欧的世界通商政策发生了冲突。到 80 年代，双方贸易摩擦尤其是日美贸易摩擦愈演愈烈。虽然每次激烈的冲突都以双方相互妥协而避开决裂，但冲突的根源并没有消除，日本在外交上超越协调的因素亦日益明显。

三、大国外交

应该说，大国外交并不是仅指推行霸权的外交，在一定条件下，它可能是追求或维持与各大国并立的外交，20 世纪 90 年代初冷战体制瓦解后日本的大国外交就是这种类型。1989 年东欧剧变，1990 年两德统一、华约解散，1991 年苏联解体，两级体制彻底瓦解，战后延续了 50 余年的冷战宣告结束。至此，旧有的国际秩序不复存在，新的国际秩序却尚未形成，国际秩序处于一种不确定的流动状态之中。冷战后国际政治出现了权力真空，日本以自身庞大的经济实力和不容忽视的军事力量为后盾推出了大国外交。1990 年 1

月9日，海部首相致信布什总统，提出“必须以美、日、欧三极为主导形成世界新秩序”，1990年外务省次官栗山尚义一具体提出冷战体制瓦解后的国际秩序应以美、欧、日5：5：3的力量结构为基础。在此，日本将扩大在全球的影响力，构筑美、欧、日三级主导的世界秩序确定为对外政策中的一个重要目标。

这一时期，日本愈益重视亚洲，期望在建立亚太区域合作和亚太安全体制的过程中起主导作用，并且拟将亚洲作为影响世界的基地。此外，日本还提出以联合国为中心的外交政策，期望利用联合国这一多边组织的合法性谋求扩大日本对国际事务的影响力。为此，日本加快了争当联合国安理会常任理事国的步伐。不过，日本的这些政策和行动是以与美国的关系为基础的，不能不受到美国的影响和限制。

为使其大国外交拥有强固的国际支柱，1996年4月，日本与美国修订了日美安保条约，明确规定两国在亚太地区实行密切的军事合作，并对日美关系作了重新定义，认定日美关系是亚太地区乃至整个世界最重要的关系，并且表明要使日美双边同盟广泛适应于世界，以发挥更大的国际作用。可以说，日本正在利用日美同盟这一世界上最强大的力量组合谋求在冷战后的世界中占据更为有利的大国地位，日本的大国外交已全面展开。

值得注意的是，日本的这一轮大国外交亦含有伙同美国干涉他国内政、以“支援美军后方”的方式协助美国发动对外战争的内容，如日美防卫新指针事实上明确地将包括朝鲜半岛在内的远东地区等划入“防卫范围”，同时也没有表示将中国的台湾海峡排除在日美“防卫”范围之外。这对中国的对台政策及外交战略不能不产生牵制作用。换言之，日本通过与美同盟，可不断提升自己的国际地位，逐步成为政治大国和军事大国；而中国等则因日美军事同盟的威胁而受到抑制。日本的大国外交与其参与建立并主导国际新秩序的目标相辅相成，大国目标的实现，有利于在国际新秩序中占据主导地位，而参与建立并主导国际新秩序则有利于加速成为政治及军事大国。

另外，90年代以来，日本的外交文件中亦出现了一些战前军国主义时期的常用语。如：关于伺机采取军事行动的“远东有事之时”、“5：5：3”的国际秩序比例要求、关于启动军事同盟，发动对外战争的“先发制人”等等，这些极易令世人回想起近代日本的对外侵略扩张。

不过，从现在至21世纪的一个时期内，因本身利益的需要及宪法和国内外因素的制约，日本还不会积极地以军事手段支持美国在远东地区发动大规模战争。就日方的外交目标而言，日美防卫新指针的用意主要是通过加强威慑力量来突出日本的重要性，提高日本的国际地位，以有利于实现其大国外交的目标。因此，日本学界普遍认为日美防卫新指针的军事行动目标是指向朝鲜，并不会针对中国。这种观点虽不完全正确，但它指出了日本在一个较长时期内对外军事行动的限度。为防止无条件地卷入远东地区因美军干涉突发事件而引起的战争，日本政府要求发动日美防卫新指针有关“支援美军后方”的条款时应“事前协议”，即日本认定损失小、利益大时才会同意支援战事中的美军后方。

纵观战后日本的大国外交，不难发现其是含有一定兼容性的世界大国政策，这有异于战前排他性的大国外交。其主旨是在政治、军事等方面与美国紧密合作，建立冷战后亚太地区国际新秩序，并与美国共同主导这一国际新秩序，日美将两者同盟的“防卫”范围扩大至整个亚太地区，明显含有抑制中国的意图。同时，日本还欲将日美同盟广泛运用于世界，以使日本在确保通商利益的同时，在国际上发挥更大的多方面的作用。

战后日本的大国外交起步不久，目前正在展开。日本的大国外交向何处去？这是国际上普遍关心的问题。本文在此只能以战后以来日本外交中的若干重要问题为线索，揭示日本外交的阶段性变化，指出其大国外交的目标和影响。

（原载于《1999年日本政治外交国际学术讨论会论文集》，
世界知识出版社，2000年10月）

日文篇

満州事変期における日本対東アジア政戦略の変遷

はじめに

日中学界ではいずれも、満州事変の主要原因につき、一九二九年から三三年にかけての世界経済危機の中で日本経済が深刻な打撃を受け、工業生産、対外貿易が激減し、国内の様々な矛盾が激化したため、「東方会議」以来の満蒙分離の方針が実施に移されることになったのであると一般に考えられている。両国の研究者の間には、日本の政府と軍部の関係やその作用といった点について見解の相違はあるが、事変発生の根本原因については大きな相違はないように思われる。もとよりこうした見解は正確ではあるが、さらに分析を進めるためには、日本の東アジア政戦略構想とそれに密接に関連している総力戦理論をも考察する必要があるように思われる。本稿においては、日本の対東アジア政戦略における満州事変の意味、満州事変以後の対東アジ政戦略目標の変化及び総力戦理論における満州国経済の意義を、日本の対東アジア政戦略の史的展開の中で位置づけるとともに、さらに、事変以後の国際環境と外交方針の関連にも着眼して、そうした諸問題の、当時の対外関係の中での位相の解明を試みたい。

事変後の対東アジア政戦略の変遷を考察する前にその背景として明治以来のそれがどのように展開してきたのか、第一章で簡単で概観しておいた上で、第二章では総力戦構想の史的展開を瞥見しつつ、、総力戦構想の見地から満州事変の動因を考察するとともに、事変への政府の初期対応を考察し、さらに第三章において、それが、どのように外交方針の重大な転換、そして、新たな対東アジア政戦略目標の確立として帰結していったか、その過程を考察したい。第四章では、満州国育成、総力戦体制及び対外関係の視点から熱河作戦の意味を考察するとともに、満州国経営の諸政策がいかに総力戦遂行、ひいては日本の対東アジア政戦略の目的に奉仕すべく策定、実施されたか解明していくことにする。

一、対東アジアは覇権思想の系譜

日本がアジアにおいて覇権を樹立しようとする思想的淵源は古くにさかのぼることができる。早くも日清戦争に際し、一八九五年四月、陸軍大臣山県有朋は天皇に上奏し、「今回ノ戦勝ヲシテ其の功ヲ空フセシメス進ンテ東洋ノ盟主トナラント」[①]すると主張していた。北清事変に際し、各列強が共同出兵した時には日本は出兵への参加を「東邦の覇権を掌握するの端緒」[②]であると捉えていた。日露戦争後、山県は軍の一部の意見をまとめ、一九〇六年一〇月、「帝国国防方針案」を策定、天皇に上奏、日本は日露戦争での

---

① 大山梓編:『山県有朋意見書』、原書房、東京、1966年、231頁。
② 徳富蘇峰:『公爵桂太郎伝』、原書房、東京、1967年、894頁。

「曠古ノ大捷ハ頓ニ宇内ノ形勢ヲ一変シ東洋平和ノ担保ハ実ニ陛下掌握ノ中ニ存ス」とし、中国において各国に優越した地位を獲得し、場合により武力を行使し、華南さらに北京を軍事的に占領して、華南の権益を獲得し、「雄ヲ極東ニ振フ」[①]ことを進言した。しかし、国情と世界情勢を分析した上で、直ちに東アジアに覇権を樹立する戦略を決定するのは時機尚早であるとし、一九〇七年四月、参謀本部、軍令部は新たに「日本帝国ノ国防方針」を制定して、「世界ノ多方面ニ向テ経営セサル可カラス……満州及韓国ニ扶植シタル利権ト、亜細亜ノ南方並太平洋ノ彼岸ニ皇張シツツアル民力ノ発展トヲ擁護スルハ勿論、益々之ヲ拡張スル」とし、また、「我国権ヲ侵害セルトスル国ニ対シ少クモ東亜ニ在リテハ攻勢ヲ取リ得ル如クスルヲ要ス」と定めた。[②]東アジアへの勢力拡張の重点は「攻勢」によって朝鮮を併呑し、満州を支配することにあると考えたのである。

また、軍部はこの対外拡張の過程において、ロシア、アメリカ、フランスと衝突することになると考え、この三国を仮想敵国とし、三国に対する戦備の強化を強調した[③]。政府は、朝鮮を占有し、満州の特殊権益を獲得したことによって、東アジアの形勢が大いに変化し、日本が大陸に更に歩を進め、優勢な地位を確立することが至極有利になったとする一方、しかし、経済上、また軍事上、なお米英への依存から脱却することはできず、日露戦争の勝利は天

① 大山梓編:『三県有朋意見書』、296、299—300頁。

② 島貫武治:「日露戦争以後における国防方針、所要兵力、用兵綱領の変遷」上、『軍事史学』第八巻、第四号（1973年3月)、但し、北岡伸一:『日本陸軍と大陸政策』（東京大学出版会、1978年）より転引、12—13頁。防衛庁戦史室編:『戦史叢書・大本営陸軍部』第一巻、159—160頁。

③ 角田順:『満州問題と国防方針』、原書房、東京、1979年、705—706頁。

佑であったと考えざるを得ず[①]、ロシアの軍事力はなお軽視することはできない、したがって、東アジアにおいて覇権樹立のための政戦略を積極的に採るには至らなかったのである。一九〇八年九月二五日、閣議において「対外政策方針」が決定され、「日英同盟ハ帝国外交ノ骨髄タリ」とし、満州に関し、ロシアとは「互ニ共同妥協」、アメリカについては「日米永遠ノ和親ヲ維持スル」必要、また清国に対しては「帝国ハ列国ニ共通ナル事項ニ関シテハ列国ト共同シテ同一歩調」を採ることを強調しつつ、その一方、「満州ニ於ケル我特種ノ地位」をも強調し、政治上、経済上、南満を独占し、中国における「優勢ナル地位」を確立しなければならないとした。[②]これは正に満州を制御し、侵略占領と画策した日本の政略の起点であると言ってよかろう。

辛亥革命勃発後、日本は「満州独立運動」によって満蒙の植民地化を図った[③]が、中国の革命情勢の急速な展開と英米等列国の牽制によって、失敗に帰した。それによって、かえって軍政当局に対し、速やかに東アジアに覇権を樹立しようとする政戦略の策定が献策され、要求されることになったのである。一九一三年九月、「対支同志連合会」は政府に上申して、武力による「満蒙問題」の「根本的解決」を主張し、「大陸ニ於ケル勢力圏ヲ確立、政治的実力ヲ完整シ、支那指導ノ実ヲ挙ゲ」[④]ることを要求した。一九一四年二月、筑紫陸軍少将は陸軍省に「帝国中華民国兵器同盟案」を提出、

---

① 日本防衛庁戦史室編:『戦史叢書・大本営陸軍部』第一巻、朝雲新聞社、1976年、東京、126頁。
② 日本外務省編:『日本外交年表竝主要文書』、原書房、東京、1965年、上巻、305—307頁。
③ 俞辛焞:『孫文の革命運動と日本』、六興出版、東京、1987年、178—180頁。
④ 日本外務省編:『日本外交文書・大正二年』第二巻、日本外務省出版、東京、1964年、1084頁。

「東洋平和ノ覇権ハ帝国ノ自任シテ掌握スル」ことを求め、「平和ノ覇権ヲ確実ニ掌握スルノ手段ヲ講セサルヘカラス増師団固ヨリ急務ナリ中華民国ト兵器同盟ノ密約ヲ締結スルノ議亦之ト相譲ラサル焦眉ノ提案」であり、そして「支那軍ノ強弱ヲ左右シ終ニ彼ヲシテ帝国ノ行動ニ合致スルノ止ムヲ得サルニ至ラシムル」①べきであると献言した。しかし、駐華臨時代理公使小幡酉吉は七月二十日、本省宛の書簡の中で、北京の「支那研究会」の意見書を提出するという形で、大陸に対する拡張には一定の限度を設けて中国の人心収攬に留意しなければならないこと、ロシアと英国の中国における矛盾を利用すること、アメリカの中国における海軍基地の獲得を阻止すべきこと、同時に毎年三〇〇万元にのぼる北清事変賠償金を、日本式の訓練を施し、日本の装備を有する五〇万の中国軍建軍に転用すべきこと等を主張していた②。小幡の主張は中国を抱き込んで、ロシア、英国、米国の勢力を削減し、徐々に中国における優勢的地位の確立を図っていくものであったと言ってよい。

日本の朝野に大陸政策をめぐって論議が百出していた時、一九一四年八月一日、第一次世界大戦が勃発した。日本はこれを「千載一遇」の絶好の機会として、「是際進テ三国協商側ニ加担シテ独国ノ極東根拠地ヲ奪取シ進テ我対支政策ノ解決ヲ実行スルヲ有利ト認メ」、「今ヤ列国ハ自国戦争ニ汲々トシテ東顧ノ余裕ナキ状況ナリシヲ以テ帝国ハ茲ニ東洋ノ平和ヲ永遠ニ確立スル」③こくを意図した。参戦を手段として東アジアの覇権獲得の目的を遂げようとした

---

① 日本外務省編:『日本外交文書・大正三年』第二巻、日本外務省出版、東京、1964 年、1973 年、865 頁。
② 同上、875—903 頁。
③ 日本防衛庁戦史室編:『戦史叢書・大本営陸軍部』第一巻、203 頁。

ものであった。

如何にしてその目的を遂げようとしたのか。政府、軍部はその鍵は中国に対する制御であると考えた。元老山県有朋は八月、内閣に意見書を提出し、経済援助によって袁世凱を親日に転じさせることで在華政治権益の拡大強化と日中提携の実現を図るべきであると強調した①。これは実質的に「アジア主義」の主張であったと言える②。参謀本部次長明石元二郎中将はさらに、袁世凱に日中同盟の締結を迫ることを主張した③が、その意図は中国に対するコントロールの確立にあった。八月七日、参謀本部第二部長福田少将は「日華協約案要領」を提出、その中で、一、日中共同防衛、二、中国全土の保全、三、中国の南満内蒙自治に対する承認、四、中国の条約国の既得権に対する承認、五、中国の兵政、行政、幣制の改善の日本への委任、六、中国が利権を外国に譲渡しまた外国に借款を求める場合、予め日本に照会し同意を求めること、等を規定した④二四日、大島陸軍次官は政府に意見書を提出、「有力ニ支那民国ヲ指導誘掖センカ為……満蒙ノ併合ノ如キモ四囲ノ事情ニ由リ或ハ直ニ之ヲ実行シ難キトキハ名ヲ租借ニ藉リ或ハ満蒙ニ自治ヲ許サシムル」⑤と強調した。九月二一日、北平公使館付武官町田中将は外務省に、大戦の機に乗じて満蒙権益の拡大を図り、「支那中央政府ニ我勢力扶植」し、「支那ノ軍事は勿論外交財政ノ顧問トシテ日本人ヲ入ルル事其他兵器ノ製造及供給ヲ日支合弁或ハ日本ノ手ニ

---

① 大山梓編:『三県有朋意見書』、342—343 頁。

② 細谷千博編:『ワシントン体制と日米関係』、東京大学出版会、東京、1978 年、444 頁。

③ 大正四年八月二〇日付明石より寺内正毅宛書簡、国立国会図書館憲政資料蔵:『寺内正毅関係文書』、634 頁。

④ 日本外務省編:『日本外交文書・大正三年』第二巻、903 頁。

⑤ 日本外務省編:『日本外交文書・大正三年』第二巻、908 頁。

テ引キ受ケル」ことや、「山東省ニ於テ独逸カ有セル各種利権ノ引継獲得」[①]を上申した。町田はさらに、第二の意見書の中で、中国制御の方法につき、「龙大ナル四百州ヲ我保護国トシ若クハ之ヲ合併統治スルカ如キコトハ列国ニ対シテモ亦我国実力ニ於テモ到底不可能ノ事」であり、袁世凱に「日支経済同盟」と「日支兵器同盟」の締結を迫ることによって間接的制御を図る[②]とした。一九一五年の「二十一ヵ条要求」や一九一八年の「日華陸（海）軍共同防敵軍事協約」に先がけてこれらの意見が提示され、その両者とほぼ等しい内容であったことには注目しておく必要があろう。

このように、日本の政府、軍部は日英同盟を外交の主軸として、中国に対する「優勢ナル地位」の実現を図る国策を一九〇七、八年において既に確立していたが、その目標は主として「満蒙」における独占的地位を確保し、拡大することにあった。そして、第一次大戦を契機として日本はその東アジアにおいて覇権を確立せんとする政戦略を速やかに具体化していくことになった。日本は中国に「二十一ヵ条要求」を強要し、「西原借款」を進め、「日華陸（海）軍共同防敵軍事協約」締結に誘導し、一時は中国での独占的地位の確立に成功したものの、このような機会に乗じたやりかたでの地位の奪取ではその基礎は極めて脆弱なものでしかなかった。第一次大戦後、米英等の挑戦によって日本は国際場裡において孤立を余儀なくされ、政府、軍部は、日英同盟が既に有名無実となり、米英両国との矛盾がますます深刻化し、自国の力量では対抗し得ないとみて、譲歩妥協も止むなしとし、ワシントン会議で「九ヵ国条約」並

① 日本外務省編:『日本外交文書・大正三年』第二巻、915—919 頁。
② 日本外務省編:『日本外交文書・大正三年』第二巻、921—923 頁。

びに「海軍軍縮条約」などを受け入れた。日本の政戦略は第一次大戦前の原点に戻り、以後、「幣原外交」及び「田中外交」が、いずれも「満蒙」における独占地位、そして関内での経済権益の確保と拡大をめぐって展開されることになったのである。

二、総力戦理論と満州事変

第一次世界大戦以来、国家総力戦は強国間の戦争の主要な形態となった。陸軍は大戦中より「臨時軍事調査委員会」を設け総力戦の研究を開始した。軍需生産及び補給に関する専門家であった吉田豊彦中将は多くの研究資料を総合して、一九二六年、『軍需工業動員ニ関スル常識的説明』を著し、「産業カ国防ノ重大ナル要素」であると指摘した。産業力の拡大は大量の資源と切り離すことはできないが、日本の資源は乏しく、必要な資源、特に軍需資源は多く輸入に依存している。吉田はこの著書の中で、産業を総力戦の需要に適応せしめるには「成シ得ル限リ原料ノ自給自足ノ途ヲ講シ」[①]るべきであると強調してたのである。これより先、参謀本部部員の小磯国昭少佐は欧州大戦について研究した『帝国国防資源』と題する報告書をまとめ、「長期戦争ノ最終ノ勝利ハ鉄火ノ決裁ヲ敢行シ能ハサル限リ戦時自足経済シ得ル者掌握ニ帰スル」[②]と断じた。自給自足経済を営む資源はいずこに求めればよいのであろうか。小磯

① 日本防衛庁戦史室編:『戦史叢書・陸軍軍需動員（一）・計画編』、朝云新聞社、東京、1967年、31頁。
② 日本防衛庁戦史室編:『戦史叢書・陸軍軍需動員（一）・計画編』、朝云新聞社、東京、40頁。

は、中国各地、とりわけ「満蒙」こそが軍需資源の供給地となると考え、国防資源問題解決に最も有利なのは「支那国産国防資源ノ搬来」①を実施することであるとし、中国の資源は日本の将来の総力戦遂行にとって死活的に重要であると強調した。小磯の報告書は参謀本部によって極めて重要視され、「研究資料トシテ価値アルモノ」として部内に配付されて、共通の認識が醸成されることになった。その影響はさらに政界にも及び、一九一八年、第四〇回帝国議会において可決された「軍需工業動員法」の中に彼の報告書は取り入れられることになったのである。このような認識に基づいて日本は大戦後、満蒙における優勢地位の確保、さらにその奪取を対外拡張の主要政戦略目標であると位置づけるようになった。日本の国防理論の中のこのような総力戦経済の樹立を求める主張が日本を満州事変発動に駆りたてた主要原因となったことは指摘しておかねばなるまい。

日本の政府、軍部がこのように総力戦経済を重視した要因は将来の覇権戦争に備えるためであった。資本主義世界の経済危機が日本にも大きな打撃を与えることに及んで、軍部は満蒙占領と総力戦経済確立によって東アジア争覇の基礎を築くことを一層強硬に主張するようになった。一九三一年一月、満鉄調査課長の佐多弘治郎は関東軍司令部において講演を行い、「大日本としての所謂超大国を建設するの要は極めて明白にして之が為領土を獲得するか少なくも之と同価値のものを得ざるべからず」②と述べた。同年五月、関東軍司令官の菱刈隆は「帝国の高遠なる使命を全くうし得べき所以

---

① 日本防衛庁戦史室編:『戦史叢書・陸軍軍需動員（一）・計画編』、41—42頁。

② 小林龍夫、島田俊彦解説:『現代史資料7・満州事変』、みすず書房、東京、1985年、135頁。

の途は実に満蒙問題の根本的解決を以て第一歩となす」[①]とした。関東軍高級参謀板垣征四郎は、満蒙の戦略的価値を分析した際、「満蒙は対露作戦に於ては主要なる戦場となり対米作戦に於ては補給の源泉を成すものであります。従て満蒙は実に米、露、支三国に対する作戦と最重大なる関係があります」[②]と明言した。また、同軍作戦主任参謀の石原莞爾はさらに「満蒙問題解決ノ為ノ戦争計画大綱」の中で、満蒙の占領は「啻ニ戦争運命ニ重大ナル影響アルのみならす帝国百年ノ大計ニ大ナル関係ヲ有ス」[③]と指摘した。

ここで「百年大計」「超大国」「高遠なる使命」とは何を指しているのだろうか。石原は五月に提出した「満蒙問題私見」の中で次のように説明している。「欧州大戦ニヨリ五個ノ超大国ヲ成形セントシツツアル世界ハ更ニ進テ結局一ノ体系ニ帰スヘク其統制ノ中心ハ西洋ノ代表タル米国ト東洋ノ選手タル日本間ノ争覇戦ニ依リ決定セラル」、したがって、「我国ハ速ニ東洋ノ選手タルヘキ資格ヲ獲得スルヲ以テ国策ノ根本義トナササルヘカラス」。[④]そして彼は、満州を占領して、これが「東洋安定の摸範地区となり、中国本土もこれにならうようになり、これこそ日本の大国策でなければならない」[⑤]と主張したのである。これらの主張は明治末期、大正前期以来の日本の朝野の対東アジア覇権構想の継続と新たな展開であり、また第一次大戦後の総力戦研究の帰結でもあった。そしてその主旨は、まず満州を奪取して総力戦体制を確立し、以て将来の覇権戦争に有利ならしめる、換言すれば、満州を奪取できなければ総

① 小林龍夫、島田俊彦解説:『現代史資料 7・満州事変』、145 頁。
② 小林龍夫、島田俊彦解説:『現代史資料 7・満州事変』、144 頁。
③ 角田順編:『石原莞爾資料・国防論策』、原書房、東京、1967 年、71 頁。
④ 角田順編:『石原莞爾資料・国防論策』、七六頁。
⑤ 日本防衛庁戦史室編:『戦史叢書・大本営陸軍部』第一巻、310—311 頁。

力戦経済を確立し得ず、将来の総力戦としての覇権戦争もまた不可能となるのである。それは日本にとっては容認し難いことであり、衆議院議員松岡洋右により第五九回帝国議会で「満蒙生命線論」が打ち出され、朝野に流行したのも怪しむには足らない。

これらの意見や主張は、すでには日本の国策にはならなかったものの、軍内部において既に共通認識になっていた。一九三一年六月、関東軍は参謀本部に、南北満州における軍事的管理の決意をもってするような懸案解決の態度を取ることを具申した。① 参謀本部と陸軍省はこれに対し国策研究会議を設け、同月、「満蒙問題解決方案大綱」を策定、「排日行動の発展を見るようであれば、ついに軍事行動を必要とすることを予期しなければならない」② とした。当時、政府はまだ「協調外交」を放棄するに至らず、「ワシントン体制」はなお日本の対外拡張を制約していた。したがって陸軍のこの省部会議は直ちに武力を発動すべきではないとして、「内外の理解を求めるための施策は、約一ヵ年すなわち来年春までを期間とし、これが実施の周到を期する」③ と規定したのである。こうして武力による満州奪取の方針が確定し、七、八月の間、「万宝山事件」「中村大尉事件」が発生してから、戦争の煽動と発動の働きは高まっていった。

九月一八日夜、関東軍は自ら満鉄を爆破して、直ちに東北軍への進攻を開始した。日本軍の計画と準備は周到であり、一方、東北軍は「不抵抗主義」を奉じたため、僅か四ヵ月余りのうちに日本はその国土の三倍に及ぶ東三省の大部を占領した。

---

① 日本防衛庁戦史室編:『戦史叢書・大本営陸軍部』第一巻、306 頁。
② 日本防衛庁戦史室編:『戦史叢書・大本営陸軍部』第一巻、306—367 頁。
③ 日本防衛庁戦史室編:『戦史叢書・大本営陸軍部』第一巻、306—367 頁。

東北の侵略は関東軍と陸軍中央の共同計画であり、関東軍はただ時期を早めて発動しただけである。軍中央はこれに対し当然ながら支持を与えた。

一方、政府は事変発生前後暫くの間は軍の行動に反対していた。政府、天皇、元老が武力の行使に反対したのは政戦略上の考慮からであった。本来、政府は、武力による満州の侵奪は九ヵ国条約を否定し、ワシントン体制を破壊することになると認識していた。そしてそのことは必然的に米英等との戦略上の激しい対抗を惹起することになる。日本はなお「協調外交」を推進し、対東アジア政戦略に大きな変更を加えるまでには至らなかった。それゆえ、幣原外相は一方では「我国自ら其地方の主人役、即ち法律的に云へば統治者を以て任ずる」べきでない①と述べつつ、他方、「我立場保全ノ為緩急ニ応シ適当ノ自衛措置ヲ講スル」ことも考慮に入れて、外交手段をもって「満州懸案」を解決すると主張していた②。満州事変直前、軍部がこぞって「満蒙問題」の武力による解決を叫んでいた際に、九月一一日、天皇は南次郎陸相に、関東軍の軍紀に関し注意を与えた③。翌一二日、西園寺公望も南陸相に「満蒙の土地と雖も支那の領土である以上、事外交に関しては、すべて外務大臣に一任すべきものであって、軍が先走ってとやかく言ふことは甚だけしからん話である。閣下の如きは、輔弼の責任上、また軍の首長として、充分慎重な態度を以てこれを取り締まるべきである」④と警告した。幣原もまた、関東軍が近く武力発動に出るとの報告を受けて、直ちに一

---

① 幣原平和財団：『幣原喜重郎』、1955年、374頁。

② 「満州懸案鉄道問題に関する幣原外相方針（昭和五年一二月一五日）」日本外務省編：『日本外交年表竝主要文書』下巻、原書房、東京、1972年、168—171頁。

③ 原田熊雄述：『西園寺公と政局』第二巻、岩波書店、東京、1951年、61頁。

④ 原田熊雄述：『西園寺公と政局』第二巻、54頁。

五日、南陸相に警告して「かくの如きは国際協調を基本とする若槻内閣の外交政策を根底より覆すもので、断じて黙過する訳にはゆかない」[①]と述べた。事変発生の翌一九日、緊急閣議は「事態ヲ拡大セシメサルコトニ極力努ムルコトニ方針」[②]を決定した。

その二日後、二一日、朝鮮軍は独断で満州に越境侵入した。関東軍は増援を得て、吉林に進攻し、戦火を拡大した。二三日、若槻内閣は閣議を召集し、朝鮮軍の出兵経費を追認したものの、幣原は、たとえ軍の意見にしたがって、関東軍の現状維持、満蒙問題の一括解決を図ったとしても、その結果は「済南事件の例もあり、たとえ現状配置において交渉開始に入るとするも、結局は旧態に復せざるを得ざるに至るべし」と主張し、対して、南は、「本件は済南事件と全くその趣を異にし、断じて外相の云うが如きことなし」と断言した。[③]幣原が既定の政戦略の下で最終的にはワシントン体制に服従し、外交手段による解決に基づくべきであり、武力行使は徒労にすぎないとしたのに対し、南以下陸軍は恐慌の打撃により欧米列強の極東における影響力が削減された機に乗じてワシントン体制の打破を求めることを表明したものであったと言える。事変の初期には政府、軍部の間にこのような意見の分裂があったため、幣原以下外務省が概ね米英等との矛盾の緩和を巡って活動を展開する一方、軍部は東北全体の侵略占領に邁進した。

関東軍の軍事行動は拡大していった。中国は引き続き不抵抗を続けたが、欧米列国は有効な措置を採ることはできず、結局、満州

① 幣原平和財团:『幣原喜重郎』、幣原平和財団出版会、東京、466 頁。

② 日本防衛庁戦史室編:『戦史叢書・大本営陸軍部』第一巻、313 頁。日本外務省編:『日本外交文書・満州事変』第一巻、1977 年、142—143 頁。

③ 日本防衛庁戦史室編:『戦史叢書・大本営陸軍部』第一巻、317 頁。

占領の主張は日ならずして大勢を占めるようになり、若槻内閣は倒れた。一二月一三日に発足した犬養内閣は、若槻内閣に比し、軍部との協同一致の意思をより強く表明するようになり、一二月一七日、第一〇一師団と混成第八旅団の満州増派を承認、関東軍は増援を得て速やかに錦州に迫った。以後、内閣、天皇、元老、いずれも、軍部並びに関東軍の満州武力奪取への支持に転じた。錦州占領直後の一九三二年一月八日、天皇は関東軍の「勇戦力闘」を嘉みした。政府、天皇、元老の転向は、「協調外交」が放棄され、日本の対外拡張戦略に大きな変化が生じたことを意味していた。

満州問題をめぐって政府、軍部間の意見が既に一致したからには、占領地の統治が焦眉の急となった。一月六日、陸、海、外三省は「支那問題処理方針要綱」を制定、「満蒙」を「分離独立せる一政権」から「一国家」の形体に誘導し、「満蒙の防衛は帝国主として之に任じ該地方を以て帝国の対露、対支国防の第一線とす」①と規定した。同時に関東軍は傀儡政権樹立工作を進め、三月一日、「満州国」が成立した。

関東軍が傀儡政権樹立工作を進めていたその時、上海事変が発生、日本は満州とは異なる方策を採り、逐次増兵して「支那軍ヲ一定地域外ニ撤去ヲ求ムル」一方、「事態ヲ有利且ツ迅速ニ収拾スルニ努ムル」②としていた。日本が上海においてこうした政策を採ったのには次のような理由があった。第一に本来列強の目を満州からそらす企図があったからである③。上海事変の首謀者の一人であっ

① 小林龍夫、島田俊彦解説:『現代史資料 7・満州事変』、343 頁。

② 日本国際政治学会太平洋戦争原因研究部編:『太平洋戦争への道・別巻・資料編』、朝日新聞社、東京、1963 年、192 頁。

③ 俞辛焞:『満州事変期の中日外交史研究』、東方書店、東京、1986 年、177 頁。

た田中隆吉は、板垣征四郎が「列国の目を上海にそらせて満州の独立を容易ならしめよ」と電報で要請してきたことを証言している①。第二に、上海は国際都市であり、欧米各大国の権益が集中していたため、列国を刺激し、国際的立場を悪化させることを憂慮したからである。第三に、より根本的には日本が「国策遂行ノ重点ヲ満蒙方面ニ注入」②したからである。前述したような、満州事変の大きな動因であった総力戦実施、戦略基地建設を前提とした満州経営に集中する時間を日本は必要としたのである。そのため政府及び軍部は「上海事件ハ飽迄モ満蒙問題ト別個に取扱」③うと決定し、列強が両事変を一様に処理しようとするのを避けようとしたのである。上海への逐次増援を得ての一定の軍事上の進展を経て、日本軍は中央の指示に基づき、国際連盟臨時総会が開かれたのと同じ三月三日、停戦を命じた。

三、外交方針の変転と対東アジア政戦略目標

前述のように満州事変前に関東軍は、満州を侵略して対東アジア覇権戦略の基礎を固める構想を提示し、直ちに軍中央の支持を得た。事変発生後、政府も一時の曲折を経て、結局は軍部への支持に転じた。日本の対外拡張戦略に重大な変化が生じたのだある。

まず、外交政策が大きな変化を遂げることになった。事変発生直後の九月二〇日、国際連盟理事会は日本軍撤退要求を決議した。関東

① 東京12チャンネル報道部:『証言・私の昭和史』第一巻、学藝書林、東京、1969年、175頁。
② 日本国際政治学会太平洋戦争原因研究部編:『太平洋戦争への道・別巻・資料編』、192頁。
③ 日本国際政治学会太平洋戦争原因研究部編:『太平洋戦争への道・別巻・資料編』、192頁。

軍がチチハルを占領する一方、南下して錦州に迫った時、アメリカ国務長官スティムソンは厳重に抗議し、連盟理事会は再度決議して日本の速やかな撤退を求めた。日本は二つの岐路に直面することになった。一つは、米英等の要求を入れて軍を撤収すること、もう一つは「国際協調」を否定してワシントン体制を打破することであった。「国際協調」を標榜していた若槻内閣は内外からの窮地に追い詰められ、決義を下すことができないまま倒れた。犬養毅内閣成立後、「国際協調」の放棄とワシントン体制打破の働きが高まった。一九三二年一月二日、関東軍は錦州を占領した。七日、スティムソンは日本の満州での行動に対し「不承認主義」を声明した。日本はこれに対し、一六日、駐日米国大使に「自ラ政権ヲ組織シテ秩序ノ維持ニ任シ得サルノ理由無キヲ信スル」①と回答した。満州国樹立後、日本政府は「帝国政府トシテハ益々自主的外交ノ真諦ヲ発揮シ以テ国運ノ打開竝ニ国家的使命ノ遂行ノタメ」努力し、「万々一連盟等カ帝国ニ対シ重大ナル現実ノ圧迫ヲ加ヘ来ルニ於テハ我方亦実力ヲ以テ之ヲ排除スヘキコト」②を強調した。五・一五事件後、政党内閣は終焉し、内田康哉が斉藤実内閣の外相に就任した。内田は「大アジア主義」を鼓吹し③、彼の外相就任によって外交政策の変化が加速されることになった。一九三二年八月、内田は議会において演説し、「国ヲ焦土ニシテモ」「自主外交」④を推進すると叫んだ。

一方、一九三二年一二月、中国国民党第四期中央委員会第三次全体会議は政略方針を「(一) 徹底抗日を以て目前の外交の主要方

---

① 日本外務省編:『日本外交年表竝主要文書』下巻、195 頁。
② 日本外務省編:『日本外交年表竝主要文書』下巻、206 頁。
③ 林茂、辻清明編:『日本内閣史録』第三巻、第一法規出版株式会社、東京、1981 年、312 頁。
④ 林茂、辻清明編:『日本内閣史録』第三巻、313 頁。

針となし、他の関係各国と切実に互恵の連合を成す。（二）米、英、仏等と連合する方策を確定し、合わせて将来の世界大戦の準備をなす。（三）極東に与国を求め、中ソ国交の回復を積極的に進める」[①]と確定した。南京政府はこの時点ではまだ全面的抗日の準備完成には程遠かったが、こうした米英と提携しソ連を懐柔する外交面での徹底抗日の政略方針を確立した上で、東アジア国際関係の中で日本を孤立させ、対日戦略態勢を徐々に固めていこうとしたのである。

ちょうどこの時国際連盟理事会ではリットン報告について討議していたが、日本は内田の「自主外交」方針の下、国際的孤立の途を自ら敢て選択することになった。侵略の拡大は日本外交にとって疑いもなく不利な要素となるにもかかわらず、一九三三年一月、日本は山海関を占領した。二月二〇日、閣議は、もし連盟が「リットン調査報告」を可決したならば連盟を脱退すると決定し[②]、二三日、熱河作戦を開始した。一方、国際連盟総会の可決した「リットン報告書」を予定通り日本は拒絶し、三月には正式に連盟を脱退することになった。連盟を脱退した際には熱河作戦における行動の自由を確保する意図があった[③]のであるが、たとえ国際場裡での孤立を招こうとも熱河作戦を断行した背景については次章で詳述する。こうした外交政策の重大な変化は、日本がワシントン体制を否定し、武力を含む様々な手段によって米英と争って中国を支配下に置く決意を下したことを意味していたと言ってよい。

満州の占領、熱河の確保によって日本の対外政戦略態勢は大き

---

① 羅家倫編:『革命文献』第七十九輯、中国国民党中央委員会党史委員会、台北、1979年、300頁。

② 日本防衛庁戦史室編:『戦史叢書・大本営陸軍部』第一巻、335頁。

③ 林茂、辻清明編:『日本内閣史録』第三巻、318頁。

く変化することになった。日本は国際的に孤立しただけでなく、「満州国」において北はソ連、西は華北に接壌するようになった。ソ連が自衛のため極東の軍備を増強し、中国が日本の侵略に直面して排日を強めたのも当然であろう。こうした情勢の下で日本はさらなる拡張のための新たな「国防政策」を速やかに策定する必要に迫られたのである。

一九三三年六月以来、陸軍省、参謀本部は省部首脳者の会議を開き、戦略問題を検討したが、当時、ドイツ、イタリア、ソ連等独裁国家の勃興、海軍軍縮条約の失効など一九三五、、六年の世界的危険の到来が喧伝されていた[①]。世界的危険は列強間の対抗の高まりであり、日本にとって挑戦であると同時に「国運」発展の好機でもあった。したがって、軍部は国内態勢を整備し、軍備を拡大し、総力戦体制、そして「高度国防国家」を樹立することを唱導した。数回にわたる省部首脳会議は「帝国国策」を策定、一〇月に政府に提出され五相会議の討議を経た。「帝国国策」は、「国際的危険」が極東に及んだ時、もし対米対ソ関係が悪化したならばこれに対抗し、一戦をも辞さず、としていた[②]。また、対華政策の基調については、中国の「対日政策の実質的転向を助長強化し……帝国の危険に際しても努めて広く親日地域を設定せしむる」[③]と規定した。ここで日本の対東アジア政策は中国と合わせてソ連、米国にも重点を置くことになったのである。ソ連は中国に対し「赤化政策」と極東軍の増強を強力に進める、これは日本の東アジア政策にとって重大

---

① 日本防衛庁戦史室編：『戦史叢書・大本営陸軍部』第一巻、345 頁。

② 小林龍夫、島田俊彦解説：『現代史資料 8・日中戦争 1』、みすず書房、東京、1976 年、11 頁。

③ 小林龍夫、島田俊彦解説：『現代史資料 8・日中戦争 1』、12 頁。

な脅威であり、最も危険な敵であった。これに対し、イギリス、アメリカは主として中国の市場の確保を図るだけで、その在華権益を犯しさえしなければ実力に訴えてまで解決すべき問題ではない①。こうした判断に基づき陸軍が決定した戦略方針は、更に一歩進んで対華拡張を推進すると同時に様々な手段によってソ連の脅威を排除してから機会を捉えて米英に対処することであった。この戦略の核心は東アジアにおける覇権確立にあった。ソ連、米、英の影響力、勢力を東アジアから駆逐し中国を支配することが主眼目となったのである。このため、陸軍の「帝国国策」の制定と同時に、海軍は「対支時局処理方針」を打ち出し、地方政権を親日に転向させ、列国の対華援助を牽制して圧力をかけ、中国を親日に転向せざるを得ないようにし、それによって「日満支三国相提携して東洋平和の基礎を確立する」②ことを強調した。「対支時局処理方針」は対中国制御の順序を示したものであり、「帝国国策」を補充するものでもあった。

「対支時局処理方針」と「帝国国策」は基本的には政府に受け入れられた。一九三三年一〇月二五日、閣議は軍の意見を総合して、「外交方針」を通過、これは新たな政戦略目標とその実現の方式を示したものであり、満州国の「経済統制及びワガ国トノ経済的調節ヲ計り帝国指導ノ下ニ日満支三国ノ提携共助ヲ実現シコレニヨリ東洋ノ恒久平和ヲ確保」③するとした。ここで「帝国指導ノ下」という言葉は極めて重要である。明治末年から大正初年、そして満州事変前後、日本の朝野の東アジア制覇の思想と主張を顧みれば、この言葉の意味するところが理解できよう。すなわち日本を宗

① 日本防衛庁戦史室編:『戦史叢書・大本営陸軍部』第一巻、346—347頁。
② 小林龍夫、島田俊彦解説:『現代史資料8・日中戦争1』、9—10頁。
③ 日本外務省編:『日本外交年表竝主要文書』下巻、275—276頁。

主国とし、中国と「満州国」をその指導に服する従属的地位に置くことを企図したのである。第一次大戦中の日本の中国制御の企図には投機的な性格があったのに対し、満州事変は、軍部が将来の覇権戦争のための総力戦体制をできるだけ速やかに確立するための計画的行動であり、事変後、政府、軍部は前述したような構想を次々に打ち出して東アジアにおける覇権確立の方針を正式に確定していった。そして、そのことは日本が多年の夢想を次第に現実化していく決意を表していたのである。

日本は満州占領と連盟脱退の後、国際的孤立に陥った。ソ連は迅速に極東への軍備増強を進め、観客的には日本に対する牽制となった。米英は日本の九ヵ国条約の破壊に抗議し、日本の侵略によって、生じる事変に対する不承認を宣告した。日本は「帝国指導ノ下」、中国における覇権確立の企図を抱きつつ、地方、満州国の経営が開始されたばかりで総合的な国力ではなお米英等に対抗できないと考えていた。武力による中国侵略に盲目的に邁進するのでは直ちに各列強を強く刺激し状況を悪化させることになる。そのため、塘沽停戦協定締結後、あらためて上述の東アジア覇権確立にむけてのの手順と方式を確定したのである、すなわち、まず「満州国」を経営してこれを日本と一体化させ、総力戦の基礎を構築する、同時に各列強の対華援助を抑え、徐々に中国を親日に転向せしめ、最終的には中国に日本の「指導」を受け入れさせようとしたのである。

四、「満州国」経営と対東アジア政戦略

日本の「満州国」に対する戦略上の経営には主として二つの方

向性があった。一つは熱河を侵略し、「満州国」の地盤を拡大して「満州国」の基礎を強化するとともに華北に対する拡張に有利な条件を作ること、もう一つは満州国のすべての経済的命脈を支配、操縦して総力戦体制の必要に服従せしめ、対東アジア戦略に奉仕させることであった。

日本は「満州問題」は熱河作戦によってその「根本的解決」を図れるとした。満州を侵略し、満州国を樹立した後、南京国民政府に「満州国」の「国境」に対する事実上の承認を強要するよう決定した。五・一五事件後、首相齋藤実、外相内田康哉はいずれも様々な機会を捉えて「満蒙ト支那トノ境界カ長城テアルコト」、「熱河省カ満州国ノ一部タルコト」①を正式に表明していた。一九三二年五月以来、日本は何度も事を起こして山海関を脅かしていた。南京国民政府はこの時はまだ日本軍に熱河侵略の意図があるかどうか察することができなかったが、熱河の安定は日本の侵略行動を食い止めるのに有利であると考えていた。②蒋介石は東北軍の熱河移駐と湯玉麟の更迭を決定した。七月七日、蒋は北平の張学良が「先ず三個旅団を派して夜間行動により熱河付近に進め」るよう求め、「日本軍及び湯をして防ぐに間に合わなくさせ、我が軍の熱河接近を待って、湯をチャハルに移す、即ち湯は必ず命令に従い、日本は術がなくなる」③とした。蒋は「以後の治乱の鍵は全てここにあり」④

① 日本外務省情報部編:『満州事変及上海事件関係公表集』、日本外務省印刷、東京、1934年、770頁。

② 古屋奎二著、中央日報訳:『蒋介石秘録』第十巻、サンケイ新聞社、台北、1976年、45—46頁。

③ 秦孝儀主編:『中華民国重要資料初編・対日抗戦時期緒編』第一冊、中国国民党中央委員会党史委員会、台北、1981年、559頁。

④ 秦孝儀主編:『中華民国重要資料初編・対日抗戦時期緒編』第一冊、五五九頁。

と考えていたのである。この時、日本は東北義勇軍の討伐や国際連盟の調査、「満州国」の国内事務の整頓等に忙殺され、熱河進攻を発動する余力はしばらくはなかった。中国にとって時を移さずして熱河に兵を進めるのは熱河の安定に寄与し、日本軍を牽制するのに有利となって、時間を稼ぐことができる。蒋介石はこう判断して速やかに兵を進めることを再三張学良に電令したのであるが、張は派兵を年末まで引き延ばし、そのために好機をみすみす逸することになった。また年末には東北抗日義勇軍は大きな損害を受けた。この時、関東軍は「満州国内主要反抗勢力概ネ潰走セルヲ認メ」、「掉尾ノ聖戦ヲ熱河省ニ指向セントスル」時期は成熟した[①]として、熱河作戦計画に着手し、熱河省を名実ともに満州国の領域とする[②]ことを図っていた。

一方、日本の東北侵略は中国の排日、抗日運動を惹起した。南京政府は広大な国土の失陥に直面して、危険の重大性を認識せざるを得なかった。前述の国民党四中全会は抗日問題に議論を集中して「集中国力挽救危亡案」をはじめ多くの重要決議を可決した。これに対し内田外相は翌年一月二一日、議会において、その情報系統により「北支辺境ニ於ケル軍事行動、東北義勇軍ニ対スル援助及日貨排斥ノ三点ヨリ成ス積極抗日案ナルモノ」が「同会議ヲ通過セルコトハ確実」であると認めた。このことは東アジアにおいて覇権を求めている日本にとって容認できないことであり、内田はそれを、具体的な働きとしての中国軍の満州境界付近への集中とその一部の熱河進出の事実と合わせて「衷心重大視シテ居ル」と述べ、中国の

---

① 参謀本部編:『満州事変作戦経過概要』第二巻、1925年、巌南堂書店復刻、東京、1972年、157、134頁。

② 日本防衛庁戦史室編:『戦史叢書・大本営陸軍部』第一巻、336頁。

抗日策に対し「此ノ事態ヨリ招来スルコトアルヘキ不幸ナル結果ニ付与メ支那政府及国民ノ深甚ナル注意ヲ喚起シ其ノ反省ヲ促ササルヲ得ナイ」とし、「窮極ニ於テハ支那国民モ日満支三国カ各独立国トシテ相倚リ相助ケテ行クコトカ東洋平和ヲ確保スル最善ノ方法ナルコトヲ諒解スルニ至ルヘキ」①である主張した。

これより先、満州国樹立に着手した際に既に日本は熱河をその中に含めることを予定していた。日本は熱河攻略によって地盤の拡大を策しただけでなく、華北と「満州国」の間に「安全」地帯を設けて満州国の植民地統治を強化することをはかっていたのである。また、前述のように日本は満州事変前より満州を総力戦体制を確立すべき「生命線」と位置付けていた。速やかに熱河を占領し、既成事実を作る、その結果、一方では地盤を拡大して膨大な総力戦戦略の基地を確立する、他方、国民政府の抗日の意志を打撃、粉砕し、その妥協、屈伏を迫って、城下の盟を結ぶ、さらにそれを対華北拡張の布石とするとともに、南京政府をして日本の「指導の下の日満支三国の提携」を受け入れさせる。内田の演説の一ヵ月後、二月二三日、日本軍数万は熱河に対し総攻撃を行ったが、前章で述べたような外交上の挫折にもかかわらず侵略を加速拡大したのは、根本的にはそのような政戦略に発していたのであり、関東軍はかかる認識に基づいて事変を起こしたのである。

日本軍は僅か十日余りで熱河全域を占領した。南京政府に屈伏を強いるため、日本軍はさらに長城線を越えて中国軍を追撃、三河、寧河の防衛線を突破して香河、懐柔、寧河を陥落してから、通県、順義に迫り、北平に対し三方より包囲の態勢を取った。なお、

---

① 日本外務省情報部編:『満州事変及上海事件関係公表集』、771、770頁。

この作戦の当初、華北に対しても「謀略」によって満州国の「安全」地帯をさらに強化することが企図されていた。すなわち熱河作戦と平行して、板垣征四郎は天津に特務機関を組織し、新旧軍閥に対する工作にあたった。張敬尭が北平で事を起こし、これに関東軍が呼応して、長城以南に傀儡政権を樹立することが計画されたが、しかし、この計画は失敗に帰し、日本は熱河とそして長城戦での軍事的勝利に乗じて、熱河占領に飽き足らず、南京政府に対し長城線以南に非武装地帯の設定を迫ることにした。さらに進んで一九三三年五月二一日、関東軍は中央に「北支那ニ親日満政権ヲ樹立スルハ満州国ノ鞏化確立上最モ必要トスル所」[1]であると具申し、以後、前述の対華諸戦略を策定、実施していった。

この間、蒋介石は日本の戦略を正確に判断することができず、日本軍が熱河に進攻する直前の一九三二年一二月二三日には、「(日本の熱河侵攻は)恐らく三ヵ月以内のことであろう。最悪の場合には、日本軍は河北に進出したあと、溥儀をかつぎこんでくるか、あるいは別の漢奸をカイライとして『華北独立』をでっちあげ」[2]るであろうと日記に記していた。山海関が失陥した時、蒋は張学良に「この後、日本は必ず正体を露にして北平天津を取りに来る」と打電し、北平放棄をも考慮して保定又は張家口に退いて軍を配置、抵抗するように要求した。[3]日本軍が長城線を越えた後、蒋介石と南京政府が北平死守の決定に転じたのは米英等の干渉を期したからであった。[4]しかし、前述のように日本の連盟脱退は熱河作戦にお

---

① 小林龍夫、島田俊彦解説:『現代史資料 7・満州事変』、517 頁。
② 古屋奎二著、中央日報訳:『蒋介石秘録』第十巻、53 頁。
③ 秦孝儀主編:『中華民国重要資料初編・対日抗戦時期緒編』第一冊、571 頁。
④ 秦孝儀主編:『中華民国重要資料初編・対日抗戦時期緒編』第一冊、642—643 頁、646 頁。

ける行動の自由の確保という意図があったのであり、米英等の効果的な干渉を期待したのは全く現実的ではなかったのである。こうした誤った判断が指揮に混乱をもたらし長城抗戦の失敗を招いた重要原因の一つになった。前方の防衛線が崩壊に瀕し、日本側が交渉を提案するにいたって蒋はようやく日本の意図を察知し、何応欽、黄郛等に「上海停戦協定」に準じた協定締結を指示した。①「塘沽停戦協定」の締結により日本は熱河作戦の当初の目的を全て達成した。日本はこれによって戦略基地としての満州国の版図を拡大してその統治を強化し、華北に対する拡張をさらに進め、南京政府に日本、満州との提携を迫るための基礎を築くことになったのである。

さて、「満州国」の全ての経済命脈を支配、操縦することは日本の「満州国」に対する戦略経営の主要眼目であった。

満州の天然資源は極めて豊かであり、満州事変前、その地区の石油産出量は全国総産出量の九三パーセント、金採掘量は五五パーセントを占め、鉄鉱埋蔵量は三七パーセントに及び、森林面積は一、八〇〇余万ヘクタールで全国の三分の一を占めていた。また、満州の、工業、交通、対外貿易面での比重も極めて大きなものであった。鉄道線は全国の四一パーセント、製鉄量は七九パーセント、発電量は二三パーセント、対外貿易は三七パーセントをそれぞれ占めていた。資源に乏しい一方で将来の総力戦において自給自足を求めなければならない日本にとって、満州の戦略上の意義が極めて重要であったことは言うまでもない。

早くも一九三一年秋末、参謀本部は「満蒙ニ於テハ其経営者着々進展スルニ伴ヒ帝国ノ権益著シク伸展ヲ見ルヘク我産業経済上

---

① 秦孝儀主編:『中華民国重要資料初編・対日抗戦時期緒編』第一冊、647 頁。

ニ大変調ヲ来ルニ至ルヘシ」①と判断し、また、関東軍高級参謀板垣征四郎は一九三二年春、満蒙の開発は「帝国軍作戦上の要求と産業開発の便益とを充す」②ことを強調していた。こうした構想は一挙両得を図ること、すなわち、日本の支配の下に満蒙の経済を日本の経済の軌道に引き入れ、日本の軍備と将来の総力戦遂行に足る資源を提供させる、同時に日本の国内経済に必要な資源を供給し商品の市場を提供するということであった。そして、この二つの目的のうち前者の側面が主要目的であり、後者の側面はあくまで前者に従属するにすぎない。従来の研究は日本の東北資源の略奪に重点を置き、そのため後者の側面を強調することになったのだが、しかし、そうした見方は適当ではない。実際には、この時期、日本政府は既に「満蒙の地を以て帝国の対露対支国防の第一線」③とすると決定していたのである。また、参謀本部はさらに「『満州国の国防』と『満蒙に於ける帝国の国防』とは緊密不離の関係に在りて両者は事実上殆んど同義」④であると強調した。日本がこのように「満州国の国防」を強調したのは、将来の覇権戦争において総力戦を遂行するためであった。関東軍の上述の主張は直ちに日本の国策となった。一九三三年八月の「満州国指導方針要綱」において、満州国に対する全面的「指導」が強調されるとともに、同九月の「満州国陸軍指導要綱に関する御説明案」の中で「両国作戦資材の補給源を共

① 小林龍夫、島田俊彦解説:『現代史資料7・満州事変』、169頁。
② 小林龍夫、島田俊彦解説:『現代史資料7・満州事変』、176頁。
③ 昭和七年三月一二日、閣議決定による「支那問題処理方針要綱」、小林龍夫、島田俊彦解説:『現代史資料7・満州事変』、494頁。
④ 昭和七年四月七日、参謀本部「満州国の国防に関する件」、小林龍夫、島田俊彦解説:『現代史資料7・満州事変』、495頁。

通ならしむるは戦争準備及遂行上特に有利」[1]であるとされた。陸軍は「帝国国策」の中でさらに具体的に、「満州国」の「国防施設並国防上緊要なる交通及産業の開発を促進する」[2]とした。

軍部、政府のこうした意志は満州国統治の間、全面的に体現されることになった。

満州事変発生後、日本は東北地区の鉄道、飛行場、港湾を一つ一つ併呑していった。一九三二年四月一九日、関東軍と満鉄は政府の同意を経て協定を結び、満鉄による鉄道、港湾、河川等の経営、新設と交通施設の建設と拡張を規定した[3]。八月七日には、日本と満州国は三つの交通施設に関する協定（協約）を締結し、「満州国」内の従来の鉄道経営権が全て日本に譲渡されるとともに、鉄道敷設権や水路、港湾の経営権も日本に帰することになった。同時に、日満双方の「合弁」による航空会社を成立させたが、実際には日本によって全ての飛行場及び中間着陸場の建設、経営管理が独占された[4]。こうして、日本は「満州国」の全交通施設を支配したのである[5]。これによって強力に戦略経営が進められ、二年間で満州に飛行場二〇余ヵ所、中継着陸場五二ヵ所が建設された。一九三四年末までには満州の鉄道総距離数は六、二五〇マイルに延び、そのうち二、六五〇マイルが新設されたのである。道路は一九三二年に三六、〇〇〇キロであったのが、一九三七年には四四、〇〇〇キロに、一九四〇年には二六八、〇〇〇キロに拡張された。

日本は満州の交通、銀行、海関、通信施設を奪うと同時に、軍

---

① 小林龍夫、島田俊彦解説：『現代史資料 7・満州事変』、589—592 頁。
② 小林龍夫、島田俊彦解説：『現代史資料 8・日中戦争 1』、11 頁。
③ 満鉄：『満州国関係条約集』、東京、外務省外交史料館所蔵、50—52 頁。
④ 小林龍夫、島田俊彦解説：『現代史資料 7・満州事変』、499—503 頁。
⑤ なお、北満鉄道は一九三五年三月二三日、ソ連から譲渡された。

事資源の開発にも着手した。一九三二年六月五日、関東軍第一課は石原莞爾の意見として「満州経略方針」の中で「満州経略ノ目的ハ我国防ノ安固ヲ期スルト共ニ対アングロサソン世界争覇戦争ノ為支那本部富源開発ノ準備ヲ整フルニ在リ」、「右目的ヲ達スル為満州経略ハ徒ニ眼前ノ少利ニ走リ政治的権力ニヨリ優先的経済的活動ヲ策スルコトヲ避ケ」①るべきであると強調していた。同月、関東軍司令官本庄繁もこれと同じ内容の主張を具申した。②このような基本構想の下で、満鉄の経済調査委員会は関東軍と特務部と密切に共同して、国策の見地から満州の資源を全面的に調査し、満州国の政治経済政策を立案することになった。一年余りを経て、「満州国経済建設綱要」が作成され、国防或いは公共、公益の性質を有する「重要事業」は原則として公営か特殊会社の経営によると規定した。そして、交通、通信、鉄鋼、軽金属、石炭、石油、自動車、金、硫安、ソーダ、林業等の産業に対する統制が確定した。これ以後、日本の投資は次第に増加し、主として重工業、軍事工業が振興されることになった。一九三六年になると、満鉄の投資総額だけで三〇億円に増加し、一九三〇年のほぼ二倍となった。しかし、この時期、関東軍は政治統治の安定強化に急で、日本国内の産業界の対満投資は不活発とあり、「重要事業」の開発は所期の目標とは程遠かった。

　一九三六年、国際情勢に大きな変化が生じた。三月、ドイツ軍はラインラントに進駐し、五月にはイタリアはエチオピア併合を宣言した。八月、独伊両国はスペイン内戦に対する武力干渉を公然と開始し

---

① 日本国際政治学会太平洋戦争原因研究部編：『太平洋戦争への道・別巻・資料編』、181頁。

② 日本国際政治学会太平洋戦争原因研究部編：『太平洋戦争への道・別巻・資料編』、181頁。

た。同じ時期、日本は「政治謀略」によって「華北分離工作」を進めたが、所期の計画は実現できなかった。ソ満国境の衝突事件は頻発し、日本の予期した一九三六年の世界的危険は既に展開していたのである。こうした働きによって日本が総力戦経済及び戦備を確立しようとする計画は加速された。日本は全力を挙げて「満州国」の産業を開発することによって総力戦戦備の必要に応じることを決定することになった。日本の満州に対する統治が速やかに強化され、したがって戦略開発強化の時機が既に熟したと考えられるようになったのもこの時期である。一九三六年八月から一九三七年一〇月にかけて、軍中央、関東軍司令部、閣議はそれぞれ「満州開発方策綱要」、「満州国第二期経済建設要綱」、「満州産業開発五ヵ年計画綱要」、「満州重工業確立要綱」等を策定、「現国際情勢特に極東の事態は在満兵備の画期的増強充実を敢行し、国防、治安の万全を期するの要緊楔なるに鑑み満州開発に関する諸般の万策に就ても機宜に適する再建的措置を断行」するとし、「満州開発に関する諸般の策案樹立に当たりては……経済開発の源基を確立するの要あると共に当分対蘇作戦準備の完成に資し得ることに重点を置く」と規定、一方で、「在満兵備の充実増強計画の実行に方りては作戦上の目的を阻害せざる限り可及的満州国開発上健全なる発展に資し得るの考慮を」[1]払うことも強調した。関東軍はこうした基本方針に基づき、「満州開発五年計画に対する目標案」と「満州産業開発五年計画綱要」を制定して、軍需産業の生産計画、投資、管理等について詳細に規定し[2]、大規模開発の具体的な実施を図った。

---

① 陸軍省編:『満州国開発方策綱要』(昭和一一年八月五日)、『現代史資料 8・日中戦争 1』、704—705 頁。

② 小林龍夫、島田俊彦解説:『現代史資料 8・日中戦争 1』、711—716、719—729 頁。

以上見てきたように、日本の満州統治の重点は、満州を総力戦の必要に適応した強固な戦略基地にすることにあり、そのことが日本の対満政策の中心となった。熱河作戦も含め、満州開発はすべてその目標をめぐって展開されたと言うことができる。そして、国際情勢の変化、華北分離工作、ソ満国境衝突事件の続発に伴い、速やかな総力戦体制確立の要求は切実なものとなり、いよいよそれが突出した。やがて、日中戦争が勃発し、「日満一体化」の満州開発は、戦争の展開に伴って、「日満華一体化」の開発の中に組み込まれていくことになるのである。

近代日本の総力戦理論は一次大戦期の研産物でその目的は未来の覇権争奪戦のためである。明治時代から昭和時代前期まで自身の国力と国際関係の制限なので日本は東亜覇権を争奪することができなかったが日本政府と軍部は東亜覇権の目標を夢に置き続いていた。一次大戦期、総力戦理論が出され、未来大戦のための資源地域を占領する目標提出した。それで中国は日本の侵略に直面しなければならないことになった。日本軍は満州事変を挑発し、満州を占領したことがその総力戦理論の延長である。満州事変後、日本は対外戦略を調整し、東亜覇権争奪の道へ辿っていた。

（原载于字［日］『早稲田大学法研论集』
总第75集,1995年）

九一八事変とワシントン体制の動揺
——日本の東アジアにおける政戦略の変化を中心として

日本の「東亜制覇政策」の起源に関して、中国の学界ではこの政策が明治維新期あるいは第一次世界大戦期にすでに確立していたという二つの認識が一般的である。その理由として、前者は日本が明治維新後に大陸で大規模に拡張する「大陸政策」をすでに決定・推進した点に着目し、後者は第一次世界大戦中に日本が袁世凱政府に「二十一ヶ条」を要求し中国を独占しょうとした点を重視している。

一方、日本の学界では太平洋戦争の勃発まで、日本は東亜制覇政策を計画、実行したことがないという認識が普通である。その理由は、それまで日本は英米等とまだ敢えて決裂することができず、大陸において英米等勢力の排除政策をとらなかったからである。中日戦争勃発後も、日本は英米等の在華権益を侵すのを避けたからである。

本論文では以上の三つの認識は、いずれも妥当でない部分があると考える。その理由は、世界的あるいは地域的覇権政策の確立は、ある国が世界あるいは地域の国際体制に対してどのような政策をとったかによって決まる。そして、その政策が対外拡張の範囲と性質、すなわち、覇権政策であるかどうかを決める。筆者は日本の地域的覇権政策は東亜新秩序政策から始まり、そして満州事変はこの政策の出発点であったと考える。したがって本論文は満州事変勃発の原因、日本軍部と政界との対立、南京国民政府と張学良の対応、満州事変期の日本外交の変化等を論証すると同時に、事変及び事変後の日本の対外拡張戦略への重大な変化を論証してみたい。

一、日本軍部の戦略意図と政府の対応

一九三一年九月一八日、関東軍は九一八事変を起こし、迅速に中国東北地方を占領した。この事変に対して、中国の学界では一般的に日本の大陸政策から説き起こし、世界的経済危機の日本への影響を分析し、日本はこの経済危機から脱出して既定の拡張目標を実現するために事変を起こしたという必然性を論述する。本論文は日本の総力戦理論を最初に扱い、次いで事変を起こした戦略的意図を検討する。

第一次世界大戦を契機として、国家総力戦iは帝国主義国家が世界を再分割するための戦争の主要形態となった。[①]一九一七年日本軍部が設けた「臨時軍事調査委員会」は全力を挙げて総力戦を研究した。軍需生産については、補給の専門家といわれた吉田豊彦中将が大量の資料をまとめて研究し、一九二六年『軍需工業動員に関する常識的説明』を書いた。その中で彼は「産業は国防の重大なる要素である。」[②]指摘した。産業の強化には大量の資源が必要であ

① 産業を基礎とするすべての総合的国力を投入して実行した大規模な長期間の対外戦争。

② 日本防衛庁戦史室編:『戦史叢書・軍需動員（一）・計画篇』、朝雲新聞社、東京、1976年、31頁。

る、日本は天然資源が乏しく、必要な資源特に戦争資源は輸入に依存しなければならない。したがって、産業を総力戦の需要に応じさせるためには「成し得る限り原料の自給自足の途を講じなければならない」①と吉田は強調している。この本が出版される前、参謀本部の小磯国昭少佐は欧州大戦について研究し、一九一七年八月に「帝国国防資源」と題する報告を提出した。その中で彼は「長期戦争最終の勝利は鉄火の決裁を敢行し能はさる限り、戦時持久経済を経営し得る者の掌裡に帰すること瞭なり②と断言した。「自給自足」経済の資源はどこから来るのか。小磯は中国各地、特に「満蒙」はその必要となる資源の供給地であり、国防資源の問題を解決する最も可能性の高い方策は「支那国産国防資源の搬来」③であると論じ、中国の資源が将来日本の総力戦遂行にとって極めて重要だと強調した。小磯の報告は提出されると直ちに参謀本部に重視され、「価値ある参考資料」として軍内部に配布された。更にその影響は政界にも及んだ。一九一八年の第四〇回帝国議会において小磯の報告が評価され、内容の一部が同議会で決議された軍需工業動員法に組み込まれた。

総力戦理論の出現は日本の対外戦略が東アジアの覇権を争奪する方向へと発展する予兆だった。それまでの日本の戦争指導は、突撃や速戦既決などを強調するだけであったが、それは資源が欠乏し国力不足だからであった。そして、それは少しずつ進めてきた「局地的拡張路線」とも一致するやり方であった。第一次世界大戦中、日本は列強がヨーロッパ戦線に忙しい隙間をぬって二十一ヵ条

---

① 日本防衛庁戦史室編:『戦史叢書・軍軍需動員(一)・計画篇』、31頁。
② 日本防衛庁戦史室編:『戦史叢書・軍軍需動員(一)・計画篇』、40頁。
③ 日本防衛庁戦史室編:『戦史叢書・軍軍需動員(一)・計画篇』、41—42頁。

を強引に要求し、中国を一国で支配しようとして、中国の抵抗と米、英、仏などの反対を引き起こした。各国の強い反対に遭い、日本は二十一ヶ条の中で中国を支配しょうとする第五号を放棄せざるを得なくなった。戦後はまた米英等の圧力によりワシントン会議で中国及び太平洋地区に関するさまざまな条約を受け入れさせられたのである。

二十一ヶ条の強要は、覇権を争うための総力戦を実施する実力を持たず、準備も整っていない、すなわち、戦力上の保障がない中で、侵略的野心を膨張させ、投機的に東アジアの覇権を求めた一つの試みだった。そして、その結果は失敗に終わり、得たのは痛々しい教訓であった。日本は英米等に対抗できる総合国力を持たない限り、中国への大規模な覇権拡大を実施できないことを認めざるを得なくなった。

軍部が第一次世界大戦中と大戦後に総力戦を熱心に研究したことは、二十一ヶ条要求の失敗と無関係ではない。日本は常に中国を蔑視し、中国の軍隊を簡単に潰せると思っていた。したがって、総力戦理論は主に日本の対外膨張を制約する英米ソ各国に対応するためのものであった。この理論の核心は、機会が巡ってきた時、十分な総合的国力で、英米ソと個別に争うため、中国での権益と極東の制海権をできる限り拡張することにあった。しかし、総合的国力の充実は大量の資源を安定的に必要とする。したがって、この理論はまず中国の資源をコントロールすることを最優先とした。侵略の矛先は当然中国であった。

ただし、日本は英米の牽制の下で中国に対し、全面的且つ大規模な拡張を直ちに行うことが難しいことをよく知っていた。他方、総力戦体制は戦略資源地域を占領しなければ成立しない。したがって、対支拡張の過程で、中国における戦略資源地域を限定して制覇の目標としなければならなかった。ここで、日本が真っ先に考えたのは中国東北地方であった。

東北地方は面積約一一〇万平方キロメートルであり、日本の国土の三倍にあたる。同地区では戦略資源、たとえば鉄、石炭、銅、鉛、亜鉛などが非常に豊かである。九一八事変前、東北地方の石油は全国生産量の九三%を占め、金採取量は五五%、鉄鋼埋蔵量は三七%、森林面積は三分の一で一八〇〇万平方キロメートルあまりあり、石炭の年間生産量は約一〇〇〇万トンであった。工業、交通インフラも整っていた。九一八事変前の発電量は全国の二三%をしめ、鉄道路線は四一%、鉄鋼生産量は五五%であった。他に多くの鉱産資源が資金、技術などの不足により、開発されなかったり、小規模に開発されただけのところもある。一方日本は資源が乏しく、多くの原（燃）料は輸入に依存していた。たとえば、鉛、鉄、錫、石油など重要資源の対外依存度はそれぞれ九二%、七六%、七一%、九二・六%であった。[①]この依存体質を変えることは、日本の資本主義を発展させるためだけではなく、総力戦体制を確立するためにも必要だった。

したがって、第一次世界大戦後、日本は東北地方の資源を長期安定的に占有、開発して総力戦体制の基礎を築くために、満蒙での優越的地位を確立し、更に満蒙を占領することをその対外拡張の主要戦略目標とした。日本の国防理論における総力戦体制という新しい内容は、軍部が九一八事変を引き起こした主要原因の一つだった

---

① ベドニヤク：『日本対華侵略与美国的態度』、生活・読書・新知三聯書店、1959年、43頁。

と言うことができる。

その一方で、南京国民政府は北伐による国内の統一をほぼ完成すると同時に、ワシントン体制下で不平等条約の改正に向けて少しずつ着手した。ワシント体制の主な内容は中国の領土・主権の現状を維持し、列強が中国で門戸開放の原則を遵守し、更に日本の海軍軍備に一定の制限を加えるというものであった。この体制は米英に主導権を握られており、その下で列強が在華植民地権益を分かち合い、日本の南西太平洋への拡張を制限した。このワシントン体制は中国にとってやはり侵略的であったが、客観的には中国が日本の侵略に対抗するのに有利であり、中国の領土・主権を尊重するなどの部分も有効に利用できた。この時期、米英の極東政策の基調は現状維持であり、南京国民政府の条約改正交渉に対して、ある程度の譲歩をした。新しい関税条約を締結し、治外法権の全面撤廃に関する交渉を行うことにも同意した。

米英に接近して既存お国際秩序の下で不平等条約を少しずつ改正するという南京国民政府の対外政策は、日本が満蒙を占有し支配するという対外戦略と対立した。また、日本軍部は中国に対するいかなる譲歩にも反対し、更にワシントン体制が日本の対外拡張路線に制限を加えることにも不満を持っていた。したがって、「新たな国際秩序の再編成をめざす」ことに全力を挙げ、①満州では「総退却か、武力解決か、二者択一」②であると主張した。

一九二九年に始まった世界恐慌は米英諸国に衝撃を与え、ワシントン体制もある程度弱まった。そこで日本軍部とその支持者はこ

---

① 入江昭著、篠原初枝訳:『太平洋戦争の起源』、東京大学出版会、東京、1991、6頁。
② 日本防衛庁戦史室編:『戦史叢書・大本営陸軍部』第一巻、朝雲新聞社、東京、1974年、310頁。

の機会を利用して満蒙を占領し、総力戦の基盤を確立すべくと強く主張した。一九三一年一月、満鉄調査課長佐多弘治郎は関東軍司令部で講演し、「領土曠大にして資源豊富なるもの愈々強大となるに至るべし。……大日本としての所謂超大国を建設するの要は極めて明白にして之が為領土を獲得するか尠なくとも之と同価値のものを得ざるべからず」、満蒙を占領することにより「容易に第二次の発展を策し得べし」と述べている。①

三月、関東軍高級参謀板垣征四郎は「軍事上より観たる満蒙に就て」と題する講話において、満蒙の戦略的価値を分析した。彼は「満蒙は対露作戦に於ては主要なる戦場となり、対米作戦に於ては補給の源泉を成すものであります。従って満蒙は実に米、露、支三国に対する作戦と最重大なる関係があります」②とはっきり述べている。これは満蒙を奪取することは日本の総力戦経済に有利であり、更に拡張戦略態勢を築くのにも有利であると指摘したものと言える。板垣のこの一文は歩兵学校の教官に講話したものであり、軍が彼の主張を重視していたことがうかがえる。五月、関東軍司令官菱刈隆は、「帝国の高遠なる使命を全うし得べき所以の途は実に満蒙問題の根本的解決を以って第一歩となす」③と指摘した。

以上の「超大国」、「第二次の発展」、「高遠なる使命」とは何を指しているのであろう。戦略理論家で衆議院議員の池崎忠孝は「日本は自国の生存のために、太平洋の半分を支配しなければならな

① 小林龍夫、島田俊彦解説:『現代史資料7・満州事変』、みすず書房、東京、1985年、134—145頁。
② 板垣征四郎:「軍事より観たる満蒙に就て」、『現代史資料7・満州事変』、144頁。
③ 菱刈隆:「昭和六年（五月二九日）部隊長会同席上訓示」、『現代史資料7・満州事変』、145頁。

い」[①]とはっきり述べている。

関東軍作戦主任参謀石原莞爾は「満蒙問題解決の為の戦争計画大綱（対米戦争計画大綱）」の中で、満蒙を占領することが「戦争運命に重大なる影響あるのみならず、帝国百年の大計に大なる関係を有す」[②]と指摘した。五月、彼は「満蒙問題私見」の中で「欧州大戦により五個の超大国を成形せんとしつつある世界は更に進て結局一の体系に帰すへく其統制の中心は西洋の代表たる米国と東洋の選手たる日本間の争覇戦に依り決定せらるへし」[③]とし、更に論を進めて「我国は速に東洋の選手たるへき資格を獲得するを以って国策の根本義となさざるへからず」[④]と主張した。具体的なプロセスはまず満州を分離し、それが「東洋安定の模範地区となり、中国本土もこれにならうようになり、之こそ日本の大国策でなければならない」[⑤]と述べた。

以上、それぞれの意見と主張は完全に一致しているわけではないが、満蒙を奪取して将来の争覇戦のための基盤にするというところでは一致している。これらの意見と主張は明治末年と大正前期の日本朝野における東アジア制覇思想の主張を継承し発展させたものであり、第一次世界大戦後の総力戦理論研究の帰結でもある。ここにいたり、日本の軍国主義者は、満蒙奪取の可否は日本の対外拡張の成否につながると確信した。そして、衆議院議員松岡洋右の第五十九回議会における「満蒙生命線論」は、たちまち日本の朝野で流行語となった。

---

① 池崎忠孝:『太平洋戦略論』、先進社、東京、1932年、26頁。
② 角田順:『石原莞爾資料・国防論策篇』、原書房、東京、1971年、71頁。
③ 角田順:『石原莞爾資料・国防論策篇』、76頁。
④ 角田順:『石原莞爾資料・国防論策篇』、76頁。
⑤ 日本防衛庁戦史室編:『戦史叢書・大本営陸軍部』第一巻、310—311頁。

こうした主張はすぐに日本政府に国策として採用されなかったが、軍部ではすでに共通認識となっていた。一九三一年六月、関東軍は公式に参謀本部に対し、南北満州の懸案解決策として軍事的手段を採用することを具申してきた。①緊急に陸軍省と参謀本部の課長会議を構成し、同月、「満州問題解決方策の大綱」を作り上げ「……排日行動の発展を見ることになれば、遂に軍事行動の已むなきに致ることがあるだろう」②と結論した。当時、日本政府はまだ「協調外交」を展開しており、ワシントン体制は日本の拡張を抑制していた。このため、同会議ではまた「満州問題の解決には、内外の理解を得ることが絶対に必要である」とし、内に対して「陸軍大臣は閣議を通じ、現地の状況を各大臣に知悉せしめ」支持を得るのに努力する、外に対して陸軍省部と外務省が協力して「関係列国に満州で行はれてゐる排日行動の実際を承知させ、万一にもわが軍事行動を必要とする事態にはいったときは列国をして日本の決意を諒とし、不当な反対圧迫の挙に出でしめないように」するとともに「内外の理解を求むるための施策は、約1ヶ年即ち来年春迄を期間とし、之が実施の周到を期する」③とした。一九三二年春に武力で満州を奪取するという陸軍の方針が確定されたのである。

一九三一年七、八月には万宝山事件、中村大尉事件が起こり、軍国主義者は戦争をあおり立て、開戦への歩みを加速させた。

九月一八日夜、関東軍は満鉄の一部を爆破して、それを契機に東北軍と戦闘を開始した。日本軍は綿密に計画準備していたのに対し、東北軍は逆に「不抵抗主義」を堅持した。そして、わずか四ヶ

---

① 日本防衛庁戦史室編:『戦史叢書・大本営陸軍部』第一巻、306頁。
② 小林龍夫、島田俊彦解説:『現代史資料7・満州事変』、164頁。
③ 小林龍夫、島田俊彦解説:『現代史資料7・満州事変』、164頁。

月余りの間に、日本は国土の三倍に相当する東北三省の大部分を占領した。

東北地方の占領は関東軍と軍中央部との共同計画であった。関東軍はその計画を予定より早く実行に移したに過ぎない。これに対し軍中央部は当然支持したが、政府は逆に事変前後の一時期、軍部のやり方に反対した。双方は、武力の行使と事変の拡大するべきか否かといった問題で意見が大きく分かれた。

無視できないのは、日本政府及び天皇、元老が戦略的配慮から一時期武力の使用に反対したことである。日本政府は武力で中国東北地方を占領することが九ヶ国条約に違反し、ワシントン体制の打破を意味することが分かっていた。これは中国人民の強い抵抗を引き起こすばかりではなく、米英諸国との激しい戦略的対立をもたらす恐れがあった。この時期、日本政府は相変わらず協調外交を基調とし、対東アジア政策を大きく変えるつもりはなかった。

実際、協調外交は第一に日本の資本主義が必要としていた。日本の財閥集団は中国とアメリカ及び英国植民地に巨大な利権を持っており、原（燃）料市場と販売市場を確保するのに有利な国際環境を作るために、政府に熟練した国際政治と外交の運営を要求した。同時に、協調外交は自国の国際的地位及び在華地位を守るためのものであった。日本政府は、自国の総合的国力がまだ英米等世界一流の強国と対抗することができず、武力で中国東北地方を占領すれば英米などに制裁される可能性があり、東北地方占領に失敗した場合、日本の国際的地位を大きく損なうこととなり、在華地位及び権益も損なわれることを十分承知していた。協調外交はまた、国内政治の要求でもあった。もし、既定の外交方針が軍部の意志で勝手に乱れされたりすると、国内が混乱する可能性があり、天皇制の専制統治もそれで損なわれる可能性があり、それは天皇、元老、重臣と政府にとって望ましいことではなかった。

したがって、事変前に幣原外相は「恰も我国自ら其地方の主人役、即ち法律的に云えば統治者を以って任ずるものの如き誤解を招かないよう」①注意する一方で、武力を後楯としつつも、外交手段による「満州懸案」の解決を主張した。②つまり、中国に日本の東北地方への要求を少しずつ受け入れさせることである。この方法ならば東北地方の資源、交通及び商工業を支配できるだけではなく、米英干渉の口実をなくさせ、そして中国人民の反日運動の暴発を防ぐことができる。

軍が上下を問わず武力で満蒙問題の解決を叫んでいた最中の九月一一日、天皇は南次郎陸相を招致し、関東軍の軍紀を正すよう注意した。③翌日、元老西園寺は南次郎に「満蒙の土地と雖も支那の領土である以上、事外交に関しては、すべて外務大臣に一任すべきものであって、軍が先走ってとやかく言ふことは甚だけしからん話である。閣下の如きは、輔弼の責任上、また軍の首長として、充分慎重な態度を以ってこれを取締るべきである、と自分は思ふ"」④と厳しく言った。

一五日幣原は、関東軍が近く武力行動を起こす形勢があるとの報告を受け取ると、直ちに南次郎に対し、「かくの如きは国際協調を基本とする若槻内閣の外交政策を根本より覆すもので、断じて黙

---

① 幣原平和財団:『幣原喜重郎』、幣原平和財団出版会、東京、1955年、374頁。
② 「満州懸案鐵道問題に關する幣原外相方針」、1930年12月19日、日本外務省編:『日本外交年表竝主要文書一八四〇——一九四五』下、原書房、東京、1972年、168—171頁。
③ 原田能雄述:『西園寺公と政局』第二巻、岩波書店、東京、1951年、61頁。
④ 原田能雄述:『西園寺公と政局』第二巻、54頁。

過するわけにはゆかない。」[①]と厳重警告した。

事変発生翌日の午前、若槻内閣は臨時閣議を召集し、東北問題を討論した。席上、若槻首相は「果たして原因は、支那兵がレールを破壊し、これを防禦せんとした守備兵に対して攻撃して来たから起こったのであるか、即ち正当防禦であるか。もし然らずして、日本軍の陰謀的行為としたならば、我が国の世界における立場をどうするか。かくの如き不幸なる出来事に対しては衷心遺憾の意を表する次第である」[②]と語った。幣原外相は林久治郎在奉天領事の機密電報を出し、柳条湖事件が「全く軍部の計画的行動に出てたるものと想像せらる」[③]と述べた。南陸相は会議の雰囲気が軍強硬派にきわめて不利だと見て、「気落ちして、閣議で朝鮮軍から増援部隊を派遣することを要求する勇気がなくなり」発言を控えた。外務省方面の意見が主導的地位を占めたため、閣議では「事態を拡大しないように努力する」という処理方針を決めた。[④]

その二日後、朝鮮軍は勅命なしに東北地方に越境進入した。関東軍は増援を得て吉林省に進攻し、事変を拡大した。二二日、若槻は閣議で朝鮮軍の出兵経費を追認した。一方、幣原は関東軍によって現状を維持して全面的に満蒙問題を解決したとしても、結果的にやはり「済南事件の例もあり、たとえ現状配置において交渉開始に入るとするも、結局は旧態に復せざるを得ざるに至るべし」[⑤]と指摘した。これに対して、南陸相は「本件は済南事件と全くその趣き

① 幣原平和財団:『幣原喜重郎』、466 頁。
② 原田能雄述:『西園寺公と政局』、62 頁。
③ 日本外務省編:『日本外交年表竝主要文書一八四〇—一九四五』下、181 頁。
④ 日本外務省編:『日本外交文書・満州事変』、第一巻、第一冊、外務省出版、東京、1977 年、24—25 頁。
⑤ 日本防衛庁戦史室編:『戦史叢書・大本営陸軍部』第一巻、317 頁。

を異にし、断じて外相の云うが如きことなし」[1]と断言した。

幣原は、既定方針下にあっては最終的にはワシントン体制に従がわなければならないことを述べ、外交手段で解決すべきであり、出兵が無駄であることを暗示していた。他方、南は、経済危機の拡大で米英諸国の極東における地位が弱まっている機会を利用して、ワシントン体制を打破しょうと軍部が考えていることを明らかにしたのである。

事変初期、軍と政府の内部では、このように意見が分裂していたから、外務省と軍部では、協力の一面もあったが対立の一面もあった。幣原を中心とする外務省は閣議で、事件は関東軍が挑発して起こしたと指摘し、大規模な兵力増援に反対し、事件解決の主導権を握ろうと努力した。他方、外に向けては、日本は事態を拡大するつもりがないことを声明し、日本軍の行為はただの「自衛」行為だとした。その目的はワシントン体制各国の諒解を得て、国際連盟とアメリカによる制裁を避けることにあった。しかし、軍部は東北全土の占領をめざして行動しており、関東軍と朝鮮軍は先鋒としての行動に束縛をほとんどされなかった。参謀本部と陸軍省は事変初期に内閣をいい加減にあしらいながら、関東軍と朝鮮軍を煽動して軍事行動の範囲を拡大させるやり方をとっていた。

一〇月八日、日本軍期が錦州を爆撃し、東三省全域を占領する意図が赤裸々となると、国際連盟とアメリカの態度は明らかに変わった。一四日、国際連盟は理事会を開き、日本に対し、撤兵など七項目の要求を提出し、二四日に決議した。そして、一一月の初旬に

---

① 日本防衛庁戦史室編:『戦史叢書・大本営陸軍部』第一巻、317頁。

アメリカは対日制裁の可能性を検討した。[①]これは、中国及び西太平洋問題に関して英米等と日本との対立が深刻になったことを意味した。国際連盟とアメリカは、日本が国際条約に違反し、国際秩序を破壊していると批判したのである。それは、日本が国際社会から追放されていく第一歩であった。[②]

関東軍の軍事行動の拡大に伴い、満州の中国からの分離を要求する声が朝野をあげて急速に高まった。若槻内閣は外に対して日本のワシントン体制打破行為を弁護することができなくなる一方で、国内では「当面事件前途の患害」[③]だと糾弾された。かくして、内外の圧力で若槻内閣はあえなく崩壊し、一二月一三日、犬養毅内閣が誕生した。

犬養は老練な政治家であり、既存国際秩序の打破は必ずや米英諸国の激しい反発を招くであろうことをよく知っていて、中国に圧力をかけて満蒙への「特殊」植民地としての日本の要求を受け入れさせてから撤兵することを裏で主張していた。[④]この事で彼は翌年の五・一五事件でファシスト軍人らに暗殺された。その一方で、犬養はまた軍部と朝野の大勢の要求に応じて、「満蒙問題は軍部と相協力して積極的にこれを解決する」[⑤]と表明した。一二月一七日、犬養内閣は第十師団と混成第八旅団を中国東北地方に増派することを認めた。関東軍は増援を得て、直ちに錦州に肉薄した。錦州占領後、一九三二年一月八日、天皇は勅語を下賜し、関東軍を褒

① 入江昭著、篠原初枝訳:『太平洋戦争の起源』、20 頁。
② 入江昭著、篠原初枝訳:『太平洋戦争の起源』、20 頁。
③ 角田順校訂:『宇垣一成日記一』、1931 年 10 月 12 日、みすず書房、東京、1970 年、813 頁。
④ 「犬養健証言」、近衛文麿公関係資料、京都、陽明文庫蔵、マイクロフィルム、8 頁。
⑤ 日本防衛庁戦史室編:『戦史叢書・大本営陸軍部』第一巻、324 頁。

賞した。①

かくして犬養内閣の曖昧な態度、関東軍の行動に反対していた主張は完全に消えたのである。一月六日、陸海外務の三省は共同して「支那問題処理方針要綱」を制定した。その中で、満蒙を「独立政権」国家とし、「満蒙の防衛は帝国が主として之に任じ該地方を以って帝国の対露、対支国防の第一線とす」②と規定した。これによって前に述べた関東軍等の主張が国策として確立された。同時に、関東軍は傀儡政権の成立を急ぎ、一九三三年三月一日、「偽満州国」が正式に成立した。

同じ時期、上海事変が発生したが、日本政府と軍はこれまでとは異なる政策をとった。兵力を漸次に増援して「支那軍を一定の地域外に撤去を求」③めながら、「速に之が解決を計ることと」した。④

このような対策をとった主な理由は、第一に、事変挑発の目的は、満州事変から列強の視線をそらす意図があった。⑤事変の主要な計画者の一人である田中隆吉によれば、「板垣征四郎の電報は、『列国の目がうるさいから、上海で事を起こせ』⑥という内容だった。つまり、満州を独立させるために列国の目を上海にそらす」ということだった。こうした意図が、ある程度事変の政略的性格を規定してしまったのである。

---

① 本庄繁:『本庄日記』、原書房、1967年、61頁。
② 小林龍夫、島田俊彦解説:『現代史資料7・満州事変』、343頁。
③ 日本国際政治学会:『太平洋戦争への道・別巻・資料篇』、朝日新聞社、東京、1963年、192頁。
④ 日本国際政治学会:『太平洋戦争への道・別巻・資料篇』、192頁。
⑤ 兪辛焞:『満州事変期の中日外交史研究』、東方書店、東京、1986年、177頁。
⑥ 東京12チャンネル報道部編:『証言・私の昭和史』第一巻、学芸書林、東京、1969年、175頁。

第二に、上海は国際都市であり、欧米各国はそこに巨大な利益を持っており、日本が各国を刺激しすぎると国際的に不利をもたらす恐れもあった。[①]高橋是清蔵相は、もしこれで「列国から孤立すれば、やっとここまで仕上げて来た満蒙まですべて失ってしまふ結果に陥りはせんか、頗る憂慮に堪へないところだ」[②]とはっきり語った。

実際に、米英仏などはこの時強硬な態度をとっていた。彼らは日本が国連規約、九ヶ国条約及び不戦条約に違反していると厳しく非難し、日本の行動を牽制する為、軍艦約三〇隻を上海に派遣するとともに、上海の陸上兵力を増強した。そこで、日本は、事態の拡大が米英などを直接反発させる可能性があり、その結果は想像できないと認めざるを得なくなった。牧野伸顕内大臣は、「もし我が国が上海でしくじった場合には、今までの満蒙の問題もすべてゼロになってしまう」[③]と指摘した。

第三に、根本的な原因は、日本政府と軍部がこの時に「帝国国策遂行の重点を満蒙方面に注入する」[④]としたことにある。日本は東北を侵略、占領した後、満蒙を将来の総力戦の戦略的基地にするために一定期間集中的に経営しなければならないと考えていた。したがって、日本政府と軍は「上海事変は飽迄も満蒙問題と別個に取り扱う」[⑤]と決めていた。こうして、列国を刺激して両事変を同じ方法で処理することを避けようとしたのである。日本軍は逐次増援を得て軍事面で進展を遂げた後、軍中央部からのたびたびの指示に

---

① 原田能雄述:『西園寺公と政局』第二巻、205—206頁。
② 原田能雄述:『西園寺公と政局』第二巻、216頁。
③ 原田能雄述:『西園寺公と政局』第二巻、201頁。
④ 日本国際政治学会:『太平洋戦争への道・別巻・資料篇』、192頁。
⑤ 日本国際政治学会:『太平洋戦争への道・別巻・資料篇』、193頁。

したがって、国際連盟が会議を開き上海問題を検討した同日（三月三日）に急遽停戦を発表した。

二、九一八事変と中国の対応

日本軍が満州事変を惹起させた時、中国側は不抵抗政策をとった。その理由については、学界ではすでに多く論述されえている。中国学界の伝統的な見方は、張学良の東北軍が日本軍の侵攻に抵抗しなかったのは蒋介石の電報命令があったからだと指摘している。すなわち、一九三一年八月一六日に蒋が張学良に発した「銑電」のことである。

九〇年代初め、学界に新しい見解が生まれた。それは張学良が蒋介石以上に不抵抗の施政をとっていた、と有力な資料を用いて指摘したのである。①本章では戦略的角度から国民政府と張学良が不抵抗政策をとった原因を検討したい。

この時期、蒋介石と南京国民政府が日本の戦略を判断する際、英米の牽制によって日本は協調外交を実施せざるを得ず、大規模な対華侵略行動をとることが難しく、戦争準備の対象は主に強国であると見ていた。他方、国内問題への判断としては、中国共産党の紅軍が相変わらず大敵だが、両広（広西・広東）の反蒋勢力を先に解決しなければならない「安内」問題があった。そのため、蒋介石は先ず「安内」してから「攘外」をするという方針を堅持していた。

万宝山事件と中村大尉事件が起こって、日本軍部がこの機会を

---

① 兪辛焞:「九一八事変時期的張学良和蒋介石」、『抗日戦争研究』、1991 年、第 1 号。

利用して武力で満蒙問題を解決しょうと画策していた頃、蒋介石は三〇万の軍隊を率いて「勦共」に忙しかった。同時に彼は、両広の反蒋勢力を鎮圧するため、広東を討伐する計画を立てていた。そこで、蒋介石は日本に対しては、当面列強間の対立を利用して中国への拡張を抑制できると考えていた。したがって、張学良に、日本の局地的挑発行動に抵抗することなく現地解決し、「安内」に集中するよう、要求した。他方、張学良としてはもともと地方軍閥であり、自己の勢力範囲と実力を維持するために日本軍との衝突は望んでいなかった。

関東軍が柳条湖事件を起こした直後、これは関東軍が勝手に起こした行動で、局地的な事件であり、しかも日本政府が関東軍を制御することができる、と張学良は誤って判断した。[①]一九九〇年、日本放送協会（NHK）の記者のインタビューを受けた際に彼は判断の誤りを認め、「当初、関東軍が九一八事変を起こすとはまだ予想していなかった」[②]と語っている。

南京政府も日本政府と軍が事変に対して異なった対応をしているのを見て、事変は関東軍が勝手に進めた行為と判断し、事変を「奉天事件」と呼称し、これまでの対日妥協方針に沿って局地的解決を望んだ。

九月一九日、宋子文は重光葵駐華公使に「日本政府が軍部及び之に関連せうる力を抑へ得るや否やが自分の最も心配し居りたる処」[③]と述べた。日本軍が長春、吉林などを占領した後の九月二二日、宋は再度重光に、「右の如き状態にては果たして日本の内閣が

---

① 「張学良訪談録」、『参考消息』1990年12月23日を参照。
② 「張学良訪談録」、『参考消息』1990年12月23日を参照。
③ 臼井勝美：『満州事変——戦争と外交』、中央公論社、東京、1974年、60頁。

陸軍をよく制禦し得るや否や疑惧の念なきを得ず」[①]と述べている。これは日本政府にできるだけ早く有効な措置をとって、軍が事態を拡大することを止めさせて欲しいと考えていたことを示している。南京特殊外交委員会は、元老、海軍の主流派、金融界、欧米や華南地方と密接な貿易関係を持っている実業家などが軍部と対立していると考えていた。特殊外交委員会会長の戴季陶は一〇月二一日の時点で外交ルートから得た情報に基く対日政策の報告書の中で、目下のところ東京で両派の対立が激しく、南陸相以外は皆平和を主張していると述べている。[②]これらのことは、南京国民政府は日本政府と軍部の意見対立に対してある程度認識できていたが、軍部が日ごとに強くなっていることについては、はっきり認識していなかったことを表している。そのため南京国民政府は、日本政府が軍部の独断専行を抑え、日本軍の撤退させ得るのではないかと、ある程度期待していたのである。

対日戦略判断が間違っていたことで、蔣介石と南京国民政府及び張学良は、一連の誤った対策をとった。関東軍は九月十八日に柳条湖事件を起こし、東北軍参謀長の栄臻は張学良の指示にしたがって、第七旅に「抵抗はしない。たとえ強制的に武装解除させられたり、兵舎には入れられたりしても、好きなようにさせろ」[③]と命令した。東北軍はこれまで「不抵抗主義」の下で、対日軍事行動の準備を真剣にしたことがなかった。将兵たちが対日軍事訓練をすることも少なく、不抵抗命令を受けてからは更に士気が低下し闘志もな

---

① 臼井勝美:『満州事変——戦争と外交』、61頁。
② 李雲漢編:『九一八事変史料』、正中書局、台北、1982年、326頁。
③ 栄臻:「九一八事変経過之情景」、『中華民国重要史料初編』緒論一、中国国民党党史委員会、台北、1981年、262頁。

くなった。これらの原因で北大営は少数の日本軍の攻撃で翌日朝五時半に陥落した。

張学良は九月一九日朝六時前後、すなわち、日本軍が奉天（瀋陽）を攻撃している最中に北京で緊急会議を開き、われわれは不抵抗主義をとり、すべてのことを国際裁定に任せると決定した。①しかし、同日、関東軍はすでに瀋陽、安東、営口、長春、鳳凰城などを占領した。

南京国民政府外交部は一九日に国際連盟に「直ちに連盟規約に則って適当な措置をとり、日本軍を占領地域から撤兵させ、東亜の平和を保持されたい」と要求した。そして「中国政府は国際連盟がこの件について行ったすべての決定に従う」と表明した。②二一日、南京国民政府外交部はドラモンド連盟事務総長に対し、連盟規約第十一条に基づき、直ちに理事会を開き、日本の中国東北侵略問題を討論し、解決策を定めるよう要求した。他方、同日、アメリカ政府に対して、極東の平和を維持するためにアメリカが適切な措置をとるよう要求した。同時に、南京国民政府は十九、二〇日と連続して開催した会議で対日問題を討論したが、抵抗の方法は何も決まらなかった。③

九月二一日、蒋介石は南昌から南京に戻って、対日問題について会議を開いた。この会議では相変わらず日本軍の行動が局地的な挑発行為に過ぎないと見て、特殊外交委員会を構成し対日対策の検討を決めたが、具体的な対策は決定しなかった。会議では「広東討

---

① 『晨報』、1931年9月20日。
② 羅家倫編：『革命文献』三九号、中国国民党中央委員会党史委員会、台北、1979年、2345頁。
③ 上海『民国日報』、1931年9月21日、前掲『中華民国重要史料初編』緒論一、278頁。

伐及び『剿共』計画はすべて延期する」[1]と決めたが、実際に剿共停止されず、軍隊を北上して日本軍に抵抗することもなかった。これらすべては、九一八事変初期に南京国民政府と張学良が犯した対日戦略上の判断ミスであり、日本軍による東北占領計画を十分に予見できず、事変をただの局地事件として見て、連盟とアメリカに対し、連盟規約と九ヶ国条約などで事件が解決されるのを期待していたことがうかがえる。

九月二二日、連盟は中国の要請により理事会を開催した。会議では日本の中国東北における軍事行動について皮相的な議論をしたが、日本の行動が侵略だと非難することはなかった。ただ中日両国政府に緊急に通告して、「事態の悪化あるいは平和解決を妨害する行動をそれぞれ防止するよう」という決議を下しただけだった。[2]これに対して日本は二四日、「日本政府は事態を拡大しない方針をとる」との声明を発表した。そこでは日本軍の侵略行動を粉飾し、日本軍の大半が原駐地に撤退し、日本居留民と鉄道の安全が保障され次第、残った軍隊も全部撤退するとごまかし、日中間の直接交渉により問題を解決したいと言い出したのである。その翌日の理事会で日本はまた、連盟が干渉しないよう要求した。[3]

この時期、英仏などはヨーロッパの問題と国内経済問題に忙しく、日本が東北地方で軍事行動を起こした意図についてまだはっきり分からなかった。彼らの極東政策は主に自分の既得権益を守る為であり、日本が軍事占領を行わない限り、双方の矛盾はまだ調整可能と考えていた。日本が軍事手段を使って中国の主権を奪うかどう

---

① 上海『民国日報』、1931年9月21日、前掲『中華民国重要史料初編』緒論一、280頁。
② 古屋奎二著、中央日報訳:『蔣総統密録』第八冊、中央日報社、台北、1976年、48頁。
③ 古屋奎二著、中央日報訳:『蔣総統密録』第八冊 、49—50頁。

かは、英米の極東政策において緊急な関心事項ではなかったのである。したがって連盟の会議でイギリス代表は「日本の回答によって事態はすでに緩和されたことが判明した。これで国際連盟は平和を確保する義務を果たしたと思う。」と語った。三〇日、理事会は日本政府が声明した「満州（東三省）に対して領土目的の意思はない」という点は極めて重要だ、[1]等々の決議をして会議を終わらせた。

九一八事件勃発後の一時期、南京国民政府及び連盟とアメリカが、日本の軍事行動には東三省全土の占領意図はなく、日本政府は軍の独断行動を抑制できるとの幻想を抱いていたことには客観的な原因があった。前述したように、日本政府と軍部はこの事変に対して異なった対応をしていた。軍部はこの機会を利用して東三省を占領し、長い計画していた戦略的目的を達成することを望んだ。他方、政府は国際的干渉を招くことを心配して、何の収穫もないまま不利な立場になるのを避ける為、できるだけ事変を拡大させず、大きな植民地としての権益を得ることで満蒙懸案問題を解決して撤兵したいと主張した。すなわち事変当初、南京国民政府と日本政府の両方とも事変処理方策を模索している段階であった。連盟とアメリカは逆に自身の利益から判断し、日本政府が事変を拡大させず、領土的要求はしないと繰り返し声明している以上、日本の軍部を刺激する行動をとることを避けたかった。

一〇月八日、関東軍の錦州攻撃により、連盟とアメリカの対日態度に多少変化が見られた。同日、スチムソン国務長官は錦州攻撃について出淵勝次駐米大使に質問と抗議を行った。そして、翌日、

① 古屋奎二著、中央日報訳:『蔣総統密録』第八冊、51頁。

連盟に文書を提出し、連盟が権限を行使して日本に圧力をかけるよう要求した。同日、スチムソンはフーバー大統領に対し、日本に集団的経済制裁を実行するか、外交的圧力をかけるよう進言した。しかし、連盟はスチムソンの意見を受け入れなかったが、日本に圧力をかけるために、アメリカをオブザーバーとして連盟理事会に出席させた。一〇月一三日、連盟理事会は予定より一日早く会議を開き、東北問題を討議した。二十四日、理事会は日本に次回の理事会開催前に、つまり一一月一六日前に軍隊を原駐地に撤退するよう要求すると決議した。

これに対して、南京国民政府は外交努力が効果をあげたと考え、一三日に「国際連盟の決議が早く実行されることを希望する。日本が世界の意思を尊重し、撤兵期限の一一月一六日以前に撤兵することを望む」①と発表した。蒋介石もその後、「今後の世界の平和は、今回の国際連盟総会と出席した各国代表の努力によって更に確実に保障された」②と発表した。そして、蒋介石と南京国民政府は日本軍の撤兵が実行されると考え、直ちに東三省各地で接収委員会を設立することを決めた。

一一月二日、顧維均が委員長に任命され、張作相、張群など六人が委員に就任した。一〇月二七日、蒋作賓駐日公使は幣原外相に書簡を出して、「中国は接収工作のメンバーを選んでいる。大体準備ができた。日本政府は責任者を派遣して協議したい」③と通知した。蒋介石と南京国民政府は日本軍部の意図を誤って判断し、連盟とアメリカの関与による解決を図る政策をとったので、抗日軍事行

---

① 古屋奎二著、中央日報訳:『蔣総統密録』第八冊、81頁。
② 古屋奎二著、中央日報訳:『蔣総統密録』第八冊、81頁。
③ 古屋奎二著、中央日報訳:『蔣総統密録』第八冊、81頁。

動の準備開始を何度も延期した。その結果、日本軍に東北全土を容易に占領させてしまったのである。

南京国民政府が日本軍の撤退を待っていた時、日本は連盟に対し、連盟規約第五条により、理事会の決議は理事国全ての賛成がなければ法的効力を持たない、したがって日本への撤兵要求は無効である、と通告した。続いて日本軍は一一月四日、嫩江に進撃し、一一月一九日、チチハルを占領した。同時に日本軍は錦州攻撃に着手した。他方、一一月八日、日本軍は天津事件を引き起こした。これは張学良の増援部隊を錦州へ行かせないようにするとともに、事態を混乱させようとしたものであった。

ここに来て蔣介石と南京国民政府は完全に目を醒め、日本軍の意図は東北全土を占領することだと判断した。特殊外交委員会は中央政治会議に提出した「対日政策報告書」の中で「日本軍は東三省を完全に占領し、中国固有の政治・軍事勢力を追い出すのがその主な目的であると判断する」①と述べた。この判断は南京で開かれていた国民党第四次代表大会で承認された。同大会で決定された「日本の侵略暴行への決議」は、「今後、国権を守り、国土を保護することについて、本大会は国民政府に必要な一切の正当防衛手段をとる全権を与える」②としていた。蔣介石も、馬占山の嫩江における日本軍への抵抗が「自衛手段であり、正当である」③と表明した。そこで、日本軍の天津での行動に対処し、張学良を錦州防衛に専念させるため、蔣介石と南京国民政府は、財政部所属の税警団約六千人を天津に派遣した。この時、南京国民政府は日本軍の錦州占領を

① 李雲漢編:『九一八事変史料』、325頁。
② 李雲漢編:『九一八事変史料』、307—308頁。
③ 李雲漢編:『九一八事変史料』、300頁。

避けるためには依然として連盟とアメリカの関与を望んでいたが、「万一効果がなかったら、自国の実力で守るしかない」①と認識していた。

この時期、南京国民政府は「攘外必先安内」の方針を変えなかった。この方針は、国内の紅軍と反国民政府軍閥勢力を排除するまでは日本と衝突しないことを要請していた。しかし、日本軍が大挙して都市を攻略して土地を略奪する行為に直面すると、蒋介石と南京国民政府はある程度抵抗せざるを得なかった。九一八事変勃発後、蒋介石と南京国民政府は自己の力では日本軍の侵攻を阻止できないと認識していた。そこで、侵略に抵抗することには極めて消極的であり、英米等が関与して、日本軍の進攻を止めることを望んでいた。日本軍が矛先を錦州に向けたとき、蒋介石が先ず行ったことは、英米などの国に救助を求めることだった。

一一月二十四日、蒋介石は英、米、仏三国公使と会見し、「もし日本が我が軍の撤退を要求するなら、我が軍は錦州から山海関まで引き揚げてもよい。しかし日本は英、米、仏各国に声明を出し、錦州から山海関までの地域に兵を進めないこと、同地域の中国の行政機関及び警察に干渉しないことを保証しなければならない。そして、この保証は各国の同意を得なければならない」②と提案した。しかし、英米諸国は日本と直接衝突することを避けて保証を拒否し、蒋介石の提案を婉曲に断った。

こうした状況下にあって、蒋介石と南京国民政府は「もし、日本側が激しく攻めるならば、我々は実力で防衛する」、③「彼らが相

---

① 1931年11月25日顧維均等から張学良宛密電、『民国档案』1985年二号、6頁。
② 1931年11月24日顧維均等から張学良宛密電、『民国档案』1985年二号、4頁。
③ 1931年11月26日顧維均等から張学良宛密電、『民国档案』1985年二号、5頁。

変わらず一歩一歩接近するなら、我々は正当防衛の手段をとらざるを得ない」①と決定した。これは消極抵抗の方針である。この方針の下で、蒋介石と国民政府は中央軍を北上させて抵抗するという手段をとることなく、ただ、張学良の東北軍が現地で抵抗することを要求しただけだった。蒋介石と南京国民政府のもくろみは、局地的な抵抗であれば事変を全面戦争に拡大させる危険性はなく、安内政策を続けるのに有利であるというものだった。宋子文と顧維均はこの方針により張学良に対し、「もし日本側が進攻して来た場合、即断して実力で防衛せよ」②との電報を送った。

張学良は地方軍閥として、よく装備された日本軍精鋭部隊と消耗戦争をする気がなく、錦州防衛の計画を立てなかった。一一月末と一二月初め、張学良は錦州一帯に駐屯する東北軍主力を後退させる決定をしたが、南京政府はそれを聞いて直ちに止めようとした。一二月三日、顧維均外相は張学良に「錦州からの撤退を急がないで欲しい」③との緊急電を送った。五日、顧はまた宋子文と連名で張に「今もし、日本人が錦州進攻するのであれば、国家のため貴兄自身の前途のため、困難を克服して抵抗して欲しい」④と打電し、他方、蒋介石は「錦州の軍隊はこの時期に絶対引き上げてはならない」⑤と打電した。

張学良は戦闘が起こると、東北軍の主力がひどく消耗し中央軍が北上すると華北での地盤が保てないと見ていた。そのため、南京から航空部隊が派遣されたにもかかわらず、張学良は錦州一帯の軍

---

① 1931年11月27日顧維均等から張学良宛密電、『民国档案』1985年二号、5頁。
② 1931年11月29日宋子文、顧維均から張学良宛密電、『民国档案』1985年二号、7頁。
③ 1931年12月3日顧維均から張学良宛密電、『民国档案』1985年二号、10頁。
④ 1931年12月5日宋子文、顧維均から張学良宛密電、『民国档案』1985年二号、11頁。
⑤ 秦孝儀主編:『中華民国重要史料初編・対日抗戦時期緒編（一）』、312頁。

隊を順次引き上げさせることを決定した。顧維均外相はそれを聞くと直ちに「日本人は悪知恵にたけており、我が退くと彼は進む。新政権の下で東北が統一されれば、挽回できなくなる」①との電報を発し、後退の危険性を指摘した。南京国民政府は一二月二五日、張に対し、「日本軍が錦州に進攻し、事態は緊急である。何としても積極的に抵抗しなければならない。各官吏及び軍隊は国土を守る責任がある。……政府の意図を理解し将兵を激励せよ。国のために犠牲になることが極めて大事だ」②と打電した。しかし、張学良はこれを無視し、後退の命令を発出した。一月三日、日本軍は血を流すことなく錦州と綏中一帯を占領した。これで東三省全域は日本軍の手中に入ったのである。

三、日本の東亜政策の重大な変化と東亜新秩序政策の起点

前述したように、関東軍は九一八事変を起こす前、東北地方を占領して東アジアを制覇し、戦略基盤を築くという構想を持っており、これは陸軍中央の支持を得ていた。事変発生後、日本政府は事態の進展に伴い、内閣の更迭を経て軍部を支持するようになった。これは、日本の対外侵略拡張戦略に重大な変化の兆しが起きたことを示している。

まず、日本の外交政策に大きいな変化が起きた。関東軍は一一月下旬チチハルを陥落させ、続いて南下して錦州に進攻した際、ア

---

① 1931年12月9日顧維均等から張学良宛密電、『民国档案』1985年二号、13頁。
② 秦孝儀主編:『中華民国重要史料初編・対日抗戦時期緒編（一）』、313—314頁。

メリカのスチムソン国務長官は激しく抗議した。国連理事会は一二月一〇日に再び決議し、可及的速やかな日本の撤兵を要求した。日本は以下のいずれかの選択を迫られた。一つは連盟とアメリカの要求を受けて撤兵することであり、もう一つは国連協調を否定してワシントン体制を打破することである。国連協調を標榜する若槻内閣は、このような局面に対していずれをも選択することができなく崩壊した。次の犬養内閣は成立後、朝野の各勢力の影響により、ワシントン体制打破を目指す軍部支持を決意した。一九三二年一月二日、関東軍は錦州を占領した。七日、スチムソンは、アメリカが日本の満州における行動に対して「不承認主義」をとるとの声明を発した。日本はこれに真っ向から対決し、一六日、アメリカ駐日大使への通牒の中で、日本は「自ら政権を組織し（満州の）秩序を維持することができない理由がないと信じる」①と主張した。そして、「満州国」建国後、日本政府は「帝国政府としては益々自主外交の真諦を発揮し、以て国運の打開竝に国家的使命の遂行の為堅忍不抜の努力を要する……万々一国際連盟等が帝国に対し重大なる現実の圧迫を加え来るに於ては我方亦実力を以て之を排除する」②と強調した。これはこれまでの英米などとの協調外交がすでに破綻し、日本の対英米外交が対決期に入ったことを表している。

五・一五事件で政党内閣が終焉し、内田康哉が斉藤内閣の外相に就任した。内田は一貫して「大アジア主義」③を鼓吹しており、その就任は日本の外交政策の変化を加速した。一九三二年八月、彼は第六三回帝国議会で「日本政府はなるべく早く満州国を正式に承

---

① 日本外務省編:『日本外交年表竝主要文書一八四〇—一九四五』下、195頁。
② 日本外務省編:『日本外交年表竝主要文書一八四〇—一九四五』下、206頁。
③ 林茂、辻清明:『日本内閣史録三』、第一法規出版株式会社、東京、1981年、312頁。

認するつもりである。」と宣言した。森恪衆議院議員は質疑の際に、「満州国承認という動機を藉りて我帝国が外交的に宣戦を布告した如きものである、と言って差支ない」①と内田の発言を補った。日本は国際的に孤立にさらされたことで、敢然と他国が何と言おうと全く意に介せず、今まで通りのやり方を通すことに決めた。ワシントン体制を打破するだけではなく、東アジアで自国中心の新国際秩序建設を決議したのである。

内田は前述の演説で、「日満支三国の相互提携を速やかに実現することを望んでいる」②と語った。これは日本の統制下で東亜において新しい国際新秩序を造ることを暗示した。したがって、内田は、政府が「国を焦土にしてもこの主張を徹することに於ては一歩も譲らないといふ決心を持って居るⅲ」③と高らかに宣言した。このような「焦土外交」の方針の下で、日本軍は一九三三年一月熱河に進攻した。

日本は二月、連盟総会で採択された「リットン報告書」を拒否し、三月二七日、正式に連盟を脱退した。かくして、日本の外交政策は重大な変化を遂げた。日本は米英を中心とした東アジアの秩序、つまりワシントン体制を打破し、米英と武力を手段として中国の争奪戦を行うとの決議を表明したのである。日本の対外政策の主要な方向性——東アジアでの日本を中心とする新しい国際秩序建設——はここにおいて予示された。

続いて、日本の対外拡張戦略にも重大な変化が生じた。満州の

---

① 鹿島平和研究所编:『内田康哉』、鹿島研究所出版会、東京、1869年、357頁。

② 鹿島平和研究所编:『内田康哉』、357頁。(訳者付「原文:私は同文同種の日満支三国が各々独立国とし相倚り相助け、極東の安寧福祉の為、延て世界平和と人類文化との為努力邁進する時期の一日も速に到来せむことを翹望して已まないのであります。」)

③ 鹿島平和研究所编:『内田康哉』、359頁。

占領は日本の対外拡張戦略に大きな変化をもたらした。第一に、所有する土地の面積が急に百万平方キロメートル余り増えたので、天然資源が豊かなこの地域を大規模に開発すると、疑いなく国力を大幅に増強することが可能となる。第二に、九ヶ国条約等で定められた極東の秩序を破壊したために国際関係において孤立し、米英などとの対立が激しくなって、双方の戦略的対決が避け難くなった。そして、満州国の北にはソ連があり、西は華北とつながっている。ソ連は自国の利益から考えて、日本の拡張と対抗するために極東での軍備を強化し、戦時経済への準備を進めた。中国が日本のひどい侵略を受け、何とかして抵抗しょうとするのも当然である。このような新たな情勢に際し、日本は次の拡張のために新しい「国防政策」を早く作成しなければならないと考えるようになった。

一九三三年六月、陸軍省と参謀本部は第一回省部会議を開き、戦略問題を研究した。会議は連盟脱退後の国際情勢を分析し、「独、伊、ソ連など独裁国家の勃興、海軍軍備制限条約の失効時期などから、一九三五、六年には世界的危機が到来するであろう」①と見ていた。いわゆる「世界的危機」とは、帝国主義国家が改めて世界を分割する戦争を起こす、あるいは相互の激しい対立が起こるということである。これは日本にとって、一種の挑戦であり、国運を発展させる好機でもある。したがって、陸軍中央部は国内態勢を立て直し、軍備を拡充して総力戦体制を確立する、「高度国防国家」の建設を強力に主張した。

このような省部会議が数回行われた後、「帝国国策（陸軍案）」が決められ、一〇月初めに五相会議に提出された。この文書は、国

① 日本防衛庁戦史室編:『戦史叢書・大本営陸軍部』第一巻、345 頁。

際的危機が生起した場合、もし、対ソ、対米関係が悪化するならば戦争をも辞さない、[1]と記述している。そして、対支政策の基調は、「対日政策の実質的転向を助長強化し（すなわち親日――筆者）……危機に際しても努めて広く親日地域を設定する」[2]ことであると述べている。陸軍中央部は、日本の拡張が中国に向かっており、同時に、有効な手段を使って中国を親日に転向させなければならない。少なくとも華北とモンゴルで親日地域を建設しなければならないと考えたのである。

この時期、ソ連は中国で「赤化」政策を推進中であり、極東赤軍を強化して、日本の東アジア政策の大きな脅威となっており、日本の最大の敵であった。米英は主に中国市場の確保を求めて、その在華利益がこれ以上犯されなければ、「実力で解決しなければならない緊迫な問題ではない」[3]と見做していた。

以上の点から、省部会議では以下の三つの判断を示した。

第一、九一八事変は東アジア国際秩序に混乱をもたらした。独、伊、ソなど第一次世界大戦後にベルサイユーワシントン体制の制限を受けた国々は、国力の増大につれ、既存国際秩序を打破することに積極的になった。九一八事変期、米、英、仏などは、既存の国際秩序の打破を阻止できない様相を呈した。海軍軍縮条約が一九三六年で期限が切れると、軍備競争が起こって国際秩序はますます混乱し、新しい覇権戦争は避けられなくなったのである。

第二、国際秩序大混乱の時期が到来する時、ソ、米、英などが日本の拡張を厳しく阻害するならば彼らとの対決は必ず生起し、日

① 島田俊彦、稲葉正夫解説:『現代史資料 8・日中戦争 1』、11 頁。
② 島田俊彦、稲葉正夫解説:『現代史資料 8・日中戦争 1』、12 頁。
③ 日本防衛庁戦史室編:『戦史叢書・大本営陸軍部』第一巻、346—347 頁。

本はこれに対し戦争手段に訴えても已むを得ない。しかし、ソ、米、英などと対決するには十分な国力が必要である。したがって、将来の対戦に適応する総力戦体制を迅速に確立しなければならない。そして、中国への拡張と同時に中国を親日に転向させ、日本に依存するようにしなければならない。そうすることによってのみ、ソ、米、英との対決、開戦の際、勝利を保証するための戦略的基地や資源補給地が確保でき、後顧の憂いがなくなる。もし迅速に中国を日本に服従させることができないまま、ソ、米、英との対立が激化して戦争が起こる時、戦略機動及び資源獲得のために、先ず中国の一部で親日的地域を建設することが必要である。

第三、ソ、米、英に対する戦略は一般的な状況の下で、その順序はまずソ連、その後、機会を見て英、米と対応する。

ここで、陸軍中央部が定めた戦略方針は、中国で更に拡張し、いわゆる「日満支提携互助」の実現、すなわち、中国を日本の支配下に置くとともに、各種手段によりソ連の「脅威」を排除し、その後、機会を見て米英に対処するというものであった。この戦略方針の核心は、東アジアで日本を中心とする新秩序を確立することである。その前提となるのは、東アジアの国際秩序混乱の好機に乗じて中国へ全面的拡張を図り、中国（あるいは中国の一部の地域）を日本に依存させることである。その方法として、軍令部は一九三二年九月二五日、「対支時局処理方針」を策定した。そこではまず地方の親日政権を日本に依存させ、列国の対支援助を抑制し、支那に親日に向かわざるを得なくさせて、日満支三国提携を実現するという方針を強調した。①この文書は中国支配のプロセスを提示したもの

① 小林龍夫、島田俊彦解説：『現代史資料8・日中戦争1』、9—10頁。

で、帝国国策を制定する時の論拠の一つとなった。

日本の国策及び対外政策方針がまず軍部によって提出されたことは、五・一五事件後の軍の強力な地位を反映している。内閣はその中で協力者の役割りを担当した。一九三三年一〇月、五相会議では軍部の意見により、対支拡張は新しい戦略を成立させる前提であることを確認した。会議は新しい帝国外交方針を制定し、新戦略目標とその実現方法を決定した。すなわち「満州国の経済統制及び我国との経済的調節を図り、帝国指導の下に日満支三国の提携共助を実現する」① ことである。

ここで、一つ極めて重要なのは「帝国の指導下」という用語である。明治時代以来、日本朝野で支持された東アジア支配の思想と主張を振り返り、ワシントン体制が想定した東アジア国際秩序が崩壊している現状を考え合わせれば、この言葉の意味が分かる。つまり、日本は主導的地位にあって、中国及び偽満州国政府がその「指導」に服し、これは同時に、英米が現に有する中国に対する主導的地位を完全に失うことを暗示している。

東亜新秩序の政策目標は1938年一一月になって、ようやく「第二次近衛声明」の中で正式に発表されたが、その内容が確定したのはこの時だった。もしも第一次世界大戦の最中に、日本が二十一ヶ条を強要したことが、火事場泥棒的に中国を一国で支配しょうとしたと見做すならば、九一八事変は日本の軍部が将来の覇権戦争のための総力戦体制を確立するために行った計画的行動であった。満州を占領した後、軍部と政府は相次いで以上の重要な文書を作り、東アジアで日本を指導的地位とする新秩序の確立を正式に決めたの

① 日本外務省編:『日本外交年表竝主要文書一八四〇——九四五』下、275—276 頁。

である。このことは日本が長年の「理想」を実現しょうとしたことを示している。

このような戦略的目標を決めた以上、どのような方法により具体化するかが、日本政府と軍部が更に検討しなければならない問題となった。一九三三年一二月一日、五相会議で外交事項が検討された。

外務省の提案によると、対支外交は「北支方面で停戦協定（塘沽協定）が締結されて以来、日支関係は好転の機運がある、……このような傾向を助長しなければならない」、「現に存在する各種具體的案件の解決に付いては……彼の自覚反省を促すに努むると共に」、「我方に對し何等か期待又は希望等を申出づることある場合、右申出にして東亜の大局に即し且将来に於ける日支関係の調整上有効なるものなるに於ては我方は之に對し好意的考慮を加ふるを得策とす」①としている。これはつまり、まず九一八事変により極めて悪化していた両国関係を緩和して、国民政府に日本の具体的拡張要求を受け入れさせると同時に、日本に近づき、協力するよう国民政府を誘導し、「日本の指導下で日満支三国提携互助」を実現することであった。陸軍省は国民政府を外交交渉の主な対象とすることに反対し、中国の分裂を助長して、それを利用することを主張した。この主張の中で、中国は「今日依然として欧米に倚り我國を制せんとしつつある現情にして其對日根本方針に於ては別段の改変を見ざるのみならず将来親英米派の抬頭跋扈を再現するの虞れ決して些しとせず。従って對支当面の政策としては漸進的手段により特に支那内部の分裂的傾向に即應し我と實質的親善関係を結ばん

---

① 日本外務省：外交文書、マイクロフィルム、WT33「対支方針参考資料・其の二」（外交史料館）、157—160頁。

とし之を事実上に具現する各地政権に對して必要の援助を與へ其勢力の強化を支持しつつ経済的発展を策し軍事経済文化的連鎖を緊密ならしめ帝国の国際的危機に際しても努めて廣く親日的地域を設定し之に應じ得るの態勢を整ふるを緊要とす」。「現国民党政権は本質的に帝国と相容れざるものあるに鑑み、彼らが眞に日支提携の必要を痛感し、之を事実に披瀝せざる限り過早に之を支持せざるべきは無論其勢力の擴大特に北支進出に對しては適当の手段により之を阻止すること必要なり」①と述べている。

会議では外務省と陸軍省の意見が対立した。東亜新秩序確立をめぐっては、その手段と方法について意見が対立した。満州事変によってワシントン体制が打破されたが、米英はこれに対して「不承認主義」を堅持しており、ワシントン会議で決めた各条約がまだ完全に無効になっていないことを日本は重視せざるを得なかった。また、ソ連が極東における軍事力を強化していることも日本を抑制した。そこで、各国の諒解を得られないと、一方的に日本が東アジア国際秩序の「指導者」と宣言しても意味がないことであった。

したがって、外務省がまず考えたのは米、ソ、英などとの関係を改善することであった。その具体的な方法はこれ以上更なる軍事行動を避けて、外交手段をもって、「一九三五年に開催予定の海軍軍縮会議を我が方に有利にさせ」、アメリカなどに、「できるだけその極東政策を再検討させる」ということである。同時に対支問題で「日本が焦っている印象を与えない」ために、国民政府を誘導して

① 日本外務省：外交文書、マイクロフィルム、WT33「対支方針参考資料・其の二」（外交史料館）、157—160頁。

積極的に日本との親善を図る。[①]つまり、日本はこれ以上米英を刺激することを避けると同時に、米英に日本の東アジアでの絶対的な優越的地位を認めさせ、東亜新秩序の確立を図る過程で、国民政府を交渉の対象とし、彼らから先に提携を要求させ、その要求に乗って、自然に「日本指導下の日満支三国提携」を実現することである。また、この方法は東アジアで日本主導の新秩序を確立することができるだけではなく、米英に不承認と干渉の口実を失わせることにもなる。その他、米英と海軍軍縮問題について交渉する際に、日本に有利な比率を勝ち取り、西太平洋で優越した地位を確立することになる。

陸軍は逆に、干渉を恐れず積極的に新戦略を行うことを主張した。アメリカなどが中国における既成事実を認めるならば、彼らと親善を図ってもよい。その反対に、「もし彼らがやはり極東で覇権欲に駆られて」、日本の行動を干渉した場合、「断乎これを排除する」と主張した。そして将来一九三五年開催予定の海軍軍縮会議では、「我に不利なロンドン条約の制約から脱しなければならず」、このため「英米間の関係を極力裂かなければならない」とした。ソ連に対しては、「適切な時機を見て、有効な措置をとって、ソ連国境付近で極東ソ連の軍備を制限し、極東の不安定要素を一掃する」[②]こととした。また、対支政策において、陸軍は外務省が国民政府を対象として外交を行う主張に反対し、蚕食方式で関内へ拡張し、華北とモンゴル、新疆の分裂傾向を助長して、その後に国民政府を日本

---

① 日本外務省：外交文書、マイクロフィルム、WT33「対支方針参考資料・其の二」（外交史料館）159—167頁。

② 日本外務省：外交文書、マイクロフィルム、WT33「対支方針参考資料・其の二」（外交史料館）161—164頁。

に服従させる政策を推進する。もし全面的成功が得られない場合、少なくとも中国の一部地域を支配すべきだと主張した。軍部の中には、ある種の共同認識が存在していた。それは「北支政権にして眞に親日満政策に徹底せんとせば其力の強化に伴ひ逐次中支方面に對する壓力により蔣介石政權の大方向轉換を為さしむへきこと其一つなり萬一中支方面の大轉換不可能なる場合においては北支の獨立を斷行する其二なり」①というものであった。

以上、外務省と軍部は新たな戦略目標の実現をめぐって、手段と方法について意見が分かれていた。そうした意見の対立は、前者は漸進的全面推進の主張であり、後者は急進的で局地推進の主張である、とまとめることができる。これは、その後の日本が対中国政府で「武力外交」と「協和外交」、すなわち「二重外交」を同時に推進した原因であり、その対中国政策が繰り返し変化した原因でもある。

しかし、日本外務省と軍部との間にどのような対立があったにせよ、また、その後の対中国政策にどんな変化があったにせよ、軍部と政府は一定の協調を行い、東北地方の占領を完成させ、日本「指導下の日満支三国提携互助」の政策目標を確立した。こうして東アジアにおいて日本が主宰する新秩序形成は、日本の対外侵略拡張政策の主要な目標となったのである。

（原載于［日］《軍事史学》总第46、47合并集，2001年）

① 日本外務省：外交文書、マイクロフィルム、WT54、IMT407、鈴木貞一「支那視察報告」1933年6月27日、鈴木少佐から陸軍省へ送った参考資料、16—17頁。

作者主要著述列表

1.《日本公开满洲国“最高机密”》，《世界史研究动态》1989 年第 3 期。

2.《对日本侵华战争全面发动的再认识》，《世界历史》1993 年第 3 期。（收入本文集，略有订正）

3.《東アジア青年交流の意味と役割》，［日］《东亚青年论坛》1993 年第 1 期。

4.《满州事変期における日本対東アジア政戦略の変遷》，［日］《早稻田大学法研论集》总第 75 集，1995 年。（收入本文集）

5.《日本官僚的性质与作用》，《现代日本》1998 年第 2 期。

6.《论“七七”事变前夕的“佐藤外交”》，《南开学报》1998 年第 4 期。（收入本文集）

7.《“九一八”事变后日本的对华外交及战略意图》，《历史研究》1998 年第 4 期。（收入本文集）

8.《日本的总体战理论与“九一八”事变》，《南开大学日本研究论集》第 3 集，1998 年。

9.《近代日本的对外扩张政策》，《南开大学历史研究所 20 周年所庆纪念文集》。

10.《论“九一八”事变后日本的对华经济提携政策》，《世界历史》1999 年第 2 期，人大复印资料《中国现代史》，1999 年第 8 期全文转载。

11.《战后日本外交的阶段性变化》，《中日关系史研究》，1999 年第 2 期。

12.《东亚国际秩序的动荡与日本东亚新秩序政策的确立》，《南开大学日本研究论集》，第 4 集。

13.《近现代日本外交的阶段性变化》，《中日关系史研究》2000 年第 1 期。（收入本文集）

14.《近代日本的大陆政策》，《东北亚学刊》2000 年第 1 期（创刊号）。

15.《从“追随外交”到“大国外交”》，《1999 年日本政治外交国际学术讨论会论文集》，中华日本学会编，世界知识出版社，2000 年 10 月。（收入本文集，略有修改）

16.《近代东亚国际体制的动荡与日本的霸权政策》，《面向 21 世纪的中国东北与日本国际学术研讨会论文集》，辽宁大学出版社，2000 年 11 月。

17.《战前日本对外扩张的几个问题》，《2000 年南开大学东亚安全保障与日本国际学术讨论会论文集》。

18.《近代东亚国际体制的演变与日本的对外局部扩张》，《日本学刊》2000 年第 6 期。

19.《对近现代日本霸权政策形成的再探讨》，《近现代亚太地区国际关系研究》，南开大学世界史国家基地年刊，2001 年 2 月。（收入本文集）

20.《日本“不介入”欧战的方针》，《东亚区域意识与和平发展国际学术会议论文集》，中国日本史学会主持召开，四川大学出版社，2001 年 9 月。

21.《九一八事変とワシントン体制の動揺》，軍事史学，总第 46、47 合并集，2001 年。（收入本文集）

22.《论日本的东亚新秩序政策》，《依田喜家教授退休纪念中日学者论文集》，复旦大学出版社，2002 年。

23.《中日关系中的若干重要问题》，《揭开黑幕——2002 中国常德细菌战罪行国际学术研讨会论文集》，中国文史出版社，2003 年 8 月。

24.《中日现代化进程的文化因素比较》，《湖南大学学报》，2003 年第1期。

25.《中日战争时期日本东亚战略的内在矛盾与“桐工作”》，《“九一八”事变与近代中日関係史研究》，中国社会科学文献出版社，2004年7月。（收入本文集）

26.《开拓之作——读俞辛焞先生新作辛亥革命时期中日外交史研究》，《日本研究》2005年第2期。

27.《欧战爆发后的日法谈判》，《湖南大学学报》2006年第1期。（收入本文集）

28.《近现代日本对外战略研究》，《中国、东亚与世界》，社科院办国际学术会议论文集，中国社会科学文献出版社，2008年。

29.《论“七七”事变时期日本的“不扩大方针”——兼论南京国民政府的对策》，《中日文化论丛》，台湾：2008年第4期（收入本文集）。

30.《“九一八”事变与日本侵略扩张战略的升级》，《民国档案》，2008年4期。（收入本文集）

31.《近代日本の総力戦理論と行動》，《中日文化论丛》（台湾）2009年第4期。

后 记

近现代日本外交史研究一直是中日两国学界关注的重要领域，国内外有关学者就此展开了多年研究，发表和出版了为数众多的研究成果。笔者反复考究既有的和新挖掘出来的史料后认为，近现代日本外交史有着明显的阶段性变化的特点，但其总体运行方向是逐步升级为霸权外交。而其每次阶段性的变化都与自身的国力及国际关系诸因素有着密切的互动关系。随着对外侵略扩张的不断斩获，国力不断伸展，外交目标的指向及内涵亦随之不断扩展，最后升级为霸权外交。由于笔者在研究日本霸权战略，并提出全新方法和观点的基础上探讨近现代日本外交史，这就为对日本外交史系列课题展开再探讨创造了有利前提，值此“珞珈史学文库”出版之际，笔者将此系列研究敬献于学界，翘望与学界同仁继续展开讨论，并祈盼同仁提出批评意见。

在拙文集即将出版之际，笔者首先要感谢尊敬的导师俞辛焞先生。俞先生是大陆学界系统研究近现代日本外交史的先行者，先生的有关日本外交史的系列研究在国内外享有极高的声誉。我有幸在俞先生的指导下学习多年，后又跟随先生从事该领域的研究。先生的治学方法、开阔的视野、睿智的见解、高水平的指导等等，均令人铭刻于心，终身受益。

笔者难以忘怀的还有早稻田大学退休教授大畑笃四郎先生和依

田熹家先生。大畑先生是日本学界该领域研究的泰斗式学者，当时被日本学界尊为：日本外交史研究领域的“三长”之一。笔者留学早稻田大学期间有幸在大畑先生的指导下学习和研究，先生鼓励学生自由探讨学术课题，笔者的一些观点常与先生既有的研究形成悖论，有时与先生甚至发生面对面的争论。大畑先生没有因此否定笔者研究的进展，他总是很有兴趣地听我陈述，并鼓励我继续深入探讨。先生虚怀若谷的治学态度令人折服。依田先生是近现代中日关系史研究领域的权威性学者，他非常注重研究者的基本功培养。我抵早稻田大学之初，对日语文言文的阅读和理解均非常困难，面对大批新公开的日本外交档案史料，感到力不从心。先生见此，立即申请为我开设了日本文言文解读课，为期一年。如果没有这一年的学习，我是无力解读大批相关珍贵文献的。同时，先生还专门为我开设了中日关系史专题讨论课，课上，师生平等相处，自由讨论。先生对近现代中日关系史的系列独到见解给了我许多启发。

在长期的研究生涯中，还有许多先生给过很好的指点，提供过有益的帮助，如原庆应大学教授山田辰雄先生、中央大学教授野泽丰先生、日本防卫大学教授户部良一先生、南开大学教授魏宏运先生、中国社会科学院教授武寅先生、汤重南先生、武汉大学教授胡德坤先生等，在此一并致谢。

熊沛彪

2009 年 3 月 28 日于珞珈山